정신건강교실

정신건강 교실

초판 1쇄 인쇄 2017년 10월 27일
초판 1쇄 발행 2017년 11월 1일

지은이 | 최훈동
펴낸이 | 남배현

기획 | 모지회
책임편집 | 박석동
펴낸곳 | 모과나무
등록 2006년 12월 18일 (제300-2009-166호)

주소 | 서울시 종로구 종로19, A동 1501호
전화 | 02-725-7011
전송 | 02-732-7019
전자우편 | mogwabooks@hanmail.net

디자인 | 젊은기획

ISBN 979-11-87280-18-7(03180)

이 도서의 국립중앙도서관 출판예정도서목록(CIP)은
서지정보유통지원시스템 홈페이지(http://seoji.nl.go.kr)와
국가자료공동목록시스템(http://www.nl.go.kr/kolisnet)에서
이용하실 수 있습니다.(CIP제어번호: CIP2017027158)

모과
나무 (주)법보신문사의 출판 브랜드입니다.
지혜의 향기로 마음과 마음을 잇습니다.

정신건강교실

정신과 의사와 마음공부하기

최훈동 지음

모과
나무

몸을 아끼는 만큼 마음도 잘 보살펴야

몸을 잘 알아야 몸을 다룰 수 있고 마음을 잘 알아야 마음을 다룰 수 있는 것처럼, 정신건강을 잘 알아야 정신건강을 지킬 수 있습니다. 현대인에게 정신건강의 중요성은 점점 강조되고 있습니다. 세계보건기구(WHO)가 10대 주요 질환을 발표한 바 있는데 5개가 정신건강과 관련되어 있다는 사실만 보더라도 정신건강이 매우 중요하다는 것을 알 수 있습니다.

건강이라 하면 몸의 건강만을 이야기하다가 19세기 중엽 이후 건강한 육체에 건강한 정신이 깃든다는 정신건강 개념이 도입되었습니다. 20세기 중반에 사회적 생활을 하는 데 지장이 없는 사회적 건강 개념이 추가되었다가, 1998년 세계보건기구는 영적인 개념을 추가하기에 이릅니다. "건강이란 질병이 없거나 허약하지 않을 뿐만 아니라 육체적·정신적·사회적 및 영적 평안이 완전한 상태이다"라고 정의함으로써 건강의 개념을 영적 수준까지 확장시키고 있습니다.

정신과 신체는 상호 역동적 관계에 있고 나아가 개인은 사회적 환경과 불가분의 관계로서 영향을 받고 있습니다만, 현대인은 아직도 몸의 건강에만 주력하여 신체적으로나 정신적으로, 나아가 사회적인 고통과 장애들이 영적 성장으로 향하는 과정이라는 것을 간과하고 있습니다. 게다가 인간의 내면에는 무한 가능성이 잠재해있음을 까마득히 모르고 있습니다.

정신건강에 대한 일반의 시각은 두 가지 극단이 있습니다. 마음의 병은 병이 아니라는 시각과 병은 병이되 특별한 병이라는 시각입니다. 마음의 병은 병이 아니라고 보는 쪽은 '마음만 강하게 먹어라'거나 '신경을 쓰지 말라'면서 의지의 문제로만 돌립니다. 여기에는 병을 인정하고 싶지 않은 욕구가 숨어 있습니다. 나 자신이나 내 가족이 정신적인 결함을 갖고 있다고 인정하기에는 도저히 자존심이 허락하지 않는 것이지요. 마음의 병이 특별한 병이라는 시각은 정신질환을 귀신이나 전생의 업보 때문에 생긴 괴이한 병으로 보는 관점입니다. 이러한 두 극단적인 시각이 사람들이 정신과를 편하게 찾지 못하도록 막고 있습니다. 학회에서 정신과를 정신건강의학과로 이름을 바꾸고 정신건강의 날을 제정하는 등, 정신과 문턱을 낮추려 노력하고 있지만 정신장애에 대한 사회의 편견이 너무 완고하여 정신건강에 대한 이해가 아직도 부족함을 절실히 느낍니다.

2001년에 정신건강 개론서 《정신의학 이야기》를 썼습니다. IMF 경제위기로 온 나라가 신음할 때였습니다. 그리고 10년 후 저 자신이 죽음 직전까지 내몰렸던 위기를 명상공부로 극복하고 쓴 책이 《나를 넘어선 나》입니다. 두 책 모두 심적으로 고통을 받고 있는 분들에게 조금이나마 도움이 되었으면 하는 마음으로 펴냈지만 세월이 흘러 두 책 다 절판되어 안타까웠습니다. 다행히 모과나무 출판사와 인연이 되어 두 책의 핵심 내용을 추려 정리하고 보완하여 다시 선보이게 되니 기쁘기 그지없습니다.

이 책 《정신건강 교실》은 일반인들에게 정신질환에 대해 쉽게 소개하고 관련 공부를 하는 사람들에게 진단과 치료의 기본을 안내할 것입니다. 마음이 아픈 환자들과 그 가족들에게, 정신의학에 관심이 있는 학생들, 의사들, 간호사, 사회사업가, 교사와 종교인들에게도 정신건강에 대한 길잡이가 되어줄 것입니다. 이 책은 한걸음 더 나아가 단순한 정신의학 안내서를 넘어 삶의 어려움을 스스로 해결 가능하도록 돕는 마음 치유서가 되고, 종교적 영성과 깨달음의 세계로 나아가고자 하는 분들에게도 도움이 되도록 노력하였습니다.

이 책은 어디서부터 읽어도 되게끔 저술하였습니다. 필요한 부분부터 읽어도 좋고 차근차근 읽어도 무방합니다. 1장은 학생들에 대한 질문에 대답하는 형식으로, 정신과 신체의 관계를 비롯한 마음에 대한 원론적인 내용과 종잡을 수 없는 마음의 정체에 대해서 알아봅니다. 2장은 정신과 진료실에서 흔히 다루는 질환들을, 3장은 상담치료실에서 만나는 사례들 가운데에서 개인의 심리적 문제가 사회적 문제가 되는 경우들을 살펴보았습니다. 4장은 마음 치유의 방법으로 서양의 심리치료와 함께 명상의 과학적 연구와 명상치유법을 소개하여 영적 건강을 도모했습니다.

　　이 책을 통해 정신과에 대한 편견이 사라지고 정신이 건강해야 가정도 화목하고, 성적 위주 교육도 인성 교육이 되고, 사회도 불평등의 신음에서 벗어날 수 있다는 공감대가 생긴다면 고맙겠습니다. 무엇보다 몸을 아끼는 만큼 마음도 잘 보살펴야 되겠다는 인식과, 마음이라는 바다의 무한 잠재력에 대한 영감이 모든 분들에게 생겼으면 좋겠습니다. 명상과 의학을 공부한 지 45년, 정신과 의사가 된 지 35년이 넘었습니다. 인간의 몸과 마음 그리고 사회를 동서양의 균형 잡힌 시각으로 바라보고 다루는 전인적 의사이고자 정진했던 마음이 전해지면 기쁘겠습니다.

이 책을 정신적 고통과 영적 방황을 겪고 있는 모든 이들에게, 그리고 사랑하는 부모님과 가족, 나의 모든 은인들에게, 그리고 나에게 영적 각성을 준 불행과 시련들에 고개 숙여 감사의 마음으로 바치고자 합니다.

2017년 가을
서울의대 겸임교수 최훈동

차례

1장

마음에 관해 묻는다

어찌할 수 없고 도통 종잡을 수 없는
마음의 정체를 들여다본다.

1. 내 마음을 도대체 모르겠어요

마음이란 무엇인가요

내 마음인데도 마음을 딱히 설명하라면 어려움을 느낀다. 마음은 흔히 창고나 집으로 비유된다. 마음속에 들어있는 내용들이 무얼까? 그렇지. 생각들, 기억들, 감정들, 온갖 욕망들이 가재도구처럼 마음속을 차지하고 있다. 평소 우리 마음을 들여다보면 이러한 내용물들이 어지럽게 날뛰고 있다. 어떤 이는 마음을 하늘에 비유한다. 본래 고요하고 비어있는 푸른 하늘을 온갖 구름이 일어나 덮으면 보기가 어려운 것처럼. 어떤 이는 마음을 연못에 비유하기도 한다. 맑은 연못에 흙탕물이 일면 들여다보기 어렵듯이. 거울에 비유하는 경우도 많다. 본래 거울은 깨끗해 사람의 얼굴을 있는 그대로 비춰주지만, 먼지와 때가 끼면 사물을 제대로 볼 수 없는 것과 같다.

마음을 바다에 비유하기도 한다. 파도가 일면 바다의 본래 고요하고 잔잔한 모습은 보이지 않고 출렁이는 것만 보이듯이, 마음에 풍랑이 일면 마음의 본모습을 잃어버리게 된다. 화가 머리끝까지

치민다는 표현이 있다. 마음이 벌컥 뒤집힐 정도로 일으키는 분노는 사람의 이성을 잃게 만든다. 분노에 사로잡힌 사람은 살기가 등등하여 미쳐버린 것 같이 행동한다. 욕망에 사로잡혀도 마음은 심하게 흔들리는 배처럼 안정을 잃어버리고, 의심·교만·짜증·우울·불안 등에 휩싸여도 역시 사물을 바르게 관찰하지 못하고 평정을 잃어버리게 된다.

사람의 마음은 본래 비어있고 고요한 것인데, 언제부턴가 우리는 평정을 잃고 살고 있다. 마음을 비울래야 비울 수 없고 편하게 하고 싶지만 마음대로 되지 않는다. 이제 마음을 알아가는 여행을 찬찬히 시작해본다.

마음을 알기 위해선 몸의 원리처럼 마음의 작동 원리를 알 필요가 있다. 마음은 정신과 같은 뜻이다. 정신精神은 한자어이고 마음은 몸에 대응하는 순우리말이다. '마음 또는 정신이란 무엇인가?' 이 명제는 철학의 시원이며 종교의 본령이기도 하다. 정신은 본래 철학의 형이상학적 수준에서, 또는 종교의 영적 차원에서 논의되어 왔다. 그러나 과학적으로 접근하기 시작한 것은 몇 세기에 불과하다. 정신과 신체를 별개로 생각하는 심신이원주의가 지배적이기도 했다. 그러나 현대 정신의학에서 보면 몸과 마음은 둘이 아니다. 빛이 입자와 파동의 양면성을 갖듯이, 몸과 마음의 관계도 인간 전체의 양면성에서 이해해야 한다. 정신의 작용은 방대하여 몸을 초월하지만 또한 뇌라는 신체기관을 벗어나지 못한다.

스트레스란 무엇인가요

삶은 스트레스의 연속이다. 아니, 스트레스로 인한 괴로움의 연속이라는 편이 좀 더 정확한 표현이겠다. 우리 삶에서 괴로움이 사라진다면 아마 종교도 필요 없지 않을까. 잘 생각해보면 괴로움만 스트레스가 아니라 승진이나 결혼과 같은 즐거운 일들도 종종 스트레스가 된다. 어떠한 변화든 그것은 우리에게 적응을 요구하기 때문이다.

스트레스는 사람마다 느끼는 정도가 다르기 때문에 정확하게 양과 상태를 규정하기 어렵다. 같은 상황이라도 어떤 사람은 스트레스에 상당히 취약하고, 어떤 사람은 잘 이겨낸다. 또한 어떤 사람에게는 심한 불안과 스트레스를 일으키는 문제가 다른 사람에게는 분발과 도전의 동기를 제공해주기도 한다. 이렇듯 스트레스는 그 자체로 좋다 나쁘다 말할 수 있는 성질의 것이 아니다. 사람에 따라 긍정적 혹은 부정적으로 경험될 수 있다.

실제로 적절한 스트레스는 긍정적 효과를 가져오기도 한다. 적절한 강도의 긴장과 불안은 일을 성취하기 위해서 노력을 더 하게 만드는 밑거름이 되기 때문이다. 오히려 스트레스 없는 편안하고 안락한 상태에서는 더 이상 노력을 기울일 동기가 유발되지 않는다. 스트레스가 우리에게 문제가 되는 이유는 삶에 부정적 영향을 끼치고 병적인 행동 변화를 초래하기 때문이다.

스트레스가 지나치게 높거나 스트레스에 너무 오래 노출되면 몸과 마음에 해를 입게 된다. 우선 신경이 날카로워지고 짜증이 늘고 화를 잘 내며 우울해진다. 먹을 것으로 스트레스를 푸는가 하면, 청소년들은 무단결석이나 가출 등 문제 행동을 나타내기도 한다. 술과 담배나 도박으로 중독에 이르기도 하고, 몸이 쉽게 피곤하고 이곳저곳이 아프기도 하며, 심할 경우 진통제나 마약 등 약물에 의존하기도 한다.

스트레스가 심신에 미치는 영향을 알고 싶어요

스트레스와 건강은 밀접한 관계에 놓여있다. 누적된 스트레스는 각종 질환을 일으키거나 지병을 악화시킨다. 스트레스로 인한 생활 습관의 변화는 질병에 걸릴 위험성을 높인다. 교통사고나 각종 안전 사고 및 재해의 배경에도 스트레스가 도사리고 있다.

실제로 스트레스로 인해 관상동맥질환, 긴장성 두통, 요통, 근육 경련이 직접적으로 유발될 수 있고 협심증, 당뇨, 관절염, 고혈압과 같은 질병이 악화될 수 있으며, 알레르기 반응, 천식발작, 암 발생에 큰 영향을 준다. 스트레스는 세균에 저항하는 백혈구 및 항체 생성에 중요한 단백질인 글로불린을 감소시키는 한편, 면역을 억제하는 스트레스 호르몬인 카테콜라민이나 아드레날린 등을 분비시키기 때문이다. 그래서 흔히들 스트레스를 두고 만병의 근원이라 말하곤 한다.

스트레스는 인간에게만 있나요

이러한 스트레스는 인간만 받는 것이 아니다. 동물 사회에도 긴장과 스트레스가 존재한다. 개코 원숭이들을 대상으로 한 실험 결과는 흥미롭다. 새끼들과 어울려 놀 때 스트레스가 가장 적었고 싸움이 시작될 때 가장 높았다. 특히 겁을 먹고 불안에 떠는 원숭이가 스트레스도 가장 많이 받는 것으로 나타났다. 생쥐 실험에서도 스트레스를 장기간에 걸쳐 높은 수준으로 주면 뇌세포가 손상되는 결과가 나타났다. 이렇듯 스트레스는 동식물을 가리지 않고 생명체라면 모두 받는다고 볼 수 있다.

스트레스에도 순위가 있나요

사람에게 있어 가장 큰 스트레스는 무엇일까? 조사 결과를 보면 배우자의 죽음과 이혼이 나란히 1, 2위를 차지하고 있다. 배우자의 배신 또는 불화 등으로 인한 별거가 뒤를 이었는데, 죄를 지어 구속

수감된 것도 부모나 자식의 죽음과 비슷한 강도라고 나타났다. 나쁜 상황에서만 스트레스를 받는 것이 아니라고 앞서 말했듯이 결혼도 스트레스 강도 면에서 해고를 당하는 것과 대등했다. 정년퇴직, 임신, 가까운 친구의 죽음, 그리고 전학이나 전직 등이 다음 순위를 차지하고 있다. 자의든 타의든 내 삶에 변화가 일어나고, 그 상황에 적응해야 한다는 자체가 스트레스로 작용한다는 뜻이다. 즉 우리의 일상 삶 자체가 스트레스이다.

신경과 마음, 정신과 의식이 구별이 안 되요

'신경이 쓰인다', '신경이 예민하다'에서의 신경은 마음이나 정신과 같은 말이다. 반면 '중추신경', '말초신경', '교감신경', '부교감신경' 등에서의 신경은 인체의 정보통신망이라 할 수 있는 신체적 수준인 신경계를 일컫는다. 이렇듯 신경은 좁은 의미에서는 신체적인 신경다발이고, 넓은 의미에서는 마음과 동의어이다. 우리가 흔히 듣는 "신경 쓰지 않아도 됩니다" 또는 "신경 쓰지 마세요"라는 처방은 조금도 도움이 안 되는 경우가 많다. 신경 쓰고 싶지 않은데 신경이 자꾸 쓰이는 상황에서 무성의한 답변이기에 그렇다.

정신에는 빙산의 드러난 부분처럼 느끼고 파악 가능한 의식계와, 빙산의 잠긴 부분처럼 느낄 수 없고 생각으로 미치지 못하는 무의식계가 있다. 의식의 세계는 크게 사고의 영역, 감정의 영역, 의지의 영역으로 나누기도 한다. 우리가 깨어있는 동안에 사용하는 모든 정신 작용 가운데 의식할 수 있는 부분으로, 수많은 생각, 분별, 의도, 판단, 비교와 몸의 감각기관을 거쳐 지각된 감각들, 그리고 수많은 감정들이 포함된다.

무의식의 세계는 의식하지 못하고 자각하지 못하는 마음 세계를 일컫는다. 잠자는 도중 꿈을 통하여 일부가 떠오르거나, 종교의 신비체험이나 명상 중에 경험되는 초월적 의식, 그리고 정신병 증세에서 망상이나 환각으로 일단을 드러내기도 한다. 잉태된 이후 겪은 기억하지 못하는 모든 경험들과 어린 시절 학습된 반복적이고 조건화된 행동 패턴이나 주입된 신념, 자신도 모르게 구사하는 방어기제 등이 무의식을 이룬다.

무의식의 정체를 깊이 성찰한 최초의 학자는 정신과 의사 지그문트 프로이트S. Freud(1856~1939)이다. 정신을 바다에 비유하면 의식은 바다의 표면이고 무의식은 바다의 심연에 해당한다. 의식이 조그만 마음이라면 무의식은 큰마음이다. 어두움에 싸인 무의식은 의식의 근거이자 의식에서 일어나는 모든 경험들을 보관하는 곳이며, 저승의 세계와 신들의 세계이기도 하다.

무의식을 들여다보면 시간과 공간을 초월한 인류 공통의 상징들이 나타나고 전생의 기억이나 경험으로 추정되는 내용들은 개인 차원으로 국한될 수 없다. 그래서 개인 무의식을 확장하여 집단적이고 보편적인 집단무의식集團無意識, Collective Unconsciousness이라는 개념이 칼 융C.G. Jung에 의해서 정립되었다. 이 집단무의식은 인류 문화가 탄생한 고향으로서 신화와 종교의 뿌리가 되어왔다.

마음은 도대체 어디에 있나요

'정신이 어디에 있을까?'라는 질문에는 고대로부터 정답이 따로 없었다. 학자들이 저마다 횡격막·자궁·담·심장·머리 등에 있다고 다양하게 주장해왔지만, 정신은 몸 어느 곳에서도 찾아낼 수 없었다. 정신은 눈에 보이는 형태나 크기나 부피를 가지는 것이 아니기 때문이다. 정신을 신체와 분리시켜 생각하는 데카르트적 이분법 사고로는 정신의 위치를 규명하는 데 실패할 수밖에 없다.

마음은 몸 어느 곳에서도 발견할 수 없지만 그러나 동시에 몸 어느 부분도 정신의 표현이 아닌 것이 없다. 정신과 신체가 둘이 아니기 때문이다. 하지만 '정신과 신체가 하나'라는 주장 또한 이분법적 사고이다. 정신을 물질로 환원시켜 뇌기능으로만 국한시키는 과오가 있기 때문이다. 마치 동전의 앞면과 뒷면이 엄연히 다른 것과 같은 이치다.

뇌가 곧 정신은 아니지만 뇌는 모든 정신기능과 신체기능을 통제하는 중추 사령탑이다. 모든 운동과 신체 감각에서부터 감정, 지각, 사고, 기억, 수면 등 정신기능에 이르기까지 뇌의 통제와 작용을 받지 않는 것이 없다. 따라서 '정신과 신체는 둘이 아니다'라는 것이 가장 정확한 표현이겠다.

마음과 뇌의 관계를 알고 싶어요

마음과 뇌의 관계를 조금 더 명확하게 정리할 필요가 있다. 고대 이집트인들이나 아리스토텔레스는 인간의 마음을 좌우하는 것이 심장이라고 믿었다. 마음이 심장이 아닌, 뇌에서 유래한다고 맨 처음 주장한 사람은 로마의 갈레노스Galenos(129~199)이다.

　뇌는 좌반구와 우반구로 나누어져 있다. 뇌의 좌반구는 몸의 오른쪽을 담당하고 우반구는 왼쪽을 담당한다. 뇌의 한쪽 반구가 손상될 경우 다른 쪽 반구가 손상된 뇌의 기능을 보완하는데, 뇌 반구를 제거하는 수술을 받은 아기가 자라면서 정신적으로나 신체적으로 거의 정상임을 관찰할 수 있다.

　6~7세까지는 뇌졸중이 일어나도 언어장애가 심각하지 않다. 그러나 성인이 될수록 대뇌 반구가 전문화되어 좌측 뇌는 합리적인 이성의 기능을 주로 담당하고, 우측 뇌는 비합리적인 감성의 기능을 주로 담당한다. 언어와 문자, 논리와 수리, 과학적 사고에 능한 좌뇌가 분별의 영역이라면, 우뇌는 직관과 깨달음의 영역으로서

사물의 형태, 공간 지각, 상관관계를 인지하고 통찰력과 상상력을 다스리며 예술과 유머를 이해한다.

이 좌뇌와 우뇌는 뇌량腦梁이라는 다리에 의해 연결된다. 흥미로운 것은 남녀 간에 이 뇌량이 다르다는 점이다. 미국 유타 대학교 우탐싱 교수의 연구 결과에 따르면 뇌량의 모습이 남녀 간에 차이가 있다고 나타났다. 뇌의 크기는 남자가 여자보다 크지만 뇌량, 특히 뒤쪽 부분은 여자가 더 크고 통통하다는 것인데 실제로 여성의 감각은 예민하다. 신생아를 검사해 봐도 여자 아이가 남자 아이에 비해 감각이 더 예민한 것을 알 수 있다. '육감'이 발달했다는 말이 주로 여자에게 쓰이는 이유도, 측두엽 대뇌 피질에서 감각을 받아들이는 신경세포의 밀도가 여성이 남성보다 높은 데서 연유한 것 같다. 감정도 여성이 남성에 비해 더 섬세하고 민감한 것이 당연한 듯하다. 슬픈 일을 회상하게 한 후 변연계의 혈류량을 측정한 결과 여성이 남성보다 더 많이 증가했다니 말이다.

뇌의 비밀을 좀 더 알고 싶어요

현재 밝혀진 바에 따르면 인간 뇌에는 약 1,000억 개의 뉴런neuron, 신경세포들이 있으며, 이 신경세포 하나가 천 개 내지 이천 개의 가지를 내어 다른 신경세포와 연결된다. 뉴런 하나하나가 서로 천 개 이상의 손들을 뻗어 맞잡으면 100조 개 이상의 결합이 이루어지고 이것이 인간의 정신과 신체의 모든 작용을 만들어 낸다. 성년이 되면 이 뇌세포는 평균 1초에 하나씩 없어지는데, 80년을 산다고 가정하면 20세 이후 60년 동안 18억 개 정도의 뇌세포가 사라지는 셈이다. 그러나 두뇌를 지속적으로 사용하면 뇌세포는 새로 만들어지기도 한다. 미국국립노화연구소NIA 노화신경심리학 책임자 몰리 웩스터 박사는 2003년 3월 〈사이언스〉지를 통해 "사람의 뇌세포는 평생 꾸준히 생성되기 때문에 나이가 들어도 실제 줄어드는 뇌세포 숫자는 그다지 많지 않다"고 말했다.

신경세포들의 정보 전달 체계를 좀 더 알아보자. 신경세포는 평소 나트륨, 칼륨 등의 농도에 따라 세포 바깥쪽은 플러스, 안쪽은 마이너스의 상태를 유지하고 있다. 그런데 세포가 자극을 받아 흥분하면 안팎의 전위가 서로 바뀐다. 전위가 신경세포를 따라 잇달아 바뀌면, 전기가 흘러가듯 신경세포의 정보는 기다란 신경의 한쪽 끝에서 다른 쪽 끝까지 전해진다.

좀 더 자세히 설명하면, 마치 나팔꽃이 넝쿨을 뻗어 다른 나뭇가지를 잡듯 A신경세포는 축삭axon이라는 긴 가지를 내어 B신경세포의 작은 가지인 수상 돌기dendrite에 접근한다. 그들의 손이 맞닿는 공간이 바로 '시냅스synapse, 연접부'이다. 그렇다면 A신경과 B신경은 서로 연결된 것도 아닌데 어떻게 정보를 교환할까?

어떤 세포에 전깃불이 들어오면 그 신경세포는 축삭의 말단 주머니에 싸인 화학 물질을 축삭의 끝으로 이동시켜 밖으로 방출한다. 신경세포가 만드는 이러한 화학 물질을 신경전달물질neurotrans-mitter이라고 하는데, A신경 축삭의 끝에서 분비된 신경전달물질은 시냅스 틈새를 헤엄쳐 B신경에 다다른다.

우리 뇌에는 50가지가 넘는 신경전달물질이 있으며, 이 가운데 중요한 것들이 아드레날린, 도파민, 세로토닌, 아세틸콜린 등이다. 이렇게 뇌세포는 그물망처럼 상호 연결되어 각종 신경전달물질을 통해 정보를 교환하고 명령을 전달한다. 뇌세포가 담당하는 기능은 사지 말단의 운동 기능부터 내장의 자율기능, 심장과 호흡 및 체온의 유지와 함께 고도의 정신 기능에 이르기까지 실로 몸과 마음의 모든 작용이라고 할 수 있다.

몸과 마음은 어떤 관계인가요

뇌는 심신 기능의 사령탑이다. 정신과 뇌는 상호 상즉하고 서로 연결되어 있다. 우리가 의식하고 언어로 접근할 수 있는 뇌의 부분은 뇌의 피질 부분으로, 바다의 표면에 불과하다. 두뇌 작용의 대부분은 뇌의 바닷속에서 독자적이고 자율적으로 진행되고 있다. 마치 무의식의 심연이 의식을 지배하는 것과 같다. 건강하고 성숙한 정신은 의식과 무의식, 그리고 좌측 뇌와 우측 뇌가 균형과 조화를 이룰 때 가능하다. 정신과 육체가 분리되는 때가 있다면 그것은 죽음의 상태일 뿐이다. 살아있는 동안에는 둘로 나눌 수 없다. 정신은 뇌에 의존하는 신체적 정신인 것이다.

시간은 물처럼 흐른다. 물은 끊임없이 흐르고 순간순간 변화한다. 몸과 마음도 물과 같다. 물은 흘러야 생명이다. 흐르는 물은 온갖 생명으로 변신하여 만물을 만든다. 몸도 겉으론 변화가 없어 보이지만 세포 단위에서 분자 수준에서 매 순간 변하고 있으나 우리가 지각을 못할 뿐이다.

우리의 사고도 이와 같다. 물처럼 자유로이 흐르면 융통성 있는 사고·창조적인 사고가 가능하고, 얼음처럼 정체되어 응고되면 바위처럼 딱딱해지고 소통이 어려워진다. 허공처럼 되면 진정한 열린 사고가 가능해지고 상대와 소통이 원활해지고 만물과도 교류할 수 있다.

우리의 몸과 마음은 별개가 아니어서, 마음이 인식하는 모든 것은 몸이라는 3D 영상에 그대로 수록된다. 생각과 감정은 뇌에서 전기화학작용을 일으킨다. 분노와 적대감에 사로잡히면 심장박동이 빨라지고, 혈압이 높아지며, 얼굴이 상기된다. 불안감에 시달릴 때는 식은땀이 흐르고, 속이 답답하고, 온몸에 힘이 빠지고, 얼굴이 하얗게 질린다.

스트레스는 의학적으로 실체가 없는 존재다. 그러나 이 '실체가 없는 스트레스'마저도 스트레스 호르몬^{부신피질} 호르몬이란 실재하는 물질을 통해 우리 몸에 영향을 미친다. 몸 안의 세포들은 순간순간 마음의 상태를 물질로 변화시킨다. 우리의 감정과 생각을 화학적인 메시지로 전환시키는 것이다. 우리 몸이 우리의 감정과 생각을 정확하게 반영하여 기록하고 있으니, 모든 경험과 상처들이 낱낱이 마음의 저장고, 신체에 수록된다 하겠다. 신체적 질병마저 마음의 상태와 분리될 수 없다. 마음의 상태는 이처럼 몸의 상태를 변화시키고 나아가서 자신이 처한 외부 현실마저 영향을 준다. 마음이 불편하면 가정과 직장에서 불만을 표출하게 되고 이는 사회의 갈등으로 발전한다.

뇌 연구 발전은 어디까지 가능한가요

인공지능 바둑 프로그램 '알파고'에 의해서 알 수 있듯이 뇌과학의 연구는 비약적으로 발전하여 21세기는 뇌 연구가 '마지막 개척the last frontier'의 시대라고들 한다. 우리의 복잡한 지적 행위는 뇌의 특정 부위의 활성화에 의하기보다는 여러 영역의 유기적인 협동으로 이루어지는 경우가 많다. 따라서 검사에서 나타난 현상을 제대로 해석하기란 늘 쉽지 않다. 게다가 아무리 기계의 성능이 좋아진다 해도, 어두운 통 속에 들어가 눈앞의 화면만 응시하는 상황에서 검사가 이루어진다면 인간의 변화무쌍한 마음과 행동을 연구하는 데

한계가 있을 수밖에 없다.

뇌신경 회로는 고정된 것이 아니라 환경 및 교육에 따라 유연하게 변화하여 생성과 소멸을 무수히 반복하고 있는데, 고정된 시점의 뇌 상태를 들여다보는 수준의 연구로는 뇌와 정신의 신비를 따라잡기 힘든 부분이 더 많다. 인간은 뇌의 회로에 따라 규정되지만 본능과 자유의지 역시 중요하다. 그래서 인간은 다른 동물들과 달리 복잡한 언어를 구사하고, 철학을 하고 예술을 논하는 것이 아닐까. 그리고 무엇보다도 헌신과 희생의 덕목을 지닌 존재이기도 하며 영적 비약이 가능한 존재이기도 하다.

망망대해와도 같은 인간의 마음을 항해하기 위해, 우주와 닮은 구조를 가진 뇌에 관한 탐구는 '도전의 시작'이라고 보아야 할 것이다. 향후 인공지능의 발전이 어느 수준까지 이루어질 수 있을지 그 귀추가 주목되지만 유심론적 시각을 다 포섭하기엔 어려울 것이다. 정신의학의 현주소는 인간 정신을 물질로 환원하여 약물로 다스릴 수 있다는 뇌과학적 관점과 심리치료로서 모든 걸 해결할 수 있다는 유심론적 관점이 서로의 한계를 자각하고 협력하고 있는 중이다.

2. 무의식의 세계

무의식과 잠재의식은 다른가요

우리가 잠들었을 때도 무의식은 계속 활동한다. 꿈이 그 대표적인 증거이다. 최면 상태에서 들은 지시는 기억하지 못하지만 깨어나면 지시대로 행동하는 것도 무의식이 존재한다는 것을 말해준다. 몽유증 환자 역시, 자다가 일어나 버젓이 행동해놓고도 전혀 기억을 못한다. 그밖에 약물이나 환각제 복용으로 나타나는 환각이나 정신병의 망상 내용들은 사람마다 독특한데, 이것도 의지와 전혀 무관하게 나타나는 현상이다. 이러한 의식을 잠재의식 또는 심층의식이라고 하는데, 정신의학에서는 무의식이라고 부른다.

무의식의 세계는 의식의 여백이자 비합리적 공간이다. 우리가 일상적으로 벌이는 무의식적 행위들은 대부분 조건반사적인 행동이거나, 입력된 과거 경험에 비추어 나타나는 자동적 반응들이다. 우리는 우리가 왜 그런 행동을 하는지 실제로는 알지 못한다. 이럴 때 우리는 무의식적 감정과 생각에 지배당하는 기계와 같다. 그렇다고 해서 무의식이 우리의 통제 바깥 영역인 것만은 아니다. 엄밀하게 말하면 반자동인데, 가령 반자동 소총은 수동 또는 자동으로도 발사가 가능하지 않은가.

　무의식은 때로 놀라운 힘을 발휘한다. 창조적 발명이나 사고는 이성적 추론이나 분석과는 궤를 달리한다. 마치 돌연변이처럼 불쑥 의식세계에 출현하는데, 그것은 바로 무의식에서 기원한다. 무당이나 신의 메신저가 신의 뜻을 대신 전달하는 신탁神託도, 무의식의 영역이 환각이나 꿈으로 솟아오를 때 분석을 통해 그 의미를 알아차리게 된다. 그 의미를 깨닫는 순간, 의식의 확장이 일어나면서 의식과 무의식이 공명하고 희열이 충만하는 체험을 한다. 이러한 체험은 깨달음의 과정에서도 볼 수 있다. 명상을 통한 마음공부가 희열과 지복감을 제공하는 것도 마찬가지다. 마약이나 환각제, 술 같은 약물에 의존하여 얻어지는 일시적·수동적 조건이 아니라 능동적·자력적 조건이므로 중독과는 구분된다.

무의식은 어떻게 발견되었나요

환각이나 꿈의 역사를 보는 게 이해하기 쉽겠다. 사실 환각 체험의 역사는 인류 역사만큼이나 오래되었다. 원시 부족은 물론 시베리아를 비롯한 각국 무당(샤먼)들의 환각 체험도 이미 널리 알려져있다. 요즘에는 약물에 의한 환각, 사이버 공간의 환각에 이르기까지 그 형태도 다양하다. 청소년들에게 인기 있는 판타지 소설이나 무협지도 환상의 경험이라는 측면에서는 비슷하다. 꿈속에서 일어나는 사건들도 환상 세계의 대표 주자라 할 만한데, 이러한 환상들은 우리 마음속에서 현실이 된다. 환상은 곧 상상력과 통하며, 그것은 경험에 의존하는 것일 수도 있고 아닐 수도 있다. 창조적이고 예시적인 특성도 있기 때문이다.

프로이트는 뇌를 다루는 신경과 의사로 출발하였다가 "인간의 모든 행동은 의미가 있고 심리적으로 설명이 가능하다"라는 선언과 함께, 무의식론을 도입하여 유심론적 시각을 취한다. 외견상 아무 의미 없어 보이는 꿈조차도 중요한 의미를 가지고 있음을 파악하였으며, 지난 과거가 단순한 역사적 사건으로 떨어져 나간 것이 아니라, 현재를 지배하는 하나의 힘이라는 것을 치료 경험을 통해 밝혀냈다.

융은 보다 더 유심적이다. "내가 경험하는 모든 것은 정신적인 것이다. 나에게 주어지는 감각적 인상들만이 직접적 경험이고 정신적 상像들만이 나의 의식의 직접적 대상이다." 융의 이러한 주장은 의식과 무의식에 경험된 것만이 정신적 실재라는 것으로서, 불교의 유식사상唯識思想과 통하는데, 이는 융이 동양사상을 깊이 공부한 사실과 무관하지 않을 것이다.

왜 잠을 자고 왜 꿈을 꿀까요

우리 삶의 3분의 1을 차지하는 잠은 깨어있는 동안의 의식이 그냥 쉬는 상태일까? 꿈은 잠과 어떻게 다른가? 그리스 신화에 따르면 잠의 신 히프노스는 어둠의 신 에레보스와 밤의 여신 뉘크스 사이에서 난 아들이다. 히프노스의 형제자매로는 노쇠의 신 게라스, 비난의 신 모모스, 고뇌의 신 오이튀스, 불화의 여신 에리스, 거짓말의 신 아바테가 있다. 가족이 모두 부정적인 신들인 것을 보면, 고대 그리스인들은 잠자는 것을 죽음과 동일시하여 부정적으로 본 것 같다.

잠은 죽음이나 나태가 아닌 휴식을 취하면서 새로운 에너지를 보충하는 것이다. 수면 박탈 시험을 해보면 피험자들은 우울, 자아붕괴, 환각, 망상, 체중 감소, 체온 저하 등을 겪는다. 잠은 이제껏 수동적인 현상으로 여겨져 왔지만, 잠은 우리 생존에 필요한 능동적인 행위이다. 연구를 통해 밝혀진 바에 의하면, 수면은 각성중추가 휴식할 때 일어나는 수동적 현상이 아니라, 각성상태와 마찬가지로 여러 뇌중추가 관여하여 일어나는 능동적 현상이다.

특히 수면 중 꿈꾸는 상태는, 그냥 잠든 상태와는 또 다르다. 깨어 있을 때와 잠들 때와 꿈을 꿀 때, 이 세 상태는 각각 불연속선상에 놓여 있다. 그럼에도 불구하고 그 밑에 끊임없이 우리의 정신을 유지하는 연속적인 흐름이 있는데 그것이 바로 무의식이다. 무의식은 일반적인 시간 개념의 제한을 넘어선다. 우리가 잠을 잘 때의 시간과 깨어있을 때의 시간은 다르다. 무의식이 가장 잘 나타나는 때는 꿈을 꿀 때인데, 꿈은 시간을 종횡무진으로 누비고 다녀 우리를 까마득한 어린 시절로 데려가는가 하면 아직 오지 않은 미래의 상황을 연출하기도 한다.

　잠이 들면 '나'라는 의식(자아의식)이 희미해진다. 잠 속에 빠진다는 것은 자기 개념이 사라지고 어머니의 자궁 속으로 들어감을 의미한다. 우리는 깨어있을 때, 심지어 꿈속에서조차 자아의식이 너무 강해 자기와 세계를 분명하게 구분한다. 그러나 잠에서는 자기가 사라지고 세계 또는 모태와 하나가 된다. 예전에는 무서운 꿈을 꾸는 일이 잠든 사이 외부로부터 귀신이나 영혼이 침입하는 것이라 생각했다. 심리 발달 단계에서는 자아의식이 확립되고 난 5~6세경에야 꿈이 실제 일어난 사건이 아니라는 것을 알고, 초등학교 고학년이 되어야 꿈도 내가 만드는 것임을 알게 된다. 그러나 잠자는 동안에는 자아의식이 미약하기 때문에 깨어있을 때처럼 확연하게 현실과 꿈을 구분할 수 없다. 이와 같은 판단 능력을 '현실검증력'이라고 하는데, 정신병 상태가 되면 현실과 꿈의 구분을 못하고 환상과 망상 속에서 꿈처럼 헤매게 된다.

두 종류의 수면은 무엇인가요

신경생리학자들은 수면을 크게 두 종류로 구분한다. 수면은 점차 깊은 수면으로 진행되면서 5단계를 거치는데 1~4단계 수면을 비렘non-REM수면이라 하고, 5단계를 렘REM, Rapid Eye Movement수면이라 한다. 수면 사이클은 성인이 잠자는 동안 보통 4~5차례 반복되는데, 비렘수면은 90분, 렘수면은 15~20분 정도 진행된다. 새벽에는 주로 렘수면이 지배적이다.

렘수면은 잠자는 아기의 눈동자를 관찰하던 아제린스키라는 대학원생이 1951년에 처음 발견했다. 자는 동안에 눈동자가 별로 움직이지 않는 줄로 알고 있었는데 빨리 움직이기도 한다는 것을 알아낸 것이다. 우리는 주로 렘수면 단계에서 꿈을 꾼다. 렘수면 중에 있는 사람을 깨우면 80%는 꿈을 꾸고 있다. 비렘수면인 4단계에서도 50%가 꿈을 꿨다고 하지만 이때는 꿈이라기보다, 뭔가 생각을 하고 있었는데 이야기로 표현할 수 없는 것이다. 시각적인 내용과 함께 이야기 형태를 지니는 꿈은 렘수면에서만 볼 수 있다. 우리는 누구나 하룻밤에 꿈을 최소한 4~5차례 꾸는데 다만 기억을 잘하지 못하는 경우가 많다.

렘수면과 비렘수면은 여러 면에서 다르다. 잠이 들기 시작하면 뇌파의 파장이 점차 느려지는데 4단계 수면 시에 가장 느리다. 그런데 5단계인 렘수면에 이르면 뇌파는 다시 빨라진다. 숨도 몰아쉬고 심박동이나 혈압도 불규칙하며, 성기는 발기되고 뇌 혈류량은 증가한다. 눈은 좌우로 움직이지만 팔다리는 축 늘어져있고, 온몸의 근육들은 기운이 빠져 움직이지 못하므로 마비 상태와 다름없다. 비렘수면에서는 맥박과 혈압이 떨어지고 호흡수도 감소하며 규칙적이다. 여전히 몸은 뒤척이므로 근육은 계속 활동적이고, 성장호르몬도 분비된다. 렘수면과 비렘수면의 조절에는 시상 하부나 뇌간의 아드레날린, 세로토닌, 아세틸콜린 등과 같은 신경전달물질이 관여하는 것으로 알려져 있다.

그런데 주목할 만한 부분은 렘수면 상태에서 뇌의 전기 활동은 깨어있을 때 못지않게 활발하며 뇌의 혈액 순환은 오히려 더 증가한다는 사실이다. 심박동 수도 깨어있을 때와 동일하다. 렘수면 동안에 에너지 소모량이 많다는 것은, 렘수면이 매우 능동적으로 이루어지며, 우리가 여러 가지 시나리오를 써서 꿈을 만들어 보고, 불쾌하고 불안한 감정을 정리하고 정화시키면서 새로운 가능성을 시도하여 경험을 재구성한다는 것을 의미한다. 이렇듯 렘수면은 꿈의 상태와 상응한다. 여기서 우리는 심층심리학에서 다루는 무의식 개념과 신경과학의 관점이 만나는 것을 확인할 수 있다.

렘수면과 관련된 증상에 '가위눌림'이 있다. 정신은 있는데 몸은 움직일 수가 없고 종종 헛것이 보이거나 헛소리를 듣기도 하는 증상이 바로 이 '가위눌림'이다. '수면 마비'라고도 하며 정신병리학에서는 입면기 환각hypnagogic hallucination이라고 한다. 가위눌림이 생기는 이유는 바로 불완전한 렘수면에 있다. 즉 렘수면이 시작되면서 미처 수면성분은 나타나지 않은 채 신체 마비만 오게 되면, 정신은 있는데 몸은 움직이지 못하는 상태가 된다. 또 이럴 때 꿈을 꾸게 되면 이것이 헛것이나 헛소리로 나타나게 된다. 빈도가 높지 않을 경우에는 특별히 치료가 필요하지는 않다.

불완전한 렘수면의 다른 형태로는 '렘수면행동장애'라는 것이 있다. 이것은 수면 중 꿈에서 하는 행동을 실제로 하는 병이다. 꿈에 주먹질이나 발길질을 하면 실제로 주먹질과 발길질을 하는 식이니, 같이 자는 옆 사람을 때리기도 하며 유리창이나 벽을 쳐서 자신이 다치기도 한다. 이것은 몽유병과는 다른 병으로, 렘수면 중에 나타나야 할 신체 마비가 나타나지 않아서 발생하는 증상이다. 렘수면 중에는 근육에 기운이 빠져 마비된 상태를 유지하는 것이 정상이며, 그래야 꿈에서 하는 행동을 실제로 하지 못한다. 렘수면행동장애의 원인은 정확히 밝혀지지 않았으나, 나이가 들면서 많이 생기고 술을 좋아하는 사람에 많다고 알려져 있다. 이런 경우 가위눌림과 달리 반드시 치료를 받아야 한다.

렘수면은 수면시간 중 약 1/4을 차지한다. 만약 렘수면이 없으면 판단력이 흐려지며, 그 상태가 계속되면 정신병적 증상까지 발생한다. 렘수면은 우리가 살아가는 데 필수불가결한 수면이다. 꿈이 없는 사람은 불행하다고 한다. 렘수면이 없는 사람은 건강을 잃게 된다.

꿈의 정체는 무엇인가요

꿈은 해몽서처럼 단순하게 풀이하기에는 어려운, 보다 깊고 넓은 의미가 내포되어 있다. 인류에게 꿈은 신비와 경외의 대상이었다. 꿈에서는 예언이 이루어지기도 하고, 그리운 사람을 만나기도 하고, 초자연적인 대상의 메시지를 전달 받기도 했으니 말이다.

분석적 정신치료에서는 꿈의 해석이 중요한 부분을 차지한다. 꿈을 꿔보라는 것만으로도 치료적 가치가 있다. 꿈은 무의식으로 접근하는 가장 좋은 경로이기 때문이다. 그러나 꿈의 의미를 안다는 것은 쉬운 일이 아니다. 무의식의 세계는 완전히 알 수 있는 세계가 아니기 때문이다. 꿈을 꾸는 것을 기억한다는 건 상당 부분 꿈을 객관적으로 볼 수 있다는 걸 의미하므로 노력에 따라 자기 자신의 무의식까지도 관찰할 수 있다.

꿈을 잘 기억하는 사람도 있지만 대부분의 경우는 잘 기억하지 못한다. 그 이유는 꿈이 기억할만한 가치가 없는 일상의 내용이기 때문이거나, 아니면 기억하기에는 너무 충격적이거나 고통스러운 내용이어서 무의식으로 다시 억압되기 때문이다. 분석심리학파에서는 꿈을 기억해내기 위해 꿈의 일기를 써보도록 권하기도 한다. 잠들기 전에 머리맡에 메모 준비를 해놓고 꿈을 꾸면 즉시 꿈의 내용을 적도록 숙제를 준다. 꿈이 자신의 무의식세계가 의식세계로 보내는 메시지임을 안다면 내용이 좋건 나쁘건 상관없이 있는 그대로 적어 치료자와 함께 살펴보는 것이 중요하다.

꿈은 전날 보고 느끼고 생각한 것들과 관련되어 있기도 하고, 기억 너머로 사라진 과거의 경험과도 관련이 있다. 그뿐만 아니라 전혀 생각지도 않은 기이한 내용이 나타나기도 한다. 따라서 꿈을 잘 해석하려면 우선 그 사람이 처해 있는 객관적 현실을 잘 알아야 하고, 인류 보편적인 신화나 사상을 이해해야 한다. 특히 그 사람의 고유한 경험과 그 사람이 현재 처해 있는 심리적 현실과의 관계를 잘 연결하여 해석하는 것이 중요하다. 흔히 해몽서에 쓰인 것처럼 뱀은 무엇을 뜻하고 사과는 무엇을 뜻한다는 식의 해석은 결정론자들이 범하는 오류와 같아 별 도움이 안 된다. 타인의 권위주의적이고 기계적인 해몽은 유아적 의존관계를 고착시킬 뿐이다. 꿈을 꾼 사람이 꿈을 통해 느끼고 깨닫는 것이 없다면, 꿈의 내용과 상관없이 의미 없는 꿈에 불과하다.

꿈은 과거나 현재의 내용만이 아니라 예시적인 내용을 담고 있기도 한데, 위대한 착상이나 예술적 영감이 꿈을 통해 나타난 경우가 많다. 과학의 역사를 살펴보면 꿈속에서 문제 해결의 열쇠를 찾아낸 경우들이 종종 있다. 원소 주기율표를 만든 러시아의 멘델레예프는 꿈속에서 원소들이 공중에서 떨어지면서 자기 자리를 잡아가는 것을 보았다고 한다. 또 프리드리히 케쿨레는 뱀들이 서로 꼬리를 물고 있는 꿈을 꾸고 벤젠의 고리 모양 분자 구조를 생각해냈다고 한다. 수면과 기억의 관계는 기억을 영구화시키는 유전자가 렘수면 상태에서 작용하기 때문으로 설명되고 있지만, 최근 연구는 렘수면보다 비렘수면이 기억 기능 활성화에 더욱 중요하다는 점을 보여주고 있다.

지금까지 과학자들은 생물이 꿈도 꾸지 않고 아주 깊은 잠을 자는 동안에는 뇌에서 별다른 일들이 일어나지 않는다고 여겨왔다. 그러나 최근 연구는 새로운 기억 형성과 관련된 세포집단들이 서로 신호를 주고받는다는 것이 밝혀졌다. 이 신호들은 뇌의 여러 부분들이 영구적인 연결 관계를 형성하도록 하는 기능을 갖고 있는 것으로 보이는데, 깨어있을 때 이 신호를 방출한 세포들 중 몇 개를 자극하면 이 신호에 의해 형성된 연결 관계들이 활성화되면서 관련된 기억 전체가 떠오른다. 잠이 장기기억의 유지와 저장에 필수적이라는 것을 시사한다. 그러나 지금까지 수면과 기억의 강화 사이의 관계에 관한 연구들이 많은 진전을 이루었음에도 불구하고 각각의 세포들이 어떻게 서로 연결되어 기억의 네트워크를 형성하는지는 아직 밝혀지지 않고 있다.

융은 꿈에 나타나는 여러 상들은 우리 마음속의 여러 가지 콤플렉스이고 '꿈은 무엇인가'를 가르쳐주는 스승이라 하였다. 꿈의 해석은 꿈을 보는 사람에 따라 각기 다를 수 있고 해석하는 학파나 치료자의 개성에 따라 다양할 수 있는데, 그것은 산을 어느 방향에서 보느냐에 따라 달리 보일 수 있는 것과 같다. 꿈을 바르게 이해하려면 우선 그 꿈이 자신에게 무엇을 말하려고 하는지 겸허하게 성찰하려는 진지한 자세가 필요하다.

프로이트와 융 심리학의 차이는 무엇인가요

프로이트의 정신분석학과 융의 분석심리학은 심층 심리학의 양대 산맥이라 불린다. 이 둘은 무의식을 강조하고 있다는 점에서 일반 심리학과 구분된다. 무의식을 현대적 개념으로 정립한 최초의 인물은 프로이트이다. "우리는 우리의 마음에 대해 잘 알고 있는 것처럼 생각하지만, 실제 우리는 우리가 왜 이런 행동을 하는지, 우리가 누구인지, 무엇을 느끼고 있는지 모르는 부분이 더 많다. 우리가 보는 것은 빙산의 일각에 불과하다. 우리는 우리 마음의 주인이 아니다." 프로이트의 말은 대단히 충격적인 선언이었다.

프로이트는 마음을 의식, 전의식, 그리고 무의식의 3층구조로 파악한다. 의식은 우리가 늘 접하는 잘 알고 있는 부분이고, 전의식은 의식하고 있지 않지만 조금 집중하면 의식할 수 있는 부분이다. 무의식은 우리가 알지 못하며 의식에 의해 파악될 수 없으나, 일생을 통해서 우리 행동에 심대한 영향을 미치는 것이라고 했다.

프로이트는 우리가 알 수 없는, 그러나 끊임없이 활동하며 여러 세기에 걸쳐 물려받은, 인류의 계통발생적 유산으로서의 무의식과 한 개인이 출생한 후 경험하게 되는 개체발생적 유산으로서의 무의식을 나누어 설명하고 있다. 무의식은 직접 알 수는 없으나 신화, 전설, 민담, 환상, 동화와 정신병 환자의 망상이나 환상과 꿈에서 그것을 찾아볼 수 있다. 정신병 환자와 마찬가지로 화가, 작가, 음악가, 과학 발명가들 역시 무의식으로부터 오는 메시지를 창조적인 일로 변형시키기도 한다.

융은 무의식의 내용을 프로이트보다 좀 더 세밀하게 분석하여, 긍정적이고 창조적인 내용을 추가하고 있다. 융은 무의식을 집단 무의식과 개인 무의식으로 나누어 설명한다. 집단 무의식은 시간과 공간을 초월하여 모든 인간에게 보편적으로 존재하는 것이며 역사를 통해 여러 형태로 반복되어 여러 민족들의 신화 속에 표현된다고 하였다.

전통사회에서는 인간생활의 전환점을 표시하기 위해 성인식, 결혼식, 장례식 등을 극적으로 표현하여 신화를 만들어냈다. 신화 속에 나타나는 영웅들의 모험과 위험한 세계로의 여행은 모든 사람들이 성인이 되기 위해 반드시 거쳐야 하는 내적 투쟁을 상징한다. 영웅의 목표는 개인적 성공뿐 아니라 사회적 구원을 이루는 것이다. 우리 문화는 신화를 만들기도 하고 신화에 의해 만들어지기도 한다.

융은 무의식 속에 어떤 기본적 원형archetype이 있으며 그것들은 인간 정신의 근본적이며 보편적인 핵으로, 선험적인 조건이라 주장하였다. 집단 무의식은 많은 원형들로 구성되어 있는데 그중에서도 마음속 깊은 곳에 우리 마음의 통일을 가져다주는 힘이 있으니, 그 전일적 원형을 융은 '자기self'라고 설정했다. 자기 원형은 예언자, 구원자, 진리, 산신령, 원, 만다라 등 인격적 또는 비인격적 상으로 나타난다. 자기 원형은 분리된 마음을 하나로 통일시켜주는 기능을 한다. 다시 말해 페르조나persona에 너무 집중되어 자기 자신과 멀리 떨어져 있는 정신적 위기에 처해 있을 때 분열된 마음을 극복하도록 자기 원형이 출현한다는 것이다.

외적 인격 - 페르조나

페르조나는 본래 고대 그리스에서 연극배우들이 쓰던 가면을 일컫는 말인데, 융은 인간이 집단사회에서 살아가며 적응하는 양식으로서, 우리의 외적 인격이라 하였다. 그러고 보면, 자신의 생각, 자신의 신념, 자신의 가치관이라고 알고 있는 것들도 사실 자기의 것이 아닌 남들의 생각, 부모의 생각, 주위 사람들의 생각임을 알 수 있다.

집단적으로 주입된 가치관이 마치 자기인 양 가면을 쓰고 있는 것이다. 의사로서의 얼굴, 부모로서의 얼굴, 남자로서의 체면 등이다. '얼굴을 들 수 없다'는 말에서의 얼굴, '체면을 구겼다'에서의 체면이 바로 페르조나이다. 페르조나와의 동일시가 지나치면 내적 정신세계와의 관계를 상실하게 된다. 중년에 우울증이 오는 것도 생물학적 요인보다 사실 심리적 요인이 더 크다. 그동안 자기 자신과 떨어져 페르조나로만 살아왔기 때문이다.

내적 인격 - 아니마, 아니무스

사람에게는 외적 인격인 페르조나에 대응하여 내적 인격이 있는데, 남성에게는 아니마anima, 여성에게는 아니무스animus가 그것이다. 흔히 남성은 동적이며 합리적이고 권위, 법, 명예와 사회를 중시하고, 여성은 수동적이고 비합리적이며 생명을 잉태하고 창조하며, 사회보다는 가정을 중시하는 경향이 있다. 하지만 남성이 지니는 무의식적인 여성적 요소 아니마는 분노와 변덕, 창조적 감흥이며, 여성의 무의식 속에 있는 남성적 요소 아니무스는 따지기 좋아하고 진취적이며 지혜의 원천이기도 하다. 우연히 만난 어떤 여자(또는 남자)가 자기를 사랑하며 자기와 결혼할 것이라고 굳게 믿고 있는 환자의 애정망상erotic delusion도 아니마와 아니무스 원형의 투사이다.

유아가 인식하는 부모는 현실적 부모상이 아니라 환상적 부모상이다. 원형적 부모상은 나이가 들면서 무의식에 남고 현실적 부모상만 남는다. 무의식에 남은 부모상은 다른 이성에 투사될 준비 태세를 갖춘 채 남아있게 된다. 긍정적인 부모상은 사랑의 대상이면서 신적인 존재이다. 신흥종파의 위대한 교주는 여성들의 아니무스 원형의 투사이다.

이성간의 사랑에서 첫눈에 강렬한 황홀감을 일으키는 것도 마찬가지이다. 상대방 남자가 둘도 없는 현자, 영웅으로 보이고 여자가 선녀처럼 어여뻐 보이면 아니마, 아니무스의 투사가 일어나고 있는 것이다. 때로는 강렬한 혐오감, 공포감, 불쾌감과 같은 감정의 포로가 되기도 하는데 이러한 마음일수록 강박적이고 마력적이어서 헤어날 수 없다. 이때도 어김없이 부정적 아니마, 아니무스의 투사가 일어난다고 할 수 있다.

융은 자아의식의 무의식적인 부분으로 그림자를 말한다. 그림자는 나도 모르게 실수하고 내 주장과 모순되게 행동하도록 하는 나의 어두운 부분, 내가 모르는 부분을 의미한다. 곧 무의식적 자아라 할 수 있다. 《지킬 박사와 하이드》에서 하이드는 지킬 박사의 그림자이다. 흥부와 놀부, 콩쥐와 팥쥐, 파우스트와 메피스토펠레스, 천사와 마귀 등 민간설화나 문학 작품에 나오는 수많은 대극은 선하고 초인적인 존재와 악하고 비천한 존재가 모두 우리의 그림자라는 것을 보여준다.

콤플렉스는 열등감인가요

콤플렉스 역시 열등감이나 약점이라고 알려져 흔히 나쁜 뜻으로만 여겨지는데 본래 그 의미는 그렇지 않다. 융은 연상검사를 통하여 콤플렉스라는 독특한 개념을 발견한 후 이것을 통해 원형이론을 전개해나간다. 콤플렉스는 의식과 무의식을 구성하는 것으로, 사고의 흐름을 순간 멈추게 하여 말문이 막히거나 더듬거리게 하고, 흉금을 울려 목메게 만들거나 당황하게 만들고, 괜히 화나게 하는 무엇이다. 나도 모르게 실수하게 하고, 별안간 딴 사람이 된 것처럼 벌컥 화를 내거나 얼굴을 벌겋게 만드는 무엇이다. 열등감뿐만 아니라 희로애락의 모든 감정과 다 관계가 있다.

우리 마음속에 있는 여러가지 부분 인격이 콤플렉스이다. 콤플렉스는 꿈속에 나타나는 여러 요소들이기도 하고 노이로제를 만드는 주범으로, 강박적으로 생각하고 행동하게 만들기도 한다. 환청이나 환시도 콤플렉스의 투사로 설명할 수 있다.

콤플렉스는 그 자체로 본래 열등하거나 병적인 것이 아니다. 다만 콤플렉스를 알아차리지 못한 채 살아갈 때 문제가 된다. 콤플렉스는 강력한 감정적 에너지를 지니고 있어 삶 속에서 두고두고 영향력을 행사하기 때문에 콤플렉스를 깨달아 이해하는 작업이 필요하다. 따라서 분석적 치료에서 콤플렉스의 의식화 작업은 열등감의 극복을 뛰어넘어 자기실현과 자기완성의 길로 나아가게 한다.

3. 나는 누구인가요

나르시시즘에 대해 알고 싶어요

그리스 신화에 나오는 미청년 나르키소스Narkisos는 자기 자신을 사랑한 나머지 연못에 비친 제 모습을 들여다보다가 연못에 빠져 죽고 만다. 자기애Narcissism는 자기 자신 외에 사랑할 대상이 없음을 의미한다.

누구나 자기가 최고라고 생각하는 자기애적 요소를 어느 정도는 지닌 채 살아가는데, 인격이 발달하면서 나르시시즘을 서서히 극복하며 성숙하게 된다. 정신분석학에선 생후 6~18개월의 유아적 자아 형성기를 '거울 단계'라고 부르며, 아이가 거울에 비친 통합된 자기 이미지와 동일시 하면서 사고 틀에 갇혀 상대방을 있는 그대로 보지 못하는 경우를 가리켜 '거울 이미지'라는 용어로 표현한다.

항상 찬사만을 받고자 하는 유아적 욕구에 머무르면 성인이 되어 배우자를 선택할 때 이성의 부모와 비슷한 사람을 선택하여 여러 가지 문제를 겪게 된다. 이성의 부모에 대한 순수한 사랑과 육욕의 구분은 사랑과 섹스를 분리시킨다. 그래서 혼외정사에서는 정상적 성교가 가능하지만 배우자와는 불감증, 발기부전 등으로 성교가 불가능하게 되기도 한다. 소년에게는 어머니가 성스럽고 훌륭하여 섹스와는 거리가 멀고 존경스럽기만 한 무성-섹스리스의 존재이다(마돈나 콤플렉스).

어머니와 자신의 관계는 아버지와 어머니의 관계보다 고차원적이고 순수한 사랑이라고 합리화하거나, '저를 해치지 말아요. 저는 어머니를 사랑하지 않아요. 저는 당신을 사랑해요'라고 호소하는 소년은 아버지의 처벌(거세)을 두려워하여 자라서도 이성을 사랑하지 못하고 동성애에 빠질 수 있다. 나르시시즘에 고착되면 정신병 상태나 자기애적 인격장애 등으로 나타난다.

이런 병적 상태가 아니어도 우리는 자주 나르시시즘에 취한다. 잠에 들면 외부 세계와 결별하고 자신 속으로 몰입하는 나르시시즘 상태가 되는데, 깨어있을 때의 나르시시즘이 의식적인 반면, 잠 속의 나르시시즘은 자연스럽고 무의식적이다. 프로이트는 이것을 원초적 나르시시즘이라 칭하고 자궁 내 태아의 상태와 비교하였다. 우리가 잠에 빠지면 어머니의 태내처럼 완벽한 휴식과 안락의 상태로 들어가게 된다는 것이다. 이 원초적인 나르시시즘 상태를 유지하기 위해 꿈을 꾼다는 주장도 있다.

살아가면서 난관에 부딪치면 유아시절로 퇴행하여 자궁이나 죽음으로 회귀하려는 강렬한 욕구에 사로잡힐 수 있다. 영원히 잠들면 곧 죽음이라고들 말한다. 잠의 본질이 죽음을 대비한 리허설이라는 말이나, 삶은 본질적으로 죽음을 연습하는 과정이라는 말은 상통한다. 나르키소스의 신화는 완전한 나르시시즘이 죽음과 동일하다는 것을 암시하고 있다.

자기애도 자아 방어에 해당하나요

우리는 생존을 위해서, 또는 고통을 모면하기 위해서 자기 자신도 모르게 무의식적으로 자기 방어를 한다. 이러한 심리적 자기 방어 체계는 겉으로 드러나는 단순한 것부터, 심층적으로 분석하지 않으면 도저히 알 수 없는 미묘하고 은밀한 것에 이르기까지 실로 다양하다. 극단적으로 자신의 고통을 부인하고 부정하는 것도 일종의 자기애적 방어이다. 한편 종교, 신화, 음악과 미술작품 등 고도의 상징물이 자기 방어에 이용되기도 한다.

　이와 같이 자신을 보호하고 방어하는 체계는 반드시 병적인 것도 아니고 부정적인 것도 아니다. 자신을 보다 발전시키고 성장시키고 승화시키려는 노력 또한 자기 방어 체계의 하나이기 때문이다.

　사람들은 태어날 때부터, 더 정확하게 말하면 완벽한 충족의 모태 시절부터 자기애에 빠져있다 하겠다. 이 자기애는 건강한 자아의 원천이 되기도 하고 병적인 자아집착으로 발전하기도 한다. 어려서 부모의 보살핌을 받지 못하고 방치된 사람들의 마음은 겉으로 보면 자기애로 무장되어 있지만 실은 자기혐오에 빠져 있는 경우가 많다. '나는 왜 항상 이런 거야', '나는 왜 이 모양이야', '나는 어쩔 수 없어. 바보! 멍청이!'라는 그들의 독백 속에는 부모의 날선 고함들이 그대로 나타난다.

이렇게 자기마저 자기를 혐오할 때 상담하는 치료자가 자기를 비난하지 않고 경청하고 공감해주며 보살펴주고 있다는 느낌을 받게 되면 안정감과 자존감을 갖게 된다. 가장 비참할 때 자기를 믿어주고 사랑해주는 사람이 있다는 느낌만으로도 그는 변화한다. 어려서 받지 못한 신뢰와 사랑, 그리고 보살핌을 통해 환자는 서서히 치유의 길로 들어서고, 서서히 자기 비난과 자기 학대를 멈추게 된다. 또한 자기 스스로를 따뜻하게 대하기 시작하고, 자신을 상처로부터 보호하기 위해 사용한 방어적인 자기애로부터 벗어나 자신을 있는 그대로 수용하게 된다. 그리고 자신에 대하여 관용을 베풀고 어떤 잘못도 용서할 수 있는 열린 마음의 소유자가 된다. 자신을 용서할 수 있게 되면 비로소 타인의 아픔도 이해하게 되고 그 사람도 상처 때문에 고통스런 나머지 나에게 가해를 했다는 깨달음에 이르러 상대를 용서할 수 있게 된다.

이제 그는 진정으로 자신을 존중하고 사랑할 수 있게 된다. 진정한 자기애는 병적 자기도취나 집착이 아니라 소박하고 부족한 자기 그대로를 담담하게 인정하는 것이다. 그러려면 자신이 지니고 있는 모습 중 좋아하지 않는 부분들을 하나하나 분명히 알고, 살펴보고, 수용할 수 있어야 한다. 그것들을 부끄러워하고 숨기려들면, 장애가 되고 병이 된다. 자신을 잘 돌아보고 살핀다는 뜻은 자신을 존중하고 사랑한다는 것과 같다. 자신을 가장 존귀한 사람으로 대할 수 있어야 남을 존중하는 것도 가능하다. 자신을 하대하는 사람은 남에게도 상처를 주기 쉽다. 자신을 이롭게 하고 남을 이롭게 하길 원한다면 먼저 자신이 가장 존귀한 존재임을 알아야 한다.

자존감과 자존심의 차이는 무엇인가요

자기 자신이 가장 존귀함을 알아야 한다는 것은 독선이나 교만을 내세우자는 것이 아니다. 그것은 스스로 자존감을 지녀야 한다는 의미다. 자존감은 자존심과 다르다. 자존감은 타인이 공감할 수 있는 것이지만, 자존심은 자신을 내세우려 하고 상대를 누르고 지배하려 들기 때문에 거부감을 일으킨다. 자존심은 교만한 반면 자존감은 겸허하다. 진정한 자존감은 그 사람을 당당하게 하며 동시에 겸손하게 한다. 또한 상대방까지 자존의 마음을 갖도록 돕는다.

　자존감은 외부로부터 얻어지지 않는다. 역설적이게도 자신에 대한 집착에서 벗어나야만 맛볼 수 있다. 에고^{ego, 자아}는 의식과 무의식의 주인으로 행동하며 자신을 드러내려 하고 판단하고 비교하며 우쭐대거나 쉽게 상처받고 시샘한다. 에고의 분별 작용은 끊임없이 시비를 따지고 우열을 나누어 마음이 소란하고 평화롭지 못하게 만드는 원천이다. 이러한 에고의 분별 작용이 사라져야만 때 묻지 않은 진정한 자기가 드러나기 시작한다.

내면으로부터 드러나는 자존감이야말로 밖에서 주어진 것이 아니므로 가장 독립적이며, 나를 내세우지 않기에 가장 겸허하다. 에고가 강한 것과 에고가 건강한 것은 다르다. 에고가 건강한 사람은 부정적 에고가 적은 사람이다. 부정적 에고가 약해지면 에고는 건강을 회복한다. 반대로 에고 자체가 너무 약해져서 무의식을 감당 못할 정도인 환자들은 에고를 강화시켜야 한다. 이는 자기중심성이 높아지고 오만해져야 한다는 의미가 아니라 부정적 에고 의식이 정화되어 사라지고 극히 겸허한 마음, 상대를 수용하는 열린 마음을 지니게 되는 것을 말한다.

2장

마음의 병에는
어떤 것이 있는가

정신건강의학과 진료실에서
주로 다루는 질환들을 소개한다.

1. 스트레스성 질환

'신경성'이란 표현을 자주 쓴다. 내과 외래 환자 가운데는 '신경성' 질환을 앓고 있는 사람이 60%가 넘는다. 아파서 병원에 갔는데, 여러 검사에서 아무 이상이 발견되지 않는 경우 병원이나 한의원 또는 약국에서 "당신은 신경성이니 신경 쓰지 말라"는 말을 흔히 한다. 아픈 사람으로서는 이런 처방을 받을 경우 난감할 수밖에 없다. 이러한 '신경성' 질환은 꾀병이 아니고 의지로 다스려지는 것도 아니며, 스트레스가 원인으로 작용하는 고통스러운 병이다.

신경성 질환은 의학적 용어가 아니다. 본래 신경은 뇌를 비롯한 중추신경과 척수신경을 통해 전신에 분포하고 있는 말초신경으로 이루어지고 기능에 따라 교감신경과 부교감신경으로 나뉜다. 각 장기마다 분포된 신경들은 중추신경의 지시를 받고 중추신경은 스트레스나 정신적 요인에 따라 민감하게 반응한다. 따라서 신경성 질환의 올바른 뜻은 '스트레스 등 심리적 원인으로 오는 신체 질환'이라고 볼 수 있다. 그래서 신경성 질환을 스트레스성 질환이라고 부르기도 한다. 신경성 어지럼증, 신경성 구토, 신경성 메스꺼움, 신경성 위염, 신경성 위궤양, 신경성 식도염, 신경성 인후염, 신경성 고혈압, 신경성 두통, 신경성 심장질환, 과민성대장증후군, 신경성 피부염, 신경성 관절염 등이 대표적이다.

스트레스가 장기화되면 면역기능도 약화되어 각종 질병에 걸릴 확률도 높아진다. 따라서 병원을 여기저기 다녀봐도 특별한 병명이 나오지 않거나 치료 효과가 없을 경우에는 신경성 질환을 생각해보아야 한다. '마음만 다스리면 되지' 또는 '창피하게 정신과를 어떻게 가나' 하고 치료를 방치하면 생활에 지장을 받는 것은 물론 알코올중독이나 약물의존으로 발전할 수 있으므로 하루 빨리 전문적 치료를 받는 것이 좋다.

스트레스성 질환의 대표적인 예 가운데 심인성 고혈압과 신경성 위염, 신경성 두통, 심인성 통증, 돌연사를 살펴보자.

심인성 고혈압

특별한 원인이 밝혀지지 않은 본태성 고혈압이나 편두통, 설사를 호소하는 경우는 2~3세 항문기 때 자기주장과 공격성을 조절하는 훈련을 적절하게 받지 못해 자기도 모르게 분노를 변형된 형태로 표현하는 것이다. 적개심을 억압한 환자는 겉으로는 침착하고 공손한 태도를 보이는데 이런 태도로 인해 윗사람에게 더욱 잘 보이게 되고 자신의 적개심을 더욱 삼키게 된다. 그러나 외적인 상황에 의해 내적으로 분노가 증가하면 체질에 따라 신체의 취약한 기관으로 증상이 나타난다.

20대 회사원이 간헐적으로 고혈압이 나타나 신체검사에서 정밀 진단을 권유받았다. 그는 새로 직장에 입사하여 성실하게 근무하고 있었고 선배들에게도 깍듯이 대하는 모범사원이었다. 그는 면담을 통해, 선배들에게 자신도 의식하지 못한 불만을 갖고 있었음을 알게 되었다. 선배들이 자기를 비난할 구실을 찾느라 안달이며 자신을 은연중에 경계한다고 생각하고 있던 것이다.

알고 보니 그의 아버지는 술만 마시면 가족들을 괴롭히는 알코올중독자였다. 그는 아버지에 대한 적개심을 드러내지 않은 채 온순한 아들로 적응하며 성장했는데, 사회에 나와 윗사람 또는 권위적인 사람을 보면 억압된 감정이 튀어나와 그때마다 혈압이 평소보다 20~30 정도 상승했던 것이다. 면담이 진행되면서 환자는 자신의 심리적 문제를 이해하게 되었고, 선배들에게도 순종 일변도에서 벗어나 자연스러운 태도로 대할 수 있게 되었다. 또한 아버지에 대한 자신의 감정을 알게 되어 아버지에게 어느 정도 자기주장도 하고 때론 화도 낼 수 있게 되었다.

신경성 위염

30대 직장인이 속이 더부룩하고 쓰리고 아프고, 소화가 안 되고 메스껍다며 내과를 찾았다. 진찰과 함께 각종 병리 검사와 위장관 특수촬영을 해보았지만 이상이 없었고, 혹시 조기 암이 아닌가 싶어 위내시경 검사도 시행했으나 표재성위염이 있는 정도였다. 내과에서 처방한 위염 약을 지시대로 복용하였으나 증상이 깨끗하게 낫지 않고 지속되어 정신건강의학과를 찾아왔다.

이 환자는 이 증세 외에도 항상 피곤하고 머리가 아프고 잠도 깊이 못 자며 뭔가에 쫓기는 것처럼 마음이 불안하여 술을 자주 마셨고 담배도 늘었다고 한다. 이 경우는 직장에서 받는 과도한 스트레스가 원인이 되어 신경성 위염이 생긴 것이다. 정신적 스트레스가 위 점막을 손상시켜 위염을 일으키면 위장약만으로는 치료할 수 없다. 정신과 치료를 병행해서 불안이나 우울을 치료해야 신경성 위염을 극복할 수 있다.

신경성 두통

두통은 누구나 경험하는 흔한 증상 가운데 하나이다. 대개는 진통제만으로 조절되는 일시적인 것이지만 장기화되면 반드시 전문적 치료를 받는 것이 좋다. 가장 흔한 경우는 신경성 두통으로, 다시 긴장성 두통과 편두통으로 나뉜다. 두통에는 운동이나 명상이 도움이 되며, 그래도 낫지 않을 경우 약물치료와 함께 심리치료가 필요하다.

긴장성 두통은 부부 갈등, 사업 부진, 성적 저하 등 스트레스를 엄청나게 받는 상황에서 불면과 함께 찾아오는 반갑지 않은 손님이다. 머리 전체 또는 앞머리나 뒷머리 등이 묵직하게 눌리는 압박감이 느껴지며, 머리가 맑지 않고 무거운 느낌과 함께 머리 피부를 누르면 아프기도 한데, 수일 혹은 수개월간 지속된다. 대체로 목, 어깨부터 머리 근육까지 경직되어 있는데, 스트레스를 적절히 해소하지 못하여 불안, 긴장, 우울 등이 온 경우가 많다. 눈의 피로나 분노의 폭발에서 오는 스트레스는 머리에 혈액을 공급하는 혈관들을 확장시켜 혈관에 있는 통각신경 종말기관을 자극하여 욱신거리게 만든다.

편두통은 뇌혈관의 확장과 수축으로 오는 혈관성 두통으로서, 한쪽 머리가 심하게 아프다고 해서 편두통으로 불린다. 대체로 여성에게 많으며 사춘기 전후에 시작된다. 통증은 수 분에서 수 시간 지속되며 시야가 흐려지거나 밝은 섬광이나 선 같은 것이 보이는 등의 시야 장애와 함께 눈물을 흘리기도 하고, 메스껍고 토하는 증세가 동반되기도 한다. 편두통의 원인 중 하나는 세로토닌이다. 세로토닌이 부족하면 편두통이 나타난다. 따라서 세로토닌의 농도를 높여주는 에르고타민이 치료에 효과적이다. 한편 치즈, 초콜릿, 적포도주 등 타이라민이 든 음식물이 편두통을 유발하기도 한다. 흡연이나 여성의 생리주기와도 연관이 높고 스트레스가 원인으로 작용한다. 완벽하고 깔끔한 성격의 소유자에게 많다고 알려져 있지만 최근 연구에 따르면 모든 성격에서 올 수 있다고 한다. 주기적으로 발생하지만 평소에는 전혀 아무렇지 않은 것이 편두통의 특징이다.

가장 심각한 두통은 새벽이나 아침에 일어났을 때 시작되고 급격하게 발생하며 의식의 혼탁 또는 혼수상태를 동반하고, 갑자기 토하고 목이 뻣뻣해져서 구부릴 수 없는 경우 등이다. 이런 경우는 뇌압이 상승했다는 것을 의미하며, 뇌출혈이나 뇌막염 등과 같이 신경과적 응급상황인 경우가 많다. 그밖에 삼차신경통으로 오는 발작성 두통, 녹내장과 같이 안압상승으로 오는 두통, 고혈압으로 인한 두통 등을 감별 진단해야 한다. 진통제를 먹어도 두통이 지속되면 반드시 전문의와 상의하고, 신경성 두통이면 심리치료를 병행해야 한다.

심인성 통증

20대 여성이 하루에도 십수 차례 설사를 하고 옆구리가 아파 내과와 산부인과를 거쳐 통증클리닉까지 갔으나 호전되지 않아 정신과에 의뢰되었다. 환자는 설사와 복통 때문에 1년 전에 궤양성 대장염으로 외과에서 대장수술을 받은 후로 오히려 설사가 더 심해져 살고 싶지 않을 정도라며 괴로움과 우울함과 불면을 호소하였다.

환자는 얌전하게 자란 편이지만, 초등학교 시절부터 친구들과 잘 어울리지 못하고 따돌림을 당하여 주로 동물들과 시간을 보내곤 했다. 환자 위로 오빠가 둘, 언니가 하나인데 아버지가 아들 셋을 고집하여 아이를 가졌으나 딸이 태어나 부모의 실망이 컸다고 한다. 형제들이 모두 공부를 잘했는데, 환자는 책만 보면 졸려서 공부를 못해 아버지로부터 야단을 많이 맞았고 열등감에 시달리며 자살을 많이 생각했다.

부모가 모두 교육자인데 아버지는 매우 유교적이고 엄하고 고집이 세며 항상 공부를 강조하는 억압적인 사람이었고, 어머니는 이해심이 많으나 아버지와 불화가 심하여 교직을 그만두고 우울하게 지내왔다고 한다. 언니도 우울증으로 치료받고 있는 상태였다. 환자는 봉사활동에 관심이 많아 간호사에 뜻이 있었으나 대학 갈 실력이 못 되었고, 아버지가 대학 진학을 원해서 입시학원에 다니긴 했는데 그때부터 어지럼증, 구토, 혈변, 복통 증상이 나타나기 시작했다.

이 환자는 부모가 원하지 않는 딸로 태어나 관심을 받지 못하고 자랐다. 비교적 이해심이 있는 어머니마저 아버지와 사이가 안 좋아 환자를 따뜻하게 돌볼 수 없었을 것이다. 아버지로부터 오는 압력과 비례하여 미움도 깊어졌고 복통과 설사를 통하여 아버지에 대한 분노를 표현한 것이다. 부모로부터 벌을 받거나 야단맞을 때를 제외하고는 관심을 얻지 못한 환자는 신체적 통증과 개복 수술 같은 피학적 방식으로 자신의 공격성을 감추고 있었다. 이런 환자는 다른 사람보다 사고도 잘 일으키는데, 이는 자기 자신에게 화를 내는 마조히즘masochism, 피학증과 관련이 있다.

정신치료가 진행되면서 환자는 자신의 문제가 신체적인 병이 아니고 억지로 공부를 하다 병이 생긴 것이라며 아버지를 증오했다. 실제로 아버지와 갈등이 있으면 반드시 증상이 악화되었다고 한다. 환자는 동물에 대한 자신의 애정도 인간에 대한 믿음 부족에서 비롯되었고, 남을 위한 봉사도 사실은 비참한 자신을 보살피고 위하는 것임을 깨닫게 되었다. 이러한 심인성 통증장애는 남성보다 여성에게 2배 많고, 사무직보다 기술직, 학력이 낮은 사람에게 많이 나타나는 경향이 있다. 통증과 관련된 신경전달물질인 엔돌핀이나 세로토닌의 결핍이 원인으로 작용한다는 보고도 있다. 유전적인 경향도 있어 가족 중에 우울증, 불안장애, 약물남용을 가진 사람이 많다. 심인성 통증장애 환자의 25~50%는 주요 우울장애를 동반하고, 60~100%는 불안이나 우울 등의 감정부전증이 있다. 어떤 학자는 통증을 우울증의 한 표현으로 보기도 한다.

돌연사

아침까지 멀쩡하던 사람이 억 하고 쓰러지고, 한참 테니스를 하던 사람이 가슴을 움켜쥐고 쓰러진다. 고요히 잠든 상태로 영원한 잠에 빠진 이들도 있다. 입원했다가 갑자기 죽는 환자도 있는데, 입원 후 불과 수 시간에서 수 일 만에 심장이 멈추었으니 가족 입장에선 청천벽력이요, 병원 입장에선 억울하기 짝이 없다. 이런 경우, 심폐소생술에도 불구하고 깨어나지 않으면 의료분쟁에 휘말리기 쉽다.

돌연사는 어른들뿐 아니라 소아에게도 드물지 않게 발생한다. 원인 불명인 경우도 있지만 직접 사인은 대부분 심장마비다. 원인을 알 수 없는 심장 돌연사는 평소 관상동맥질환의 병력이나 협심증 등의 증상이 전혀 없었던 경우로, 남자가 80%를 차지하고 연령은 40~50대가 많다. 자정부터 오전 3시 사이, 오전 9시부터 정오 사이에 가장 많이 발생한다. 심장마비는 심장에 혈액을 공급하는 관상동맥이 일시적으로 막혀서, 심장을 움직이는 데 필요한 산소와 영양 공급이 중단될 때 발생한다. 원인은 급성 심근경색증이나 심실세동과 같은 부정맥이 많다. 최근 들어서 돌연사나 공황장애가 40대에서 급증하는 것은 40대가 가장 스트레스를 많이 받고 있다는 반증이라 하겠다.

심장마비로 급사한 환자들의 심장을 해부해보면 관상동맥에 동맥경화가 심하게 와 있는 경우가 많다. 당뇨나 고혈압, 고지혈증 등

성인병을 앓아왔거나, 알코올중독 또는 지병을 오래 앓은 환자들은 뇌경색이나 심근경색이 잘 올 수 있다는 사실을 염두에 두어야 한다.

뇌혈관이 막히면 뇌 일부가 경색되어 반신마비나 언어장애 등 중풍이 오지만, 관상동맥이 막히면 심근경색이 되어 전신에 혈액 공급이 중단된다.

돌연사는 미리 예측하기 어렵다. 돌연사를 예방하려면 일반 심장질환의 위험인자인 당뇨, 고혈압, 고지혈증 등을 잘 관리해야 한다. 또한 과도한 스트레스와 복부 비만이 원인으로 작용하므로 과음과 흡연을 피하고, 적절한 운동을 규칙적으로 하는 것이 좋다. 운동을 할 때 가슴이 답답하거나 숨이 차면 즉각 쪼그리고 앉아 쉬는 것이 좋다. 눈앞이 노래지고 별이 보이면 자신의 체력에 무리라는 경고 증상이므로 운동을 중지하고 쉬었다 해야 한다. 운동 전에는 스트레칭 등 준비체조로 몸을 푼 다음 서서히 운동량을 늘리는 것이 좋다. 평소에 건강하다고 자만하지 말고 정기검진을 충실히 받아 두고 건강 관리를 철저히 하는 것이 돌연사를 막는 길이다.

어떻게 스트레스를 다스릴 수 있나요

생활 속에서 피할 수 없는 스트레스를 어떻게 대처해야 될까? 스트레스에 대처하는 방법에는 스트레스를 주는 상황을 직접 해결하는 방법과 스트레스에 대처하는 자신의 반응을 조절하는 방법이 있다. 대체로 스트레스를 주는 상황은 쉽게 바꾸기가 어려우므로, 자신이 스트레스에 반응하는 과정을 살펴서 좀 더 효율적으로 스트레스를 관리하는 것이 현명하다. 효과적인 스트레스 관리는 질병의 빈도와 위험성을 감소시키고, 삶의 질을 향상시키며, 자신의 능력과 에너지를 최대한 발휘하도록 하고, 자신뿐만 아니라 타인의 행복을 증진시킨다.

최근 들어 기존의 의학적 치료모델을 넘어선 이완기법, 인지행동치료, 명상, 상상훈련, 생체되먹임 및 최면 등을 포함한 심리사회적 치료가 스트레스에 효과적이라는 증거들이 제시되고 있다. 심장의 관상동맥 질환 환자에서의 정신교육치료^{정신건강 교육과 스트레스 관}^{리 상담 등} 효과를 메타 분석한 연구 결과에서, 심장 사망률은 34% 감소하고, 심근경색의 재발은 29% 감소하며, 식이조절, 운동 습관, 체중, 흡연, 콜레스테롤 및 혈압에 긍정적 효과를 나타낸 것으로 밝혀졌다. 또한 골관절염이나 류머티즘 관절염, 만성 요통 및 고혈압에 대한 연구 결과도 긍정적인 효과를 보고하고 있다.

스트레스가 있을 때 어떤 사람은 술이나 담배를 늘리고, 어떤 사람은 음식을 먹어댐으로써 마음을 안정시켜보려 한다. 이러한 자학적 대응은 오히려 스트레스를 가중시키고 몸의 건강까지 파괴한다. 건강을 해치지 않고 스트레스에 대처하는 방법을 익혀두어야 하는 이유이다.

● 부정적 생각을 긍정적 생각으로 바꾸기

같은 상황에서도 사람들이 느끼는 반응은 각각 다르다. 어떤 사람은 스트레스를 많이 받지만 또 다른 사람은 아무렇지 않게 넘어간다. 이는 상황을 바라보는 시각 차이 때문인데, 스트레스를 많이 받는 사람은 시각이 대개 부정적이다. 긍정적 사고를 가진 사람은 아무리 어려운 상황이라도 훌륭히 극복하지만, 부정적 사고를 갖는 사람은 힘들게 받아들이고 그 상황을 피하려 든다. 부정적인 생각을 긍정적인 생각으로 바꾸는 훈련이 필요하다. 인지행동 치료에서는 부정적 생각을 멈추는 훈련과 함께 긍정적 생각으로 대치시키는 훈련을 한다.

● 유쾌한 행동으로 기분 전환을

기분이 나쁠 때나 화가 날 때 유쾌한 행동을 하면 기분이 좋아진다. 자신이 좋아하는 노래나 운동 등을 해보거나 크게 웃어봄으로써 우울하고 기분 나쁜 상태에서 신속하게 벗어날 수 있다. 웃음은 인간관계를 돈독히 만들어주고 소속감과 결속력을 강화시켜준다. 이 경험을 이용하여, 혼자서 기분 나쁜 상황을 상상하여 기분 나쁜 상태를 재현하고 자기가 좋아하는 행동을 하여 나쁜 기분에서 벗어날 수 있는가를 확인해본다. 이 행동치료 방법은 불쾌한 상태에서 벗어날 수 있다는 자신감을 얻게 해준다. 웃으면 스트레스 호르몬이 억제되고 엔돌핀이 왕성하게 분비되며, 백혈구 수와 단백 글로불린이 증가하여 면역 기능도 강화된다.

● 호흡과 명상

마음을 다스리고 긴장을 이완시키는 방법 가운데 가장 쉬운 방법이 심호흡이다. 숨을 길게 들이마시고 길게 내뿜는 심호흡을 하면 대부분의 피로가 회복되고 불안, 화, 긴장도 조절할 수 있다. 간단한 위장장애나 속 더부룩함, 가벼운 두통도 호흡을 잘 다스리면 회복이 가능하다. 흥분된 교감신경이 안정을 되찾기 때문이다. 조식調息이라 하여 숨고르기가 모든 명상 수행이나 기공, 단학수련 등에 기본이 되는 것도 그 이유이다.

　보다 전문적인 호흡법은 각 유파마다 다르지만, 호흡에서 중요한 원칙은 자신의 몸에 맞게 자연스럽게 해야 한다는 것이다. 가능한 한 들이쉬는 숨보다 내쉬는 숨이 길어야 하고, 숨이 규칙적이고 소리가 안 나야 하며, 숨이 들어오고 나가는 상황을 마음으로 관찰하는 것이 좋다. 처음 1~2분 동안은 크고 깊게 심호흡을 하되 들이쉴 때는 대기의 맑은 공기를 몸속에 받아들인다고 생각하고 내쉴 때는 몸 안의 탁한 나쁜 공기를 밖으로 내보낸다고 생각해보자.

● 운동과 걷기

스트레스로 날카로워진 교감신경을 부드럽게 해주는 또 하나의 방법은 가벼운 운동이다. 하루 30분씩, 한 주에 4~5일 정도 꾸준하게 계단 오르기나 배드민턴, 수영, 테니스, 에어로빅, 등산 등 평소 즐기는 운동을 해보자. 고혈압이나 당뇨 예방에도 좋고 비만과 미용에도 좋다. 땀을 뻘뻘 흘리며 운동을 하면 며칠간 쌓인 스트레스를 한꺼번에 날릴 수 있다.

● 음악 감상 등 취미생활

음악 · 영화 · 연극 감상, 그림 그리기, 독서 등 취미생활을 개발해 본다. 너무 일에만 매달려 자신을 학대하지 말고 시간을 내어 자신에게 투자를 해보자. 미루었던 여행을 떠나보는 것도 좋다.

● 종교 · 사회 활동

자아성취에 도움되는 무언가를 해보도록 노력하자. 어려운 이를 돌보면서 성취감을 맛보는 것도 좋은 방법이다. 종교인 중에는 남과 함께 호흡하는 삶을 통해 비로소 인생의 진정한 기쁨을 체험하고, 그동안 쌓인 스트레스가 이기적 욕심의 산물이었음을 깨닫는 사람들이 많다.

스트레스에 대처하는 현실적 방법

스트레스에는 능동적으로 대처하는 마음가짐이 중요하다. 스트레스에 갇혀 비관하거나 절망하면서 막연하게 누가 도와주기를 기다리면 어떤 도움도 받을 수 없다. 자존심을 버리고 스스로 먼저 힘들다는 것을 표현하여야 한다.

- 호흡이 가빠지고 얼굴이 붉어지고 눈물이 날 정도로 웃어보자.
- 너무 잘하려 하거나 이기려고 하지 않는다.
- 힘든 일을 피하려 하지 않는다.
- 버스 놓칠까 봐 쫓아가서 타지 않는다.
- 깜박거리는 신호등을 보고 뛰어서 건너지 않는다.
- 나에게 맞는 운동을 시작한다.
- 노래도 하고 춤도 춰보자.
- 밝고 경쾌한 음악을 들어보자.
- 자신의 인생을 돌아보며 떠오른대로 무엇이든 써본다.
- 어렵고 괴로울 때는 가까운 주변 사람들과 상의한다.
- 가까운 사람이 없다면 여성의 전화나 사랑의 전화, 자비의 전화 등에 도움을 요청하거나 대화를 해보자.
- 이러한 노력을 해도 계속 고통스럽다면 지역 정신건강증진센터

를 방문하여 전문가의 상담을 신청하자.

• 상담만으로 해결 안 되는 경우 용기를 내어 정신건강의학과를 찾아 치료를 받아보자. 몸이 아프면 병원에 가서 치료를 받고 나아지듯이, 마음이 아플 경우에도 병원에 가서 치료를 받는 것이 당연하다. 남들의 시선보다 자신의 삶과 생명이 더욱 소중하다는 사실을 잊지 않는다.

2. 우울증

이 세상에서 가장 소중한 것은 무엇일까? 부모, 자식, 돈, 명예, 신앙, 건강 등을 꼽곤 하지만 이 모든 것이 다 시들해져 만사가 다 귀찮고 죽고 싶은 상태가 바로 우울증이다. 배우자와 갈등이 있는 경우, 가족이 사망하거나 사랑하는 사람을 떠나보내야 하는 경우, 중요한 시험이나 사업에 실패한 경우, 배우자의 불륜을 알고 배신감을 느낀 경우, 치료하기 어려운 질병에 걸린 경우 등등 살아가면서 스스로 감당하기 어려운 과도한 스트레스가 장기간 지속될 때 우울증이라는 병은 소리 없이 찾아온다. 우울증에 걸린 사람의 심정은 망망대해에 외따로 떨어진 고립감에 사로잡힌다.

가슴이 답답하고 입맛은 떨어지고 속도 아프고 머리도 아프고 여기저기 아프지 않은 곳이 없다. 기운도 없어 손 하나 까딱하기 싫다. 잠이 오지 않아 밤을 꼬박 새우기도 하고, 하루를 시작하는 게 막막해서 불안하고 초조하다. 이대로 영원히 잠들어 아침이 안 왔으면 싶고, 너무 고통스러워 이 세상을 떠나야만 해결될 수 있다고 생각하여 벼랑 끝에 몰린 심정이 되기도 한다.

우울증에 일단 빠지면 수렁과 같아서 혼자 헤쳐 나오기가 어렵다. 굳은 의지로 극복할 수 있다며 기진맥진한 환자를 몰아세우고 다그치는 경우가 많지만, 우울증은 전문적인 치료를 요하는 병이다. 일단 용기를 내서 치료를 받으면 얼마든지 극복할 수 있다.

우울증에 대한 몇 가지 오해

우울증은 6명 중 1명꼴로 있을 정도로 매우 흔한 질환이다. 그러나 그에 대한 지식은 이름의 유명세를 못 따라가는 듯하다. 흔하고, 많이 알려져 있는 만큼 오해도 적지 않은 것이 우울증이다. 우울증이란 병에 대한 일반의 인식은 대략 '우울한 것이 우울증이다', '우울증은 스트레스 때문이다', '우울증은 마음의 병이다' 등으로 요약될 수 있겠다. 과연 이런 생각들이 과학적·의학적으로 적절한지 우선 살펴보자.

● 우울한 것이 우울증이다?

우울증이라고 알려진 정신과 질환은 정확히 얘기하자면 주요우울장애, 감정부전증 등 여러 질환을 통칭하는 말이다. 그리고 우울감은 우울증이 생겼을 때 나타나는 가장 대표적인 증상 중 하나이다. 기침이나 콧물이 감기의 대표적 증상인 것과 같다. 그러나 우울감이 있다고 해서 모두 우울증은 아니다. 성적이 생각만큼 나오지 않은 학생, 매상이 떨어진 가게 주인, 실연당한 노총각은 모두 우울하다. 이런 상황에서 우울하지 않은 사람을 찾기가 도리어 힘든 것이 보통이다. 속상한 일을 당하면서 느끼는 감정적 고통은 정상이며, 우울증이 아니다.

추운 겨울에 얇은 옷을 입고 거리에 서있는 사람은 추울 것이다. 이런 사람에게 당장 약을 먹으라고 할 필요는 없다. 따뜻한 실내로 들어가든지 더 두꺼운 옷을 입으라고 권하면 충분하다. 그러나 만일 감기에 걸렸다면 실내로 들어가도 여전히 춥고 떨리며, 고통스러울 것이다. 이럴 때는 두꺼운 옷보다는 한 알의 해열진통제가 더 도움이 될 것이다. 우울증도 마찬가지다.

슬픈 일을 겪더라도 우울증이 오지 않을 경우에는, 일정 기간이 지나면 자연히 슬픈 감정에서 회복될 수 있다. 그러나 우울증이 일단 오게 되면, 현실적 고통이 해소되고 어느 정도 잊을만한 시간이 흘러가도, 본인이 겪는 고통은 별로 줄어들지 않는다. 계속해서 우울하고, 의욕이 없으며, 자책감만 든다. 이렇게 우울감과 우울증은 다르다. 또 일부 우울증의 경우에는 우울감이 별로 없는 경우도 있다. 특히 청소년기에 나타나는 우울증의 경우에는 우울감을 별로 느끼지 않으며, 도리어 공격적이고 반항적인 데다가 때로는 비행을 저지르기도 한다.

● 우울증은 스트레스 때문에 생긴다?

"저는 스트레스 받는 일도 없어요. 세상에 저만큼 걱정 안 하고 사는 사람도 없는데 왜 우울증에 걸릴까요?" 병명을 물어오는 환자에게 우울증이라고 답변해주면 종종 듣는 질문이다. 우울증은 스트레스와 같이 마음에 충격적인 일을 당했을 때만 생겨날까? 이에 대한 과학적인 대답은 스트레스는 우울증의 발생에 부분적인 영향만을 끼친다는 것이다. 사실 병의 발생 원인이 한 가지인 경우는 거의 없다. 폐암의 경우도 흡연이 분명 영향을 미치지만, 비흡연자라고 폐암에 안 걸리는 것도 아니며, 흡연자라고 다 폐암이 되는 것도 아니다.

이처럼 병의 발생에는 내적·외적인 여러 요인들이 복합적으로 작용한다. 우울증의 발병 요인도 여러 가지다. 물론 심리적 어려움을 겪지 않았는데 발생할 수도 있다. 앞서도 말했듯이 우울증이란 어려움을 당해서 겪는 우울감과는 다르기 때문이다. 다만 흡연자에게서 폐암이 많이 발생하듯이 스트레스가 심한 경우에 우울증이 더 발생하는 것은 사실이다. 그리고 우울증이 꼭 스트레스에 의한 것이 아니기 때문에 스트레스가 없어진다고 해서 낫지도 않는다. 간혹 주위 사람들이 이제는 고민할만한 일도 없는데 왜 이렇게 의기소침해 있느냐고 환자를 책망하기도 하는데, 우울증은 스트레스가 없어진다고 낫지 않으며 치료를 받아야만 나을 수 있다.

● 우울증은 마음의 병이다?

우울증은 마음의 병이라고들 한다. 그렇지만 마음의 병이라고 해서, 마음을 고쳐먹는다고 낫지는 않는다. 생물정신의학 견지에서는 우울증은 마음의 병이라기보다는 뇌의 병이다. 우울증의 원인은 정확히 밝혀지지 않고 있지만 이제까지 뇌 연구를 통해서 비교적 분명히 알려진 사실은, 세로토닌과 같은 신경전달물질 및 그 물질이 작용하는 수용체의 이상 또는 이상반응과 확실한 상관관계를 가지고 있다는 것이다.

뇌는 천억 개의 신경세포로 이루어져 있다. 그리고 이 각각의 신경세포들은 서로서로 신호를 주고받는다. 이른바 네트워킹이 이루어져 있는 것이다. 인간들의 복잡한 심사를 뇌가 감당하고 있는 것도 수십조 개에 이르는 연결고리들 덕분이다. 세포들이 신호를 전달하는 데 있어서 매체가 되는 것은 도파민, 세로토닌, 에피네트핀, 히스타민 등의 신경전달물질이다. 신경전달물질이 다른 신경세포에 도달하여 작용하는 곳을 수용체라고 한다.

우울증에 걸리게 되면 신경전달물질과 수용체가 양적·질적으로 변해버려 신호 전달이 제대로 이루어지지 않는다. 네트워킹에 장애가 발생하는 셈이다. 항우울제 등의 약물은 바로 이 신경전달물질과 수용체에 작용을 하여 장애를 바로 잡는 역할을 한다. 따라서 항우울제는 단순한 신경안정제나 수면제가 아니다. 물론 심리치료와 인지치료 같은, 상담과 대화를 통한 치료의 효과도 크다. 그러나 분명한 것은, 현재까지의 연구 결과로는 우울증에 단독으로 사용할 경우, 약물치료의 효과가 가장 빠르고 좋다고 한다. 따라서 가장 적절한 치료법은 약물치료를 병행한 심리치료나 인지치료라고 할 수 있다.

우울신경증

우울신경증 환자는 울적하고 자신감이 없고, 평소 하던 일도 귀찮아하며 만사에 흥미와 의욕을 잃는다. 무기력해져서 그저 혼자 있고 싶어 한다. 잠도 못 자고 식욕도 떨어지며, 가슴이 답답하고 머리가 아프고 소화가 안 되는 등 여러 신체 증상이 동반된다. 불안해하고 초조해하며 부정적이고 비관적인 생각을 많이 한다. 심한 경우에는 죽음을 생각하며, 실제로 자살을 시도하기도 한다. 우울감, 염세감, 의욕 상실, 자신감 결핍, 불안 초조 등 심리적인 증상을 주로 나타내는 환자들은 자신의 문제가 마음에서 온 것임을 비교적 잘 알고 있다.

대개 우울증은 부모, 자식, 배우자 및 친구의 죽음이나 추구해오던 목표 달성으로 인한 가치 상실 등 심리적인 상실이나 입시, 결혼, 승진 등의 실패로 성취감의 좌절을 계기로 발병하거나 부부 불화와 같은 지속적인 스트레스와 분노 감정이 쌓이면 발병한다. 심리학적으로는 애도반응으로 설명하는 학자도 있다.

50대 주부가 10여 년 전부터 머리가 아프고 귀가 가득 찬 것 같고 매미 소리가 들리고 어지럽다며 병원을 찾았다. 뇌에 이상이 있나 싶어 이 병원 저 병원 다니면서 CT와 MRI 등을 반복하여 검사했으나 이상이 발견되지 않아, 다시 이비인후과를 수 년간 다녔으나 차도가 없었다고 한다. 환자는 식욕감퇴, 소화불량, 변비도 함께 호소하였다.

그녀는 시어머니에게 순종하며 힘들게 살아온 편이었는데 내성적이고 많이 참는 성격이었다. 면담 도중, 남편의 외도를 알고부터 증상이 시작되었다는 사실을 고백하며, 그동안 남편에 대한 분노를 표현 못하고 가슴에 쌓아두어 병이 된 것 같다면서 눈물을 흘렸다. 이런 이야기를 다른 사람에게 털어놓는 것은 처음이라며, 창피하면서도 한편으로 후련하다고 했다.

이 주부의 경우처럼, 우울증에 걸리는 사람들을 보면, 내성적이고 강박적인 성격의 소유자가 많다. 또한 자기를 비하하는 경향이 있고 대인관계가 의존적이며 성숙한 인간관계를 맺지 못하는 사람들이 많다. 또한 어려서 성취 기대가 높은 부모로부터 요구와 통제를 많이 받고, 부모의 사랑과 기대를 잃지 않으려고 전전긍긍하며 자란 경우가 흔하다. 그렇게 구속하고 통제하는 부모에 대한 분노와 미움의 감정을 그대로 표현할 수 없어 안으로만 삼키고 자기 자신을 학대하고 신체에 투사하는 것이다.

이와 같이 신체적인 증상에서 정신적인 증상 그리고 사회적인 문제까지 다양하게 나타나는 우울증은 공통적으로 자기 학대, 자기 처벌 또는 자기 파괴의 속성을 지닌다. 우울증은 10대 청소년부터 노인에 이르기까지 어느 시기에나 찾아올 수 있고 누구에게나 생길 수 있다. 여성에게 더 많고, 인구의 5~10%가 걸릴 정도로 신경정신과 외래에서 가장 흔한 신경증이다. 경미한 기분 장애까지 포함한다면 남성의 10%, 여성의 20%가 우울증에 해당된다.

어린이의 경우 학교에 무단결석하고 오락실 등에 출입하거나, 돈을 훔치고 거짓말을 하는 행위 등으로 나타나며 청소년의 경우는 지나친 반항, 폭력집단에의 가입, 본드 흡입 및 자살 기도 등으로 표현되기도 한다. 또 성인들은 약물 남용이나 마약, 알코올중독과 같은 형태로 나타나는 경우가 있다. 환경으로부터 오는 스트레스, 부모와의 사별 등 죽음이나 상실의 경험이 우울증과 연관이 깊고, 바람직하지 않은 사건들이 대개 우울증에 선행한다. 환자 중에는 이혼이나 별거 중에 있는 사람이 많다.

우울증은 마음을 고쳐먹는다고 해결되지 않는다. 약물치료와 함께 전문의와의 면담치료를 통해서만 극복할 수 있다. 만약 치료를 하지 않고 방치하다가는 자살이라는 끔찍한 결과를 불러올 수도 있다. 치료가 시작되면 보통 항우울제를 처방 받는데, 약을 먹는다고 금방 좋아지지는 않는다. 대개 2~6주 정도가 지나야 증상이 호전됨을 알 수 있다. 처음에는 불면과 식욕부진 증상이 사라지고, 다음에는 우울한 기분이 사라지며, 부정적인 생각이 긍정적으로 변화한다. 며칠 이내에 효과가 없다고 치료를 중단한다면 환자의 병은 더욱 깊어진다. 모든 정신질환의 치료가 그렇듯이 인내가 필요하다. 치료가 잘 되어 상태가 좋아졌다고 해서 바로 치료를 중단하면 재발하기 쉽다. 좋아졌다고 해도 증상만 좋아진 것이므로, 전문의와 상담하고 지시에 따라 약을 충분히 써야 원인을 분석해서 재발을 막을 수 있다.

심한 우울증이 아니라면 우울하고 기분이 저하되어 있을 때 인지치료가 효과적이다. 우울한 기분의 원인을 알면, 공을 다루듯이 우울한 기분을 다룰 수 있다. 예전에 좋지 않았던 기억이나 후회되는 기억들에 사로잡혀 있는 자신의 모습을 직시하고 새롭고 긍정적인 시각으로 대체한다. 예를 들어 자신보다 더 어려운 처지에 놓인 사람들과 비교해보면서 위안과 용기를 얻을 수 있다. 자신보다 나은 처지의 사람과 비교하는 상향 비교를 중단하고 하향 비교를 해보는 것이다.

주의를 다른 곳으로 전환시키는 방법도 효과적이다. 독서를 하거나 운동을 하거나 또는 사람들 속으로 들어가 사회활동을 하고 교양 프로그램들을 배워보는 것인데, 이러한 행동들은 생리적 변화를 가져와 뇌를 흥분시키므로 우울한 뇌 상태가 역전된다. 그러나 심리 증상이 함께 나타나지 않고 신체 증상만 주로 보이는 환자의 경우, 우울 증상은 신체 증상에 가려져 있기 때문에 좀처럼 정신건강의학과 진료를 받으려고 하지 않는다. 이들이 자신의 문제가 심리적인 갈등과 스트레스 등으로 인한 신체 증상임을 깨닫기만 해도 치료는 반 이상 성공한 셈이다.

한편 우울은 보다 성숙한 자신으로 발전하는 계기가 되기도 한다. 그동안 방치했던 자기 자신에 대해 진지하게 성찰하는 계기가 되며, 성직자의 경우는 구도의 출발점이 되기도 한다. 우울증으로부터의 회복은 자기를 바로 보기, 자신을 신뢰하고 사랑하기에서 시작된다. 자신을 끊임없이 축소하고 왜곡시키고 못났다고 자책하는 소아적인 자아상에서 탈피하여 이 세상에서 가장 존귀하고 모든 덕목을 두루 갖춘, 우주적인 본래 면목을 회복하는 것이야말로 우울증의 가장 이상적인 해결 방법이겠다. 우울은 사람을 병들게 하고 죽게 할 수도 있지만, 더욱 성숙하고 큰 사람으로 태어나게 하는 묘약이기도 하다는 점을 기억하자.

주요 우울증

주요 우울증 환자는 우울신경증 환자에 비해 정서적 고통이 훨씬 심하고, 거의 하루 종일 우울하고, 눈물을 글썽이거나 찡그리고 있고, 무슨 일에도 흥미가 없고 즐겁지 않으며, 수면 장애가 있고, 피로하고 기력이 떨어져 있다. '자신은 쓸모가 없고 가족들에게 짐만

된다'는 죄책 망상을 반복하거나 '자신은 죽어야 된다'며 계속 죽음을 생각한다. 실제로 자살을 시도하거나 계획을 세우고 하루 종일 불안과 초조에 시달리기도 한다. 망상과 환각이 동반하기도 하여 정신병적 우울증이라 불리기도 한다.

성욕도 감소하여 성 불능 상태가 되고, 말도 느려지고 묻는 말에 간단한 대답만 겨우 하며, 심한 경우 혼수상태에 빠지기도 한다. 무력감, 분노와 적개심, 죄책감과 자기 징벌의 이유로 자해나 자살을 시도하고, 때로는 가장 사랑하는 가족을 살해하기도 한다. 살인은 동반 자살의 성격이 강하고 이 경우 자살이나 살인 모두 억압된 공격성의 폭발이다. 자살은 심한 우울증에서 벗어나 회복기에 흔히 일어나므로 조금 나아졌다고 방심하는 것은 금물이다. 양극성 장애(조울증)의 우울증과 구별하기 위해 단극성 우울증이라고도 하며, 양극성 우울증보다 발병률이 높아 남자의 2%, 여자의 6%가 걸리고 30대 이후, 40~50대에 많다. 입원 치료가 원칙이다.

산후 우울증

산후 우울증은 출산 직후의 여성 1,000명당 1명꼴로 나타나고 망상과 환각을 동반하기도 하는 심한 우울증이다. 자살이나 신생아를 해칠 우려가 있을 때는 즉각 입원 치료해야 한다. 산모가 어렸을 때 느꼈던 어머니와의 갈등을 투사하는 것으로, 의존성과 관련이 있다. 평균 발병 시기는 출산 2~3주 후이고 불면, 피로, 과민성, 감정의 급변, 부조리한 언어, 양육을 염려하는 강박적 사고나 걱정 등을 나타내며, 심하면 출산 자체를 부인하고 결혼을 부인하기도 한다. 평소 성격이 좋거나 분열증이 없고 주위 가족이 지지해주면 예후는 좋은 편이다. 회복 후에도 재발을 막기 위해서는 심리치료가 필요하다. 산후에 일시적으로 오는 우울한 기분은 며칠 지속되다 회복되므로 산후 우울증과 감별해야 한다.

갱년기 우울증

중년기는 신체적으로 청춘을 상실해가는 대신, 인격적으로 원숙해지고, 사회적으로 중추적 위치에 올라서며, 경제적으로도 가장 안정적이고 자식들은 성장하여 자립해나가는 시기다. 이 시기에 직업이나 배우자에게 급작스런 변화가 생기면 위기에 처하게 된다.

남자의 경우, 조기 퇴직이나 승진의 벽에 부딪혀 우울과 초조를 겪거나 건강염려증, 전환신경증을 호소하곤 한다. 제대로 쉬지도 못하면서 일만 충실히 해오던 남성에게 실패와 좌절은 견디기 어려운 법이다. 대체로 부모나 주변 사람들로부터 모범적이라고 칭찬받고 살아온 남성들일수록 마음속에 의존욕구가 강하게 자리하고 있다. 그래서 직장을 벗어나 혼자 해결하고 판단해야 하는 독립적 상황을 두려워한 나머지 병으로 도피하기도 한다.

이런 현상은 특히 엄격하고 강박적인 성격의 소유자에게 많이 나타난다. 그들은 타인의 실수는 물론이고 자신의 실패도 잘 용납하지 못한다. 자신에게 향하는 공격성으로 인해 자신을 증오하게 되고 자신을 사랑할 수 없다는 느낌에 우울해지고 초조해진다. 용서받을 수 없는 죄를 지었다고 생각하는 죄업망상에 시달리거나 불치의 병에 걸렸다고 믿는 신체망상에 매달리기도 한다. 적개심을 상대방에게 투사하면 배우자를 의심하는 편집증으로 나타나고, 자신으로 향하는 증오가 극에 달하면 자살을 감행하기도 한다.

여성의 경우는 폐경이 오는 시기와 맞아 떨어진다. 여성들에게 폐경은 생식능력의 상실, 육체적 매력과 젊은 외모의 상실을 의미한다. 여성 호르몬의 변화가 사춘기와 정반대의 양상을 띠며, 얼굴이 화끈거리고 심장이 두근거리고 땀이 나고 메스꺼움 같은 자율신경 증상과 불안, 우울, 불면, 초조와 같은 정서적 증상들이 나타난다.

갱년기 여성 중 깔끔하고 엄격한 강박적 성격의 소유자는 특히 어려움을 겪는다. 개인적 기준을 높이 세우고 있는 강박형 여성들은 평소 분노와 적개심을 억압하고 회피해왔기 때문에, 그 방어기전이 깨지면 공격성이 자신에게로 향하여 자신을 학대하고 죄책감을 과도하게 느끼고 식욕을 잃고 초조해 하여 잠을 못 이룬다. 자신으로 향하는 적개심을 감당 못하여 자살을 시도하기도 한다. 갱년기 환자가 적개심을 밖으로 투사하면 피해망상이나 부정망상과 같은 편집증에 걸리기도 한다.

40대 후반의 여성이 몇 달 전부터 불안하고 가슴이 두근거리며 우울하고 아무것에도 흥미를 못 느낀다며 진료실을 찾아왔다. 1년 전 폐경이 와서 땀이 나고 얼굴이 달아올라 산부인과에서 호르몬 치료를 받은 후로 신체의 증상은 없어졌는데, 불안과 우울이 사라지지 않는다는 것이다. 그녀의 증상이 시작된 시기는 아들이 입대하고 딸이 대학 진학으로 집을 떠난 시기와 공교롭게 일치하고 있었다. 친구들과도 별 교류 없이 두 자녀에게만 매달려 살아온 그녀는 수줍음이 많고 지적인 여성이었다. 그녀는 정신치료 과정에서, 학창시절에 그림에 재능이 있어 미술을 전공할 생각도 해봤다는 사실을 떠올렸고 이후, 문화 센터에서 그림 공부를 하고 동호인들과 교제도 하면서 활기를 되찾기 시작했다.

이처럼 폐경의 심리적 중요성은 개인마다 차이가 있다. 특히 아이들이 성장하여 그녀를 필요로 하는 일이 적어지면서, 아이들을 지배함으로써 얻을 수 있었던 안정감이 위협받게 되면 폐경은 단순한 호르몬 사건으로 끝나지 않는다. 대부분의 여성들은 자기를 필요로 해주기를 바라는 욕구가 있는데 그 정도가 지나치면 아이들이 성장하여 독립하는 것을 무의식적으로 막게 되고 그것이 뜻대로 안 될 때 크게 상심하게 된다. 정서적으로 안정된 여성이라면 자신의 관심을 친구들이나 지역사회 활동으로 돌림으로써 슬기롭게 극복할 수 있다.

의사들은 폐경과 관련한 증상들을 단순히 내분비 장애로만 생각하여 호르몬 공급만 시도하는데 이는 인간의 신체적 측면만 보고 폐경이 갖는 심리적 의미를 간과하는 것이다. 가끔 호르몬 치료만으로 극적인 효과를 보기 때문에 더욱 그렇다. 그러나 자세히 보면 호르몬 투여와 함께 의사의 심리적 지지와 암시가 있었기에 정서적 증상이 호전된 경우가 많다. 연구에 따르면 갱년기의 우울 증상이 반드시 에스트로젠의 결핍 정도와 비례하는 것은 아니다. 그러므로 에스트로젠 유지요법이 갱년기 여성의 노화 현상을 지연시킬 수는 있지만 불안이나 우울증까지 완전히 호전시킨다고는 할 수 없다.

자궁절제술을 받은 여성들도 종종 폐경과 동일한 심리적 반응을 나타내어 젊음의 상실에 대한 두려움과 여성으로서의 열등감을 호소한다. '나는 끝났다. 쓸모없는 여자다. 남편의 사랑을 받지 못할 것이다. 성생활도 제대로 못할 것이다' 등등 애도반응을 나타내는데, 의사가 수술만 하고 끝내버린다면 그 여성의 수술 후 삶은 비극으로 치닫게 된다. 이 경우는 자신의 생식기관을 제거하려는 의사에 대한 원망과 분노를 표현할 수 있도록 허용하는 시간이 필요하다.

남성이나 여성의 갱년기 위기는 호르몬의 저하라는 생리적 변화와 함께 찾아오는 반갑지 않은 손님이다. 신체적 젊음과 힘을 잃어가는 시기이며 이를 받아들일 수밖에 없는 인생의 커다란 전환기이다. 중년의 위기를 슬기롭게 극복하려면 그동안 숨 가쁘게 살아왔던 날들을 돌아보면서 정리해보는 자세가 필요하다. 그동안 자기의 내면과 직면할 기회가 없이 바쁘게 승진이나 사업 확장에만 몰두하던 태도에서 벗어나 자신을 돌아보아야 한다.

중년은 끝없이 밖으로만 치달려 외적 팽창을 추구하다 어느 순간 풍선에서 바람이 빠지듯이 자기 자신을 상실하고 방황하는 시기이다. 따라서 페르조나로서의 자기 모습에만 쏠리다가 어느 날 페르조나의 허망함을 깨달았다면 진정한 자기를 찾는 것이 중요하다. 위기를 원숙과 달관으로 승화시키기 위해서는 외향적이던 삶을 내향적으로 바꾸어 진정한 종교의 세계로 재입문하는 것도 훌륭한 방법이다. 욕심을 버리고 수행하는 마음으로, 그동안 쌓아온 것을 사회로 환원시키고 노년을 맞을 마음의 준비를 하며 명상적 삶을 살아갈 필요가 있다.

노년기 우울증

최근 노인기의 자살률이 급증하고 있다. 생계형 자살이나 고독형 자살이 많은 것도 이유지만 우울증이 원인인 경우가 많다. 노년기에 나타나는 우울증은 매우 흔한데도 간과되기 쉬워 치매와 함께 노인의 삶의 질을 위협하는 주요 질환이다. 노년기 우울증의 진단과 치료가 늦어지면 불필요하고 과도한 신체적 검사를 반복하여 경제적 부담을 가중시키고 자살의 위험성도 높인다. 실제로 노인들에게 지급되는 의료보험 진료비가 급증하여 사회적 부담이 되고 있다. 노인 우울증을 정확히 이해하여 신속히 정신과적 치료를 받게 함이 중요하다.

노인 환자들은 주관적으로 자신의 기분이 저하되었다고 스스로 표현하는 경우가 많지 않으며, 오히려 신체적인 불편감이나 동통 등 신체증상을 호소하며 간접적으로 표현하는 경우가 많다. 따라서 다른 신체질환으로 오진될 소지가 있으며, 또한 치매 환자와 같은 양상을 보이기도 하여 가족들이 더욱 냉대와 무관심으로 대할 가능성도 높다.

노인 우울증 환자들은 항우울제에 대한 치료 반응에서 호전되는 속도가 상대적으로 느리며, 호전 정도도 환자에 따라 큰 차이를 보일 수 있다. 다른 만성질환으로 이미 약물들을 복용하고 있고, 전반적으로 신체가 허약하기 때문에, 약물 상호작용을 잘 고려하여 치료해야 한다. 노인 우울증은 고독과 소외감이 현저하므로 가족이나 이웃의 관심, 지역 정신건강증진센터의 정기적 방문이 필요하다.

3. 화병

한국 고유의 문화병

우리 사회에 가장 흔한 신경증 가운데 하나인 화병은 한국 문화에 독특한 신경증으로, 한국인의 고유한 정서인 한恨과 깊은 관련이 있다. 서양은 표현 문화권인 반면 한국은 억압 문화권이기 때문이다. 미국 정신의학회에서 화병Hwapyung을 공식적으로 인정할 정도로 우리나라 여성에게 유독 많다. 우리나라 여성들은, 윗사람 특히 시부모에게 대드는 건 용납될 수 없는 행동이었기에 하고 싶은 말도 삼켜야 했다. 남편과 이야기라도 나누면 위로가 될 수 있건만 남편마저 대개 독재형이거나 군림형이어서 아내들의 화병을 초래한 셈이다. '어려서는 부모에게, 출가해서는 남편에게, 늙어서는 아들에게 의지한다'는 전통적 삼종지도三從之道가 한국 여성의 족쇄가 되기도 했다.

45세 가정주부가 병원을 방문했다. 그녀는 상담 도중 가슴부터 머리까지 열이 치솟고 얼굴이 붉어지고 가슴이 답답하고 숨이 막히고 머리가 띵하여 아프고 무겁다고 했다. "한숨이 나오고 말도

하기 싫고 애들도 귀찮고 우울합니다. 가슴이 뛰고 금방 죽을 것 같은 느낌이 들고 미쳐버릴 것 같아요. 답답해서 집을 뛰쳐나가 얼마 동안 새처럼 훨훨 자유롭게 여행을 다녀보고 싶습니다. 시어머니가 내 말을 무시하고 윽박지르고, 남편도 일방적으로 희생만 요구하니 울화가 치밀어서 참을 수가 없습니다. 잠도 잘 수 없고 몸 여기저기 안 아픈 곳이 없어요. 뱃속에서는 달걀만 한 덩어리가 이리저리 돌아다닙니다." 더 이상 견딜 수 없고 오직 이 현실을 탈출하고만 싶다며 하염없이 눈물을 흘렸다.

화병은 몸의 열기가 가슴 위로 치밀어 오르면서 전신에 땀이 화끈 나는 증상, 입 마름, 심장 두근거림, 목에 뭐가 걸린 느낌, 왔다 갔다 하는 배의 덩어리, 가슴 답답함 등의 신체증상과 함께 우울증상, 공황발작이나 불안 등의 정신증상이 있고, 가만히 있지 못하고 뛰쳐나가고 싶고 소리치고 싶은 행동증상이 특징이다.

중년 이후의 여성에게 많고 사회경제적으로 중하층에 많으며, 10년 이상 장기간에 걸쳐 쌓인 스트레스가 원인이다. 그 중에서 남편과 시부모로부터 받은 냉대와 시집살이, 고통스런 결혼 생활, 가난과 고생으로부터 비롯된 분노, 억울함, 증오와 절망 등의 감정 반응이 특징이다. 이러한 분노의 감정을 적절하게 표현 못하고, 꾹꾹 참고만 살다가 장기간 누적되면 화병으로 발병하는 것이다.

분노가 일어나는 이유는 대개 기대가 무산되거나 모욕을 당했을 때, 또는 공정하지 못한 상황에서이다. 일단 화가 나면 뇌의 시상하부에서 부신에 명령을 내려 아드레날린과 노르아드레날린이 분비된다. 이 스트레스 호르몬들은 혈압을 올리고 맥박을 빠르게 하며 숨이 거칠어지게 만든다. 이는 싸움에 임하는 상태인데 사회문화적으로 자신의 감정을 억압해야만 하는 상황에서 분노가 쌓이면 화병이 되거나 고혈압, 위궤양, 심장병 등으로 발전하게 된다.

화병을 정신의학적으로는 신체화장애, 신경성 우울증, 범불안장애의 복합형태로 볼 수 있다. 그 치료는 상담을 통해 억압된 분노의 감정을 배출시키고 적절한 자기주장을 할 수 있도록 도와주는 것이 중요하다. 상태에 따라 항울제나 항불안제의 도움을 받으면 증상이 신속하게 개선될 수 있다.

4. 불안장애

불안은 우울과 더불어 가장 흔한 인간 정서의 하나이다. 시험이나 결혼을 앞두고, 사업을 새로 시작할 때, 여러 사람 앞에 나설 때, 외국에 나갈 때, 잘못을 저질렀을 때 등등… 어찌 보면 불안은 삶의 동반자이다. 마음을 졸이게 되고, 가슴이 두근거리고, 진땀이 나는가 하면, 어지럽고 초조하며, 괜히 서성대는 등 불쾌하고 마음이 편치 않다.

불안은 자신이 주변에 대한 통제력을 잃을까 염려되는 위협적인 상황에 대한 반응이다. 위협적인 상황이란 시험이나 수술, 재판 등 큰일을 앞둔 상황이거나 이사나 이민, 여행 등 예측 불가능한 상황, 거절되거나 소외될 가능성이 있는 상황, 발표나 브리핑 등 능력을 평가받는 상황, 윤리적으로 양심에 걸리는 상황 등이다. 대체로 새로운 환경이나 낯선 분야에 적응하려 할 때 나타나는 정상적인 심리 반응이고, 긴장과 함께 나타나는 기본적인 생리 현상이기도 하다.

불안할 때 뇌 전체는 각성 상태에 들어가며 말초신경과 자율신경계에 지장을 초래한다. 갑상선과 부신피질 호르몬의 분비를 촉진하는가 하면, 위장 운동에 영향을 미쳐 설사와 소화 불량을 일으키기도 하며, 심장이 뛰게 만들고, 혈압을 상승시키고, 식욕감퇴와 불면증을 가져오기도 한다. 신경전달물질 중에서 가바GABA와 노르아드레날린과 세로토닌이 관여한다.

몸에서는 분노의 상황처럼 교감신경이 흥분되고, 아드레날린, 노르아드레날린 등의 스트레스 호르몬이 분비되어 심박동이 빨라지고 혈당량이 올라가고 눈동자가 커지는 등 온 신경이 닥쳐올 위험에 만반의 준비를 갖춘다. 불안이나 분노는 원시시대나 지금이나 눈앞의 위험에서 생존할 수 있도록 도와주는 생리적 반응이자 감성 반응이다.

다른 사람보다 유독 불안해하는 사람이 있는데, 이들은 노르아드레날린이 다른 사람보다 높은 유전자를 가지고 있어서, 편도핵과 교감신경계가 과도하게 흥분되기 때문이다. 또 신경의 흥분을 억제하는 가바가 적어 자율신경계가 잘 흥분된다.

깊은 마음속에 자리 잡고 있는 갈등이 마음 밖으로 튀어나오려 할 때도 불안이 나타난다. 대개 그 내용이 의식 수준에서 용납할 수 없는 위험한 내용이라고 무의식이 판단할 때 경계 신호로 보내는 것이다. 불안과 비슷하게 쓰이는 공포는 대체로 그 대상이 있는 반면, 불안은 막연한 것이 특징이다.

불안은 모든 게 안락했던 태내로부터 분리되어 낯선 세상에 떨어졌을 때부터 비롯된다. 이것은 유아기 내내 '부모와 떨어지거나 않을까', '부모가 나를 버리고 떠나지나 않을까' 하는 분리불안 또는 이별불안이다. 어머니의 불안이 아기에게 전달되는 모방불안도 있고, 부모가 나를 공격하여 죽이거나 병신을 만들지 않을까 하는 거세불안도 있다. 부모에게 야단맞고 미움받지 않으려고 미리 조심하고 스스로 징벌하는 초자아 불안도 있다. 피해망상이나 위협적인 환청 등에 의한 정신병적 불안도 있다.

이러한 불안이 자라서도 지속적으로 나타나 일상생활에 지장을 줄 정도면 불안장애라고 한다. 불안장애에는 공황장애, 광장공포증, 사회공포증, 강박신경증, 외상후스트레스장애 등이 있다. 불안은 위험한 상황에서 적절히 대응할 수 있는 원동력이 되며, 인간을 성숙하게 만드는 데 꼭 필요하다. 그러나 그 정도가 지나쳐 생활에 장애를 일으키면 전문의와 상담을 하여 치료하는 것이 좋다.

불안은 누구나 경험하는 감정이지만, 불안장애 환자는 불안해할 이유가 없는 상황에서도 불안해하거나 정도 이상으로 지나치게 불안해한다. 또 닥치지도 않을 위험을 걱정하고 최악의 사태만을 상상하기도 한다. 그들은 곧 무슨 큰일이 닥치거나 일어날 것으로 믿는데, 그 믿음이 타당한지 검증해보려 하지 않는다. 이들을 치료하는 첫 단계에서는 그런 위험한 병이 아니라는 것을 확인시켜주는 과정이 중요하다. 우리는 과거의 경험으로 세상을 본다. 과거의 경험을 통해 얻은 믿음으로 현재를 바라본다. 그 믿음은 거의 무의식적 작용이므로 좀처럼 바뀌지 않는다.

불안장애는 약물치료와 정신치료뿐만 아니라 인지치료도 중요하다. 인지치료는 분노의 감정과 마찬가지로 위협적인 상황을 긍정적으로 해석하는 태도가 중요하다. 스트레스 반응을 일으키는 상황은 위협적이면서 긍정적 측면이 있다는 걸 인지해야 한다. 대체로 불안을 잘 느끼는 사람들은 그런 상황을 피해버리려고 하여 행동 공간이 점점 좁아지고 만다. 이를 탈피하기 위해 우선 자신의 감정 상태를 있는 그대로 바라보고 상황을 처음부터 끝까지 머릿속에 그려봄으로써 냉철하게 관찰하는 훈련이 필요하다. 이런 훈련을 통해 자신과 상황을 객관적으로 관찰하는 힘이 커지면 이에 비례하여 불안도 감소하게 된다.

이러다 죽을 것 같아요, 공황장애

심리적 공황 상태를 영어로 패닉panic이라 하는데, 패닉은 천둥, 번개로 사람을 놀라게 하는 그리스 신의 이름에서 유래한다. 조사에 의하면, 정상인의 3명 중 1명꼴로 일생에 한 번은 공황 증상을 경험한다. 대체로 청년기에 많고 비교적 심한 증상을 겪는 환자는 인구의 1~3%인 것으로 나타난다. 여성이 남성보다 2~3배 많으며 10대부터 40대까지 다양하게 분포한다. 완벽을 추구하고 세심하며 성취 지향적인 사람들, 특히 밤늦게까지 일하는 사람, 애주가, 골초

등에게서 많이 발병한다. 어린 시절 부모와의 사별 또는 이혼 등을 경험했거나 격리불안증을 보인 경우가 많고 가족력이 있다.

환자들은 금방 심장이 멈출 것 같고 숨을 쉴 수 없어 금방 죽을 것 같은 절박한 불안을 호소한다. 잠들기가 어렵고 흉부통증이 오며 심장박동이 증가하고 땀이 나고 어지러워서 쓰러질 것 같은 증세가 있으며, 주위 사물이나 내 자신이 낯설거나 변한 느낌(이인증)을 경험하기도 한다. 숨이 답답하니까 과호흡을 하게 되어 혈중 산소 농도가 높아져 손발이 저리는 감각 이상이나 의식의 혼미가 올 수도 있다. 흔히 우울증도 동반되는데 이럴 경우 자살 위험이 높다. 자기 자신을 통제할 수 없지나 않을까, 자신이 미쳐버리지는 않을까 하는 두려움을 호소하는 경우도 있다. 이런 발작 증세가 30분에서 1시간 정도 지속되다가 사라지는데 일주일에 2회 이상 점점 자주 일어나게 된다. 증세가 없을 때는 또 발작이 오지 않을까 두려워하는 예기불안이 있다.

공황발작을 일으킨 환자들은 대개 응급실을 찾기 마련이다. 밤중에 응급실을 찾아온 40대 남성은 '심장이 쿵쿵 뛰기 시작하고, 금방이라도 심장이 멎을 것 같고 숨이 막힐 것 같다. 금방이라도 죽을 것만 같다'며 증상을 호소했다. 다시 정신건강의학과 외래를 방문한 그는 자신의 아버지가 40세 전후의 나이에 심장마비로 돌아가셨다며 자신도 머지않아 심장병으로 아버지처럼 죽게 될 것을 두려워했다.

어두워지면 심장이 뛰고 갑자기 발에 감각이 없어지고 어지럽고 정신을 잃을까 두려워진다며 찾아온 20세 여대생도 있다. 간혹 '내 몸'이 아닌 것 같은 생각이 들고 저녁이 되면 몸에 기운이 확 빠지고 힘이 없고 발작이 있을까 봐 잠들기가 무서우며, 자다가 종종 가위눌림에 놀라 깬다고 했다. 또 마음이 우울하면서 괜히 허무하고 갑자기 멍하니 생각에 잠길 때가 많다고도 했다.

대부분 첫 공황발작은 몹시 과로했거나 매우 흥분했을 때, 또는 정서적 충격을 받은 직후나 성행위 직후에 오는 경우가 많다. 그러나 선행요인 없이 예기치 않게 오는 경우도 많다. 주요 증상으로는 가슴이 심하게 두근거리고, 심장이 빨리 뛰며, 숨이 막히고 답답하며, 열이 나거나 오한이 들면서 땀을 흘리고, 가슴이나 복부에 불쾌감이 있고, 현기증과 곧 쓰러질 것 같은 느낌과 감각마비나 저림증이 나타나기도 한다. 무엇보다 금방 죽을지도 모른다는 두려움으로 환자는 공황 상태에 빠지게 된다.

자신의 의지와 무관하게 통제력을 잃거나 미쳐 버릴지도 모른다는 두려움을 견디기 힘들다. 광장공포증을 동반하는 경우와 동반하지 않는 경우가 있다. 공황발작에 흔히 동반되는 광장공포증은 어떤 특정한 장소에 들어가면 극심한 공포를 경험하게 되는데, 발작이 일어났던 장소를 피하는 회피행동이 나타난다. 대체로 심장병이 아닌가 염려하여 심장내과를 이 병원 저 병원 다니면서 심장정밀검사를 해보지만 이상을 찾아낼 수 없다. 생물학적으로는 신경전달물질 중 노에피네프린과 세로토닌 등이 원인이고, 심리학적으로는 부모나 가까운 친지와의 사별 또는 심한 사회적 스트레스가 발병 요인이 된다.

공황발작으로 정신과 치료를 받게 된 어느 여성은 어려서 아빠로부터 자주 야단을 맞았는데, 자신이 밉상스러워 자꾸 야단을 맞는 거라고 믿었다. 어린 그녀는 엄마가 아빠에게 폭행당하는 모습을 보고 아빠에게 울며 매달리다 내동댕이쳐지곤 했는데, 이런 경험이 쌓여 차츰 소리 내어 울지도 못하게 되었다. 그녀는 타인의 사랑과 관심에 목말라 했고, 친구들의 눈치를 살피며 그들의 기분에 민감하게 반응하였다. 성장해서 이성 친구를 사귀면서부터는 오래 교제하지 못하고 자주 데이트 상대를 바꾸곤 했는데, 그녀를 비난하는 친구도 있었지만 스스로 '능력'이 있는 것으로 여기며 아랑곳하지 않았다.

그런 그녀의 연애 방식은 어느 한 남자를 깊이 사랑하면서부터 달라졌다. 그가 떠날 것을 두려워한 나머지, 전화가 안 오면 불안해서 안절부절못하고 남자가 업무를 볼 수 없을 정도로 자주 전화하며 매달렸다. 이렇게 살 바엔 죽는 게 낫다고 생각한 그녀는 마침내 자살을 시도해 응급실로 실려 갔다가 정신과 치료를 권유받기에 이르렀다. 치료자는 그녀에게 우선 불안이 주로 어떤 상황에서 일어나는지를 잘 살펴보도록 하였다. 그 다음에는, 그런 상황들에 어떤 공통점이 있는지 살펴보도록 했다. 결국 그녀는 자신의 잘못된 믿음이 불안한 상황들의 공통분모였음을 깨달았다. 잘못된 믿음이 자신을 어떻게 지배해왔는지 알게 되자 그녀는 바뀌었다. 이제 불안이 그냥 지나가도록 놔둘 수 있게 된 것이다.

공황장애의 경우는 가족들의 태도가 매우 중요한데, 의지가 약하다는 식으로 비난하면 환자는 자기 비하와 함께 우울증으로 악화될 수도 있다. 겉으로는 별로 아픈 모습이 아니어서 가족들이나 주위 사람들이 심각하게 봐주지 않아 환자는 더욱 속상해한다. 환자의 이야기를 진지하게 들어주고, 심하다고 판단되면 당황하지 말고 호흡을 규칙적으로 하도록 하고, 죽는 병이 아니라는 확신이 들도록 한 차례 정밀검사를 받도록 한 후 전문의와 상담하도록 도와준다. 치료를 미루면 건강염려증 등으로 발전하여 가정과 직장 생활에 지장을 초래하므로 조기 치료가 바람직하다.

그 상황만은 피하고 싶어요, 공포증

공포는 인간이 경험하는 감정 중 가장 근원적인 감정으로, 삶에서 자유를 구속하는 제1의 원인이다. 불안이 막연한 두려움이라면, 공포는 구체적 대상에 대한 두려움이다. 공포증은 특정한 대상이나 상황에 처했을 때 비현실적인 두려움이 생겨서 그 대상이나 상황을 피해버리는 노이로제로, 우울증과 함께 3대 신경증에 속할 정도로 흔하다.

● 단순공포증

단순공포증은 대부분 특정 대상을 두려워하는 특정 공포증이다. 피, 주사, 외상, 물, 동물, 자동차, 테러, 죽음 등과 같은 특정 대상에 대한 두려움을 가지고 있다. 높은 곳에 오르는 것을 두려워하는 고소공포, 좁거나 막힌 곳을 두려워하는 폐쇄(협소)공포, 지하철이나 비행기 타는 것을 두려워하는 탑승공포 등 종류가 다양하다. 이러한 공포증은 특정 상황에 대한 예기불안 때문에 그런 대상이나 상황을 회피하게 되고 갑자기 그런 상황에 노출되면 공황발작까지 일어난다.

강박장애의 한 형태로 단순공포가 생길 수 있는데 흔히 볼 수 있는 예가 세균공포이다. 단순공포증은 여성과 10대에게 많으며 인구의 5~10%에서 발병하는 흔한 질환이다. 공포증 환자의 20%는 자신의 공포감을 줄이기 위해 알코올에 의존하며, 알코올 외에도 약물이나 담배에 의존하는 등 약물남용 환자가 되기 쉽다.

● 광장공포증(폐쇄공포증)

광장공포증(폐쇄공포증)은 공포증 가운데 60%에 해당되며, 장소와 관련된 공포증이다. 집을 떠나 낯선 곳에 혼자 가기를 두려워한다. 이것은 누군가의 도움을 받을 수 없는 상황을 회피한다는 의미다.

집을 떠나 우연히 공황발작을 경험하고, 또 공황발작이 오지나 않을까 두려워하는 예기불안을 가지므로 혼자 있거나 집을 떠나는 것을 꺼려한다. 극장이나 시장 등 사람이 많은 곳이나, 다리, 터널, 엘리베이터 등 폐쇄된 공간에 혼자 가기를 두려워한다. 탈출하기 어려운 장소에 대한 두려움이 있는 것이다. 이러한 공포는 환자의 생활을 지속적으로 지배하여, 심해지면 아예 집을 나서려 하지 않는다. 어쩔 수 없이 외출해야 될 때는 가족이나 친지를 동반하려고 하여 다른 사람에게까지 불편을 끼치고, 종종 부부 갈등의 원인이 되기도 한다.

광장공포증은 우울, 불안, 강박적 행위나 강박적 사고를 동반하는 경우가 많다. 자살의 위험도 높다. 여자에게 많고, 같은 증상으로 고생하는 가족들이 있는 경우가 많다. 어린 시절에 이별공포와 같은 공포장애의 병력이 있는 경우도 흔하다. 갑자기 부모나 배우자의 죽음을 경험한 것과 같은 대상 상실이 광장공포증을 유발하는 것으로 보인다.

이 병으로 말미암아 실직하거나 사직을 하여 경제적 곤란을 겪기도 한다. 전문의를 찾지 않고 스스로 극복해보려고 무진 애를 쓰다가 결국 약물남용이나 알코올중독에 빠지기도 한다. 일반적으로 공포증의 치료는 정신치료와 약물치료를 하면서 인지행동치료를 하면 효과적이다.

● 대인공포증

대인공포증은 단순공포증과 달리 일상생활이나 사회적 기능에 지장을 초래하여 그 심각함이 크다. 대인공포증은 인구의 2~3%에서 남녀가 비슷하게 발병하고, 역시 10대에 주로 발생한다. 무대에 설 때 느끼는 무대공포, 누군가 주시하는 느낌을 받으면 얼굴이 붉어지는 것을 두려워하는 적면공포, 공공장소에서 식사하기가 두려운 식사공포 등이 있다.

대인공포증의 특징은 환자가 다른 사람들에게 자기 자신이 자세히 관찰된다는 느낌을 받는다는 것이다. 따라서 여러 사람 앞에서 창피를 당할 것이라는 두려움, 난처한 일을 당할 것이라는 예기불안에서 파생되는 증상들이 나타난다. 흔한 예로, 식사하는 동안 관찰된다는 두려움 때문에 손이 떨려 숟가락질을 할 수 없고 사람들과 차를 마실 수도 없고, 공중화장실에서 다른 사람이 옆에 있으면 용변도 볼 수 없다. 학생이라면 수업 중에 지적을 받았을 때 얼굴이 빨개지고 목소리가 떨려 책을 읽거나 발표를 못 하고, 회사원은 브리핑을 할 수 없으며, 수험생은 시험 중에 손이 떨려 제대로 답안을 작성할 수 없는 등 커다란 불편과 장애를 느낀다.

'사람을 만나면 어지럽고 불안하다', '옆 사람이 신경 쓰여 숨쉬기도 힘들다', '상대방 눈을 쳐다볼 수가 없다'며 30대 회사원이 상담실을 찾아왔다. 그는 학생 때부터 발표할 때나, 잘 모르는 사람을 만나러 갈 때마다 항상 긴장하고 떨렸으며, 고3 때는 대입시험을 준비하던 중 목이 당기고 어지러워 고생한 적이 있었다. 대학 입학 후에도 항상 강의실 앞쪽에 못 앉고 언제든 쉽게 나갈 수 있는 문 옆자리에 앉아야 했다. 대학 4학년 때는 여자친구와 버스를 타고 가다가 가슴이 답답하여 도중에 차에서 내린 적이 있고, 입사 시험 면접 때는 너무 긴장하여 말이 아예 안 나왔다. 최근에 사촌형이 뇌종양으로 사망하였는데, 마침 자신이 병실에 있을 때 사촌형에게 호흡곤란이 와서 응급처치로 가슴을 두들기며 의사를 불렀지만 형은 끝내 숨을 거뒀다. 그는 혹시 자신이 가슴을 두들겨서 죽은 것은 아닌가 하는 죄책감에 계속 시달리고 있었다. 아버지, 이모부, 사촌형이 모두 빨리 죽은 것으로 보아 자신도 빨리 죽지나 않을까 두렵다고 호소했다.

환자들은 이러한 두려움이나 불안 반응이 비합리적이고 지나치다는 것을 본인도 잘 알지만 스스로 극복하기가 어렵다. 그래서 이러한 공포를 유발시키는 상황을 미리 회피하거나 꼭꼭 숨어버리는 행동으로 방어하여 대인관계나 사회활동에 심각한 지장을 초래하는 것이다. 그래서 대인공포증을 사회공포증이라고 부른다. 심리적 요인으로는 만성적 스트레스나 심리적 상처를 꼽는데, 가장 흔한 경우는 부모와의 사별이나 가족 내 폭력, 특히 부모로부터 받는 거세공포를 들 수 있다.

치료는 공포 상황에 노출되기 전에 항불안제 등을 미리 투약하여 예기불안을 줄여주고, 정신치료와 인지행동요법으로 근본적 대처를 해야 된다. 간혹 긴장이완법이나 최면술도 사용할 수 있다. 대개 사춘기 전후에 시작되어서 만성적 경과를 거치며 점점 심해지는데, 노이로제 환자의 대부분이 그렇듯이 병으로 생각하지 않기 때문에 수 년 동안 혼자 고통을 겪다가 정신건강의학과를 방문한다. 조기에 치료적 도움을 받는 것이 중요하다.

반복 점검하지 않으면 불안해요, 강박신경증

강박증은 흔히들 결벽증이라고 말하는 것으로, 정리정돈을 철저히 하고 시간을 엄수하며 자기 생각대로 안 되면 불같이 화를 내고, 인색하고 완고한 것이 특징이다. 정상적인 경우에도 어느 정도 강박증이 있을 수 있으며, 그것이 오히려 장점이 되고 업무 수행에 도움이 되기도 한다. 그러나 그 정도가 심하여 일상생활과 사회생활에 지장을 초래할 정도이면 노이로제라고 보아야 한다.

강박신경증은 자신의 의지와는 관계없이 특정한 생각이나 행동을 반복하는 상태를 말한다. 강박사고나 강박행동 어느 하나만 가지는 경우와 둘 다 가지는 경우가 있다. 손이 병균에 오염되었다고 생각해서 손을 반복해서 씻는 강박적 행동, 자신이 확인한 걸 자꾸 재확인하는 강박적 의심, 어떤 일을 하기 전에 의식적으로 특정한 숫자를 세거나 머리를 긁적거리는 등의 강박적 의식행위 등이 해당된다.

어떤 남학생은 공부를 시작하기 전에 반드시 숫자 3을 세어야만 공부가 된다. 아무리 그것을 안 하려 해도, 숫자 3을 세지 않으면 불안해서 공부를 할 수가 없다. 결국 집중이 안 되어 책을 넘기지 못하고 다시 읽곤 하여, 상위권이던 성적이 점점 떨어져 중위권 이하로 밀려나고 말았다. 또 어떤 여학생은 외출 후 손을 씻을 때마다, 아무리 씻어도 불결한 병균이 남아있는 것 같아 씻기를 반복하는데 그 씻는 시간이 1시간도 넘게 걸리니, 결국 어머니와 함께 정신건강의학과를 찾아왔다. 이들은 이 행동을 중지하면 불안하기 때문에, 불합리함을 알면서도 반복하지 않을 수 없는 상태이다. 이들뿐만이 아니다. 헛된 걱정과 행동을 되풀이하는 사람들이 적지 않다. 주부는 가스, 자물쇠, 수도꼭지 등을 잠그고도 계속 확인하고, 학생들은 책의 읽은 부분을 반복해서 읽거나, 시험 답안지를 제대로 썼는지 몇 번이고 확인하느라 결국 시험을 망치는 경우도 있다.

강박신경증은 다른 신경증보다 치료가 어려운 편인데, 정신건강의학과 외래환자 중 10%를 차지할 정도로 많다. 인구 100명 중 2명이 평생 한 번은 강박신경증에 걸린다. 주로 사춘기에 발병하지만 어른이 된 후에도 발병할 수 있다. 유전적 성향이 높은 편이며 다른 정신과적 질환이 같이 있는 경우도 많다. 가장 흔한 것은 우울증과 함께 있는 경우이고, 공포증을 동반하기도 하며, 소아의 경우는 틱장애와 함께 나타날 수 있다. 드물게 조현병의 한 형태로 강박증이 표현되는데 이 경우는 치료가 힘들다.

이러한 강박 증상에는 자기가 마음대로 통제할 수 없는 강력한 그 무엇이 작용하고 있다. 자신의 의지를 벗어나 있는 무의식의 어떤 부분이 작용하는 것인데, 옛날에는 이를 신이나 귀신의 조화, 조상 탓 등으로 여겨왔다. 환자들은 공통적으로 적개심이 가득하고, 파괴적인 충동에 끊임없이 시달린다.

이지적인 분위기의 어느 30대 여성은 진료실을 찾아와, 스스로 자신의 아이를 목 졸라 죽일 것 같은 생각에 너무 괴롭고, 이러다가 미쳐버릴 것 같다며 고통을 호소하였다. 어느 40대 회사원은 길을 걸을 때마다 보도블록의 사이를 밟지 않기 위해 온 신경이 곤두선다며 내원하였다. 자칫 발을 잘못 디뎌 보도블록의 사이를 밟게 되면, 꼴 보기 싫은 사람들의 얼굴이나 잔인한 교통사고 장면이 자꾸 떠오르는 등 잡념이 끊임없이 일어나 업무를 볼 수 없을 정도라는 것이다.

환자들은 여성보다 남성이 더 많고, 대개 지적 수준이 높은 고학력자가 많다. 이들은 사소한 일에 너무 신경을 쓰고 세심한 부분에 매달려 큰 것을 놓친다. 지나치게 깔끔하고, 규칙적인 배변 등 순서와 질서에 집착한다. 이를 프로이트는 항문기 성격이라 하였다. 이들은 분노를 억압하는 정도가 높고 분노 감정을 적절히 처리하지 못한다. 중요한 대상, 특히 부모에 대해 사랑과 미움을 동시에 갖고 있는 경우가 많다. 그들의 무의식에는 어린 시절, 엄하고 무서웠던 부모에게 복종함으로써 상을 받은 기억이 저장되어 있다. 그들은 안정을 유지하기 위해 화가 나는데도 겉으로 드러내지 못하고, 분노의 감정을 무의식에 억압할 수밖에 없었다.

의식적인 마음은 내적인 마음과 반대로 표현되어 미움은 사랑이 된다. 부모를 미워한다는 것을 스스로 용납할 수 없어, 부모에게 적개심을 품고 있지 않다는 것을 자신에게나 다른 사람에게 확인시키고자 애를 쓰는 것이다. 그러나 적개심이 없어지지 않은 채 그 압력이 계속 가중되어 견딜 수 없는 한계에 다다르면 발병하게 된다. 따라서 환자의 심리적 역동을 잘 이해하여 정신치료와 함께 인지행동치료를 병행하는 것이 좋다.

발병은 대개 급성으로 오지만 정신과를 방문하는 것은 이미 몇 년이 지난 만성적 상태에서이다. 25%에서 우울증을 동반하고 때로는 조현병으로 이행하기도 한다. 70% 정도는 만족스럽게 호전되지만, 나머지는 치료에 잘 반응하지 않는 악성 경과를 밟는다. 강박 사고만 있고 우울증이나 조현병이 없는 경우, 발병 전에 사회적응이 좋았던 경우 등에서 치료 결과가 좋다. 발병 당시 유발요인이 뚜렷할 경우에는 치료가 잘 되나 그렇지 않을 경우는 치료가 쉽지 않다.

전교 1~2등까지 한 고등학생이 강박적 불안으로 병원을 찾아왔다. 공부를 열심히 하는데도 갑자기 성적이 떨어져서 부모는 당황한 모습이었다. 그 학생은 공부하려고 책을 보고 있어도 진도가 나가지 않는다며 괴로워했다. 방금 읽은 부분도 제대로 보지 않은 것 같은 불안감 때문에 페이지를 넘기지 못하고 또 보고 또 확인하게 된다 하였다. 그러다 보니 진도가 나가지 않는다고 했다.

상담을 하면서 그 학생의 불안증이 이미 오래된 것임으로 알 수 있었다. 강압적인 집안 환경 속에서 순종만 하면서 자란 탓에 억눌린 감정이 불안과 강박증으로 나타났던 것이다. 그 무엇도 자유롭게 해보지 못한 학생은 부모에 대한 분노심이 가득했다. 자신은 정치학과를 지망한다 하였다. 히틀러처럼 세상의 악의 무리를 모두 제거하고 싶다고 하였다.

우등생이고 모범생으로 보이는 학생의 내면을 분노로 들끓게 한 것은, 자신의 감정을 제대로 표현하지 못하고 자란 것이 주요인이었다. 부모는 항상 훈계나 설교만 했고, 감정적인 체벌을 가하는 등 제대로 된 대화를 해본 적이 없었다. 아이는 부모와의 관계를 통해 모든 인간관계의 기초를 배운다. 대화 대신 야단이나 호통, 나아가 구타를 일삼는 부모를 만나면 결국 마음의 문을 닫고 감정을 억압하며 자라게 된다.

이런 부모는 주위에서 쉽게 만날 수 있는데 자신들은 소통의 방법을 모른다는 공통점이 있다. 그들 또한 부모로부터 수직적 권위적 양육을 받았기에 수평적 대화·토론식 대화를 할 수 없다. 그래서 부모들에게 강조하는 것은 그들이 지금껏 하던 개입을 멈추고 답답해도 자녀를 허용하라고 안내한다.

상담을 시작한 그 학생은 조금씩 호전 기미를 보였다. 자신을 있는 그대로 수용해주고 제대로 소통할 수 있는 사람이 있다는 사실

을 처음으로 알게 된 것이다. 새롭게 형성된 인간관계를 통해 신뢰
감을 쌓으면서, 부정적 감정을 하나씩 풀어냈고 또 자신을 표현하
는 방법을 배워갔다. 자신의 소중한 가치도 깨달았고, 감정을 다스
리는 법도 익혔다. 강박적 불안이 감소하면서 다시 성적을 회복하
자 "약을 먹지 않고 이렇게 좋아질 수 있다니 신기해요"라고 했다.
그러면서 "이제 진로를 정치학과에서 심리학으로 바꾸려 해요"라
고 말했다.

중병에 걸렸다니까요, 건강염려증

건강염려증은 자신이 심한 병에 걸렸다고 비현실적으로 고집하고
두려워하는 것으로, 신체적 증상이나 감각을 부정확하게 인식하는
것이 주 증상이다. 이들은 여러 가지 검사를 받고 의사가 의학적으
로 설득하여도 자신은 병을 가지고 있다는 비현실적 믿음에 사로
잡혀 있다. 사회생활이나 직장 근무에는 지장이 별로 없는 것이 특
징이다.

이들은 신체적 질환이 없다는 의사의 말을 믿지 못하고 여러 의
사를 찾아다니는 이른바 닥터 쇼핑doctor shopping을 한다. 이 경우 의
사와 환자 관계가 좋지 못한 것이 보통이다. 이들은 자신이 충분한
진찰이나 치료를 받지 못했다고 믿는다. 내과 외래를 주로 찾아다

니고, 정신과 치료를 권유받아도 자신의 병이 신체적인 병이라는 그릇된 믿음 때문에 거부한다. 남녀가 비슷한 빈도로 사춘기에 잘 나타나고, 20대와 30대에도 많지만 중년에서도 드물지 않게 나타난다. 환자들은 대체로 신체 감각에 과도하게 예민하여, 감각을 고통으로 감지하는 정도가 보통 사람보다 몇 배나 높다. 과거에 심리적으로 상실이나 배척을 경험하여 그 공격성이 신체로 표현되는 것인데, 죄책감이나 자기비하가 심하고 신체적 증상은 속죄의 방편이 된다. 강박적인 성격을 가지고 있는 경우가 대부분이다.

20대 초반의 유학생이 에이즈에 걸린 것 같다고 불안해하며 진료실을 찾아왔다. 유학을 떠나기 전에도 성병에 걸린 것 같아 비뇨기과에서 여러 차례 검사를 받았고 결과는 모두 정상이었지만, 증상이 느껴져 여러 병원을 전전한 경력이 있었다. 그 후 외국에서 직업여성과 성관계를 가졌는데, 콘돔이 찢어진 것을 발견하고는 에이즈에 걸리지 않을까 두렵다는 것이다.

정신치료가 진행되면서 그는 성격이 강하고 잔소리가 많은 어머니에 대한 불만을 토로하였으며, 유약한 아버지에 대해서는 특별한 감정을 표현하지 않았다. 나중에는 어머니가 아버지의 본부인이 아니라는 점을 털어놓았고, 어린 시절 일주일에 한두 번 집에 들르던 아버지를 회상하였다. 당시 그는 매일 야단만 치고 고함만 지르는 어머니를 미워하고 아버지를 그리워했는데, 초등학교 시절에는 어머니의 매를 피해서 괜히 동네를 배회하다 늦게 들어가 죽도록 매를 맞은 적도 있었고, 그 뒤로도 항상 어머니의 눈치를 보면서 자랐다.

이 환자는 어머니가 아버지에 대한 불만과 원망을 자식인 환자에게 대신 퍼붓는 바람에 희생양이 된 경우이다. 어머니로부터 따뜻한 사랑을 받지 못하고 자란 환자는 어머니에 대한 적개심을 적절하게 표출할 곳을 찾지 못하고 자신의 몸으로 표현한 셈이다. 면담 횟수가 늘어나면서, 어머니에 대한 적개심이 충분히 다루어지고, 어머니에게 대들기도 하고, 버럭 고함도 질러 어머니를 능가하는 체험을 한 후로는 강박적 불안이 많이 사라졌다. 오히려 어머니의 어려웠던 입장을 이해하는 여유도 생기고, 마음속 깊이 자리하고 있는 아버지에 대한 감정도 꿈에 나타나기 시작하였다.

이처럼 환자들은 신체적 증상을 통하여 곤란한 상황에 대한 변명을 하거나 속죄를 하며, 때로는 책임과 의무로부터 도피하기도 한다. 회복되었다가 재발하는 경과를 반복하는데, 스트레스를 많이 받았을 때 나타난다. 치료가 잘 되지 않는 편이지만 의사와 환자 사이의 신뢰 관계가 굳건하게 이루어지면 정기적인 상담과 약물치료로 효과를 볼 수 있다.

끔찍한 기억은 이제 그만, 외상후스트레스장애

아직도 우리 기억에 생생한 대형 사고들이 많다. 삼풍백화점 붕괴 사고가 그렇고 최근의 세월호 참사는 온 국민을 비통으로 몰아넣은 바 있다. 대형 사고 후 외과적 상처가 없는데도 심리적 충격으로 오랜 기간 고통을 겪는 사람들이 많은데, 이들은 '정신적 외상'으로 인한 외상후스트레스장애에 해당된다. 지진, 홍수와 같은 천재지변이나 강간, 강도, 테러 같은 생명을 위협받는 상황에서 받은 심리적 충격에 의해 발생하며, 최근에는 교통사고나 산업현장의 재난사고 후에도 흔히 발병한다. 나치 집단 수용소의 생존자들과 월남전 참전 병사들에게서 나타난 '전쟁 신경증'도 이에 속한다. 생존자들이 받은 심리적 충격은 가족들에게도 전파된다. 자신이 직접 겪지 않고 다른 사람의 위협적인 사건을 목격한 경우도 심리적 외상을 받는다.

이 병은 스트레스가 심하다고 해서 더 잘 발병하는 것은 아니며, 그보다는 스트레스를 받아들이고 처리하고 해석하는 주관적 단계의 개인차에 기인한다. 어린 시절 외상의 경험이나 가정환경 등이 원인적 배경으로 관여하며, 대체로 감정 반응을 말로 표현하는 능력이 부족한 사람에게 나타난다. 외관상 상처 하나 없는데도 여기저기 통증을 호소하고 잠을 못 자고 성격이 조급해지고 과민해지며, 불안과 악몽, 기억력 감퇴를 겪는 등 일상생활을 수행하는 데 어려움을 느낀다.

주요 증상으로는 사고에 대해서 반복적으로 회상하고 악몽에 시달리는 외상 재경험이 특징이다. 회상을 회피하려는 노력과 함께 지속적으로 과민상태에 빠진다. 우울, 불안, 집중곤란, 대인관계에서 멍한 태도를 보이며, 짜증을 내거나 잘 놀라고, 공황발작이나 착각, 환각을 경험할 수도 있다. 지나친 흥분이나 충동적 행동을 보이고, 약물남용이나 알코올중독에 빠지기도 한다.

증상이 나타나는 것은 사건 발생 후 며칠 또는 몇 달 지나서이며, 4주 내에 증상이 사라질 경우는 급성 스트레스 장애라고 명명한다. 30%는 회복되고 40%는 경한 증상, 20%는 중등도 증상, 10%는 심한 증상을 표현하며 만성으로 진행한다.

진단은 정신상태 검사와 정밀 심리검사를 통해서 정서 상태뿐 아니라 기억력과 주의집중력장애의 정도를 평가한다. 정신치료와 약물치료를 시행하나, 인지치료가 더 효과적이다. 재난사고를 부인하려는 태도를 고쳐주고 외상경험을 재구성하는 심리치료가 긴요하다. 환자는 대부분 경제적 보상을 받아야 하는 피해자이므로 보상 문제가 원만히 해결되지 않으면 증상이 지속되는 경향이 높다. 따라서 적절한 치료와 함께 정당한 보상이 이루어지는 것도 중요하다.

5. 치매

치매가 생기는 이유

치매는 흔히 '노망' 또는 '망령'이라 부르는 질환으로, 가족들을 가장 당혹스럽게 만드는 병이다. 부모님이 품위를 상실하고 인격까지 붕괴되므로 자식들 입장에서 딱하고, 배우자 입장에서도 사랑하던 예전의 모습을 찾을 수 없어 슬픔을 견디기 힘들다. 누가 모셔야 되느냐로 가족들끼리 다투기도 하고 가족들이 환자를 돌보다 지쳐 분노와 우울과 죄책감에 시달리기도 한다.

치매는 정상적인 노화 과정에서 오는 기억력 감퇴와는 달리, 기억력·추상적 사고·판단·이해·학습 능력 등 대뇌 피질 기능의 장애가 있고 성격 변화와 감정조절장애, 불면과 행동장애 및 망상까지 동반되는 경우도 많다. 65세 전후 노인의 5~10%에서 나타나고, 나이에 따라 증가하여 80세경이면 20%가 치매를 앓는다.

치매를 일으키는 원인 질병은 수십 가지나 된다. 뇌혈관장애같이 원인이 제거되면 좋아지는 이차적 치매를 제외하고, 일차적으로 오는 알츠하이머형과 다발성경색치매는 회복이 어렵다.

알츠하이머형 치매는 1907년 알츠하이머라는 의사가 처음 보고하였으며 아직 원인이 밝혀지지 않은 병이다. 유전적 경향이 높고 전체 치매 환자의 50~60%를 차지한다. 특히 다운증후군 환자들은 중년이 넘으면 예외 없이 알츠하이머형 치매로 이행한다. 생리학적으로 신피질과 해마의 콜린 기능이 저하되고, 병리학적으로는 베타아밀로이드라는 이상 단백질이 침착되어 신경세포를 변성 또는 파괴한다. 다발성경색치매는 반복되는 뇌경색으로 인지기능이 황폐화되어 나타난다. 평소 고혈압이나 당뇨병, 동맥경화증, 고지혈증, 알코올중독 그리고 심장질환이 있는 경우 잘 생긴다.

우울성가성치매, 갑상선기능저하, 당뇨병, 뇌수종, 약물중독, 빈혈, 영양실조 등에서 비롯되는 치매는 치료가 가능하다. 따라서 모든 치매를 치유 불가능한 알츠하이머형이나 다발성경색으로 속단하지 말고 원인을 정확하게 규명하는 것이 무엇보다 중요하다. 알츠하이머형 치매나 다발성경색치매는 느리게 진행되고 처음에는 환자가 자신의 증상을 숨기기 때문에 발견이 늦어질 수 있다. 어느 날 갑자기 변했다고 하는 경우도 자세히 병력을 들어보면 훨씬 전부터 치매가 시작된 경우가 대부분이다. 조기 발견하여 중증이 되기 전에 진행을 최대한 지연시키는 것이 최선이다.

치매로 인한 증상

● 기억력 장애

초기에는 물건을 잊어버리거나 다른 사람의 이름을 잊어버리는 정도의 경미한 장애로 시작되어 점점 최근에 일어난 사건이나 대화 내용까지 잊어버리게 된다. 진행되면서 최근 기억과 함께 오래된 기억들도 잊어버리게 되고, 친하던 사람도 몰라보고, 가족의 이름과 자신의 직업, 출신학교, 생일도 잊어버리며 결국 자신의 이름까지 모르게 된다.

● 지남력 상실

시간, 장소, 사람이나 상황과 환경을 올바르게 인식하는 능력인 지남력을 유지하는 데에는 기억력이 필요하다. 그런데 치매가 진행됨에 따라 처음에는 시간감각이 없어지고 차차 방향감각이 상실되고 마지막으로 사람을 몰라보게 된다.

● 언어 장애

치매 환자는 언어가 모호해지고 부정확하며 같은 말을 반복하고 사물의 이름을 대지 못한다. 묻는 말을 따라하지 못하고 다음 말을 진행하지 못한다.

● 정신 증상

알츠하이머형 치매의 30%가 환각(환청, 환시)을 나타내고, 40%가 편집증이나 피해망상을 보인다. 자기 물건을 찾지 못하고 누군가 훔쳐갔다고 우기며 화를 내고 난폭한 행동을 한다.

● 인격의 변화

인격의 변화는 가족을 가장 괴롭히고 곤혹스럽게 만드는 증상이다. 환자가 본래 가지고 있던 성격 경향이 강조되어 나타나는데 환자는 자신의 행동이 다른 사람에게 미치는 영향에 대해 전혀 고려하지 않고, 돌봐주는 가족이나 간병인에게 적대적으로 대하기 때문에 가족들을 지치게 만들고 좌절에 빠지게 만든다.

치매의 진행 단계

● 1단계

치매의 진행 단계에 따라 증상의 정도를 이해하는 것도 중요하다. 1단계는 경미한 기억력 감퇴를 호소하는 단계이다. 익숙한 물건을 어디다 두었는지 잊어버리고 예전에 잘 알고 있던 이름을 자주 잊어버린다. 아직은 직장생활이나 사회활동을 하는 데 지장이 없다.

● 2단계

가족이나 동료들이 환자의 기억력·집중력 감퇴를 알아채는 단계이다. 방금 읽었던 책의 내용이나 소개받은 사람의 이름을 잊어버리고, 값비싼 물건을 잘못 놓거나 잃어버린다.

● 3단계

혼란의 시기라 할 수 있다. 혼자 여행하거나 돈을 관리하는 데 어려움을 느낀다. 복잡한 일을 수행하지 못하고 최근 진행 중인 사건을 잘 알지 못한다. 아직은 시간이나 사람에 대한 지남력은 보존되어 있다.

● 4단계

부분적으로 남의 도움이 필요한 시기다. 생활에서 중요한 내용들을 기억할 수 없다. 주소, 전화번호, 손자나 손녀의 이름, 출신학교의 이름을 대지 못하며, 시간과 장소에 대한 지남력을 상실하여 화장실이나 집을 찾지 못하게 된다.

● 5단계

실질적으로 남의 도움을 필요로 하는 단계이다. 배우자의 이름을 잊어버리고 최근 일어난 일들을 기억하지 못하며 과거의 일도 부분적으로 대충만 안다. 현재의 연도나 시간, 계절을 알지 못한다.

일상생활에서 실질적인 도움이 필요한데, 대소변을 스스로 가리지 못하고 외출할 때도 도움이 필요하다. 인격적 변화가 나타나 강박과 불안, 난폭한 행동 등을 나타낸다.

● 6단계
다른 사람의 전적인 도움이 필요한 말기 상태이다. 환자는 모든 언어적 능력이 소실되고 알아들을 수 없는 말만 되뇌고 잘 걷지도 못한다. 아무 데나 용변을 보는 등 폐인처럼 되고 혼자서 식사를 제대로 할 수 없어 전적인 도움이 필요하다.

치매를 예방할 수 있을까

치매가 무서운 이유는 그 치료가 어려워서라기보다 집안에 치매 환자가 있으면 순식간에 가정의 평화가 무너지기 때문이다. 사랑만으로 어찌할 수 없는 고통스러운 병이기에 환자와 가족 모두 절망과 비탄에 사로잡히게 된다. 연구에 의하면 가족이 없거나 혼자 사는 노인, 배우자와 사별한 노인, 친구나 이웃과 교류가 없는 노인, 취미생활 없이 우울하게 지내는 노인, 자기 고집이나 자기 자랑만 내세워서 따돌림 당하는 노인들이 치매에 잘 걸리는 경향으로 나타나고 있다.

치매를 예방하기 위해서는 가족과 함께하는 시간을 늘리고 양로원이나 경로당을 잘 활용하여 혼자 있는 시간을 줄여야 한다. 나이 들어서도 뭔가 배우고 익히고, 이웃과 사회에 소속감을 느낄 수 있도록 사람들과 접촉을 늘려 고립되어 우울에 빠지지 않도록 환경을 조성해주는 것이 무엇보다 중요하다. 운동이나 산책도 혼자 하기보다는 다른 사람과 함께하는 것이 좋다.

건망증이 심해지는 등 기억력이 떨어질 경우에는 정밀 뇌 검사를 받아 보는 것이 필요하다. 아직까지 치매를 예방하는 약물은 없기 때문에 평소 술과 담배를 자제하고 과일과 신선한 야채를 먹고 충분한 수면과 적절한 운동으로 뇌에 산소를 원활하게 공급해주는 것이 좋다. 충분한 수분을 섭취해서 탈수를 막아야 하고 뇌졸중을 막는 단백질을 섭취하고 싱겁게 먹도록 한다. 특히 양 손가락을 차례로 꼽는 등 손을 자주 움직여주고 꾸준히 뇌를 사용하는 것도 치매 예방에 도움이 된다.

치매의 치료 방법

효과적인 치료약은 아직 없으나 아세틸콜린 대사에 관여하는 약물들이 인지기능을 호전시킨다고 보고되고 있다. 치매가 진행되면 망상과 환각으로 인한 행동 장애와 수면 장애가 나타나서 돌보는 가족들을 힘들게 하는데, 이때 정신과적 치료가 증상을 완화시키는 데 크게 도움이 될 수 있다. 일단 치매에 걸리면 무엇보다 따뜻하고 애정 어린 보살핌과 환경이 중요하다. 가족 모두가 환자를 돌보는 일에 협조하여야 하고 책임을 분담해야 한다. 그럼에도 불구하고 가족들이 너무 힘들어 지쳐간다면 입원이나 요양시설을 고려하는 것이 좋다.

6. 소아 스트레스

부모가 알아차려야 할 것들

순진무구하고 세상 고통을 모를 것 같은 어린이에게도 스트레스가 있을까? 어린이들의 건강도 스트레스와 밀접한 관계가 있다.

열 살 난 어린아이가 복통과 구토로 입원하였다. 검사 결과 소아 과적으로 아무 이상이 없는데도 증상이 호전되지 않아 정신과에 의뢰되었다. 상담 결과 부모의 불화가 원인이라는 것이 밝혀졌는데, 부모가 자주 싸우고 고함지르고 때리고 부수는 장면을 목격한 아이는 직접적으로 감정 표현을 못하고 신체적 통증으로 부모에게 자기 의사를 표현한 것이다.

스트레스로 말미암아 아이들에게 흔히 발생하는 질환으로는 심인성 복통 외에도 천식, 두드러기, 원형탈모증, 식도염, 위궤양 등이 있다. 과도한 스트레스는 성장 발육에도 지장을 초래한다. 아이들이 스트레스를 많이 받으면 학교 가기를 꺼리고, 학교에 가서도 또래들과 활발하게 어울리지 못하며 따돌림을 당한다. 손톱을 물어뜯거나, 눈을 깜빡거리거나, 얼굴을 찡그리고, 고갯짓을 하고, 이상한 손짓을 하는 등 틱증상이 생기기도 한다. 또 밤에 자다가 무서운 꿈을 꾸거나 벌떡 일어나 소리 지르고 돌아다니는 몽유 증상이 나타날 수 있고, 밤에 오줌을 싸고 심하면 낮에 대변을 찔끔 싸기도 한다.

어른들이 생각하기엔 별 일 아닌 것들이 아이들에겐 심각한 스트레스가 될 수 있으므로 아이들에게는 야단이나 매보다는 자세한 설명과 격려를 아끼지 말아야 한다. 그렇다고 무조건 받아주고 제멋대로 버릇없이 행동해도 가만 내버려두어서는 안 된다. 부모의 과잉보호는 행동장애와 공주병·왕자병의 원인이 되거나 이기적인 사람으로 자라게 하여 단체생활에 지장을 주므로, 엄하면서도 자상한 부모가 되어야 한다. 규제나 금지, 체벌보다는 문제가 있을 때마다 전문가와 상의하여 대처하는 것이 바람직하다.

성적이 너무 나빠요

학교 다니는 자녀를 둔 부모에게 자녀의 성적 부진은 커다란 고민이 아닐 수 없다. 부모가 자신에게 거는 기대가 짐스러워 자녀들이 느끼는 고통 또한 크다. 부모가 공부 못한다고 윽박지르기만 하면 문제는 해결되지 않고 오히려 성격이 비뚤어지거나 비행청소년이 되기 쉽다. 심하면 자살 같은 극단적인 방법을 택하기도 한다.

성적 부진도 치료될 수 있다. 지능 부족으로 인한 성적 부진이라면 타고난 지능을 향상시키기 어렵기 때문에 해당되지 않지만, 대부분의 경우는 지능의 문제가 아니라 심리적·정서적 문제에 기인하기 때문에 치료가 가능하다. 성적이 부진한 학생들을 상담해보면 대부분 부모의 불화나 결손가정, 친구들 사이의 따돌림, 학교 선생님과의 갈등 등 정서장애를 갖고 있다. 특히 유치원생이나 초등학생의 행동이 산만한 때는 주의력결핍 과잉행동장애ADHD, attention deficit hyperactive disorder를 의심해봐야 한다. ADHD 아동은 성격이 급하고 떼를 잘 쓰며 가만히 앉아있지 못하고 행동이 부산하여 주위 사람들에게 피해를 준다. 어려서 그러려니 하고 방치하면 성적 부진이 굳어지고 집단따돌림을 당하기 쉽다.

중·고등학생의 경우는, 공부를 잘하던 학생이 어느 날 갑자기 성적이 떨어지기 시작하면 반드시 전문의와 상담해야 한다. 신경쇠약이나 정신질환이 진행되고 있는 경우가 많기 때문이다. 지능검사, 인성검사, 적성검사 등 다양한 정밀심리검사를 시행하여 불안신경증이나 우울증, 초기 조현병 등이 확인되면 정신치료와 함께 약물요법이나 행동요법을 병행한다. 가족상담치료가 필요한 경우도 많다.

안절부절 못하고 산만해요, ADHD

어느 초등학교 3학년생은 주의가 산만하다. 수업시간에도 5분도 안 되어 일어나서 교실을 돌아다니고, 공부에 집중을 못하고 몸을 킁킁대며, 숙제하다가 연필을 어디다 뒀는지도 모르고, 책상에 앉아 있을 때도 멍하니 시간을 낭비하고, 남의 일에 참견을 많이 하는 편이었다. 참을성이 없긴 하지만 성격은 좋은 편이고, 호기심이 많아 이것저것 관심을 가지나 생각이 정리가 안 되는 게 흠이다.

이처럼 ADHD 아동은 가만히 앉아있지 못하고, 자리에 앉아도 안절부절못하며, 항상 지나치게 많이 움직이고 부산하다. 사고도 자주 낸다. 쉽게 울거나 웃으며, 천방지축이라는 말을 자주 듣는다. 학교에서는 공부 시간에 교사의 지시대로 따라하지 못하며, 여러 번 지적되는 등 학교생활에 어려움을 겪는다. 때로는 의사소통장애나 학습장애의 원인이 되기도 한다. 또한 읽기장애, 산술장애, 언어장애, 운동조정장애가 동반되는 경우가 많다. 사소한 자극에도 폭발적으로 반응하고 충동적이며 무언가를 잘 기다리지 못하는 것이 특징적 증상이다.

점점 정서장애가 심해지며 결국 부정적인 자아 개념이 형성되어 적대적 · 공격적이 되고 증세가 악화된다. ADHD의 75%에서 공격적 및 반항적 행동장애가 나타난다. 초등학교 저학년의 3~5% 정도에서 나타나고 있다. 발병 시기는 보통 3세이나, 초등학교에 입학

할 때까지는 진단을 내리지 않는다.

정확한 원인은 아직 충분히 밝혀지지 않았다. 출생 전이나 출산할 때 입었을 미세한 뇌손상이나 출생 후 어떤 중요한 시기에 고열·감염·독성물질·대사장애 또는 외상으로 인한 뇌손상 때문으로 추정하기도 한다. 경과 및 예후는 매우 다양한데 사춘기가 되면 호전되기도 하지만, 청년기나 성인 때까지 지속되기도 한다. 과잉운동은 대개 쉽게 사라지지만 주의력감퇴와 충동조절 문제는 오래 지속되는 수가 많다.

청소년기까지 지속되는 경우 행동장애가 발생할 위험성이 크며, 행동장애가 있는 소아의 약 50%는 성인이 되어 반사회적 인격장애가 될 수 있다. 15~20%는 어른이 될 때까지 증상이 지속된다. 이때 과잉운동은 줄어들지만 분노 폭발이나 충동성과 사고를 자주 일으키는 경향은 그대로 지속된다. 이 때 약물치료가 효과적이다. 성질이 안 좋다거나 버릇이 나빠서라고 생각하고 치료를 늦춰서는 안된다.

학교를 안 가려고 해요, 분리불안증

초등학교 1학년 여자아이가 학교 가기를 두려워하여 상담실을 찾아왔다. 아이는 유독 엄마와 떨어지길 싫어했는데, 아이 엄마는 평소에 이웃 아이들 하나하나에 대해 비난하면서 같이 놀지 못하게 하였고 엄마 자신도 이웃 엄마들과 사이가 나빴다. 엄마는 오직 딸이 예쁘고 착하게 자라주기를 바란다고 하였으나, 아이가 집을 떠나 다른 사람과 가까이 하는 것을 허용하지 않은 엄마의 의존 욕구가 아이의 독립을 막고 있었던 것이다.

유치원이나 초등학교에 처음 들어가는 아이들 가운데 학교 가기를 거부하는 경우가 많다. 과거에는 학교공포증이라 불렸으나 학교를 무서워하는 것이 아니라는 사실이 밝혀지면서 학교거부증으로 바뀌었다. 이 아이들은 부모(주로 어머니)에게 의존된 정도가 심하여 학교 가기를 싫어하고 독립을 두려워하는 건데, 재미있는 것은 부모도 아이들이 부모 곁을 떠나는 것을 불안해한다는 점이다. 대부분은 일시적인 경우이므로 아이와 부모를 격려하여 학교에 보내는 것이 좋다. 단, 행동장애의 하나인 무단결석이나 학습장애와 감별하는 것이 필요하다.

말을 더듬어요, 언어장애

정상적인 신체와 지능을 가졌음에도 불구하고 언어, 공부, 운동 등에 장애가 있는 경우 학습장애라 진단한다. 학습장애에는 읽기장애와 산술장애, 쓰기장애 등이 있다. 아이가 주변 세계에 대해 호기심을 품고 탐구해보려는 시도를 공격적이고 사나운 방식으로 엄벌 또는 금지시키는 가정이 있다. 아이들은 대개 호기심을 포기하고 부모가 원하는 대로 따르지만 어떤 아이들은 부모의 압력에 저항하는 간접적인 수단으로 학습장애를 일으키기도 한다. 호기심이 없이는 새로운 것을 배우기 어렵다. 따라서 이런 아이들은 아무런 자극도 받지 못하여 학습장애가 일어난다.

부모가 아이를 혹독하게 대하고 칭찬에 인색하면, 대항할 방법이 없는 아이는 유창하게 말을 하다가도 말을 더듬기 시작한다. 부모에게 금지된 말대꾸를 역으로 이용하여 보복하는 것이다. 말을 더듬으면 말대꾸도 못하니 비난받지 않아 좋고 부모의 관심을 더 받게 되니 일거양득인 셈이다. 이런 경우, 뇌의 기질적 병변이 없는지 확인하고 지능검사를 통하여 정신박약 유무를 감별진단한 후 치료를 시작한다. 대개 언어치료나 특수교육이 좋은 방법이고, 정서장애나 가족 문제가 있을 경우엔 가족치료가 필요하다.

아이가 거짓말하고 훔쳐요, 행동장애

어느 열다섯 살 학생은 말을 잘 하지 않고 무단결석을 하며, 자꾸 돈을 훔치고 거짓말을 하여 부모와 함께 진료실을 방문했다. 초등학교 5학년 때부터, 무슨 일로 야단을 맞으면 울기만 하고 말을 안

하더니, 1년 전부터는 아예 묵비권을 행사했다. 급기야 하루는 유괴범 흉내를 낸 쪽지를 남기고 일주일 동안 가출을 한 후 옷도 엉망이고 가방도 버린 채로 집에 돌아왔다. 이 무렵 부모 돈과 할아버지 돈을 훔치기 시작했다. 성적표 점수도 고치고, 말도 거칠어지고, 자주 화를 내고 반항하며, 학교도 자주 빠지는 등 평소 종손이라고 끔찍이 아끼던 할아버지마저 미워할 정도가 되었다.

할아버지는 꼼꼼한 성격으로 잔소리가 심하고 하나부터 열까지 간섭하는 성격이었는데 아버지를 키울 때도 그래서, 아버지도 젊어서 방황하고 큰고모 집 물건을 들고 나가고 원양어선을 탔다고 한다. 아버지는 환자를 퍽 귀여워했는데, 환자가 초등학교 1학년 때 뇌졸중으로 쓰러져 사망하였다. 환자는 당시 엄마가 자신을 부둥켜안고 운 장면은 생각나지만, 아버지에 대한 기억은 잘 떠올리지 못했다. 어머니는 애들이 말을 안 들으면 두들겨 팰 정도로 괄괄한 성격이어서, 주로 고모들이 환자를 키웠다고 한다.

이 환자와 같은 행동장애는 18세 이하 남자의 10% 전후에서 빈번히 나타난다. 여자는 남자보다 드물다. 알코올 의존이나 문제 있는 부모의 태도, 무질서한 가정환경 등이 비행의 원인으로 작용한다. 성숙한 대인관계에 필수적인, 좌절감에 대한 인내력과 자아 이상 및 양심이 제대로 형성되지 않은 데 기인하며 사회 규범을 따르고자 하는 동기가 결여되어 있다. 대개 오랜 기간 동안 폭력적 환경과 신체적 학대를 많이 받고 성장하여, 자신의 기분을 말로 표현 못하고 주로 행동으로 표현한다. 다른 사람과 애착 관계를 맺지 못하여 친구가 없고, 있어도 깊게 사귀지 못한다. 겉으로는 강한 듯하지만 내면에는 열등감이 가득하고 이기적이어서 다른 사람의 권리에 관심이 없고 남 탓을 잘한다. 변명을 잘하고 잘못을 정당화하고, 훔치고 패싸움을 하는 등 쉽게 비행을 저지른다.

행동장애에는 주의력결핍장애가 동반되기도 하는데 뇌의 기능장애가 있을 수 있다. 행동장애는 갑자기 발병하지 않고 서서히 하나씩 증상이 나타나다가 결국 다른 사람의 권리까지 침해하는 수준으로 발전한다. 여러 형태로 공격적 행동을 나타내는데 약자를 괴롭히고 동급생에게 잔인한 행동을 보이며, 건방지고 어른에게 욕설도 잘하고 학교에서도 반항적이다. 발병하는 나이는 남자의 경우 10~12세, 여자의 경우 14~16세이다. 여러 유형이 있는데, 가정에 국한된 경우, 사회화된 행동장애, 사회화 되지 않은 행동장애, 적대적 반항장애 등으로 나누기도 한다.

행동장애는 주요우울장애나 조울증과 같은 기분장애와 감별해야 된다. 어린 나이에 발병할수록, 증상이 여럿일수록 예후가 나쁘다. 치료는 가족치료를 병행해야 하고, 지역사회와 학교와 연계하여 일관성 있는 규칙을 만들어주고, 따뜻한 환경을 조성하여 지속적인 사랑과 격려로 문제 행동을 조정해주고, 폭력적인 가족과는 분리시켜야 한다.

자꾸 눈을 깜박여요, 틱장애

빠르게, 반복적으로, 불규칙하게 움직이는 근육의 움직임을 '틱^{tic}'

이라 한다. 눈을 깜박이거나, 이마를 찌푸리거나, 코에 주름을 짓거나, 입술을 깨물거나, 얼굴을 씰룩거리고, 머리를 흔들거나 고개를 비튼다. 콩콩대거나 '흠흠', '컥컥'대거나 '윽윽'하는 등 코나 음성으로 다양하게 소리를 내기도 한다.

틱장애는 뚜렛증후군^{Tourette syndrome}, 일과성 틱장애, 만성 틱장애 등으로 구분한다. 발병 연령은 7세 전후가 많고, 2세부터 18세 사이에 발생한다. 다양한 운동 틱과 음성 틱이 1년 이상 지속되면 뚜렛증후군이라고 진단한다. 유전적인 경향이 높고 틱장애와 주의력결핍장애나 과잉행동장애, 강박장애가 동반되는 경우가 많다. 모든 틱은 스트레스를 받거나 불안할 때 악화된다.

심리적으로 오는 경우 일시적으로 나타나다가 사라질 수 있다. 대체로 얼굴에서 시작하여 목, 상지, 하지 순으로 이동한다. 틱이 얼굴에만 국한되거나 6~8세 사이에 발병할 경우 예후가 좋다. 뚜렛증후군은 치료받지 않을 경우, 잠시 호전되었다가 악화되는 것을 반복하며 만성화되어 평생 지속된다. 또 2차적으로 적응장애나 우울증이 생기기 쉬우므로 반드시 일찍 치료해주는 것이 좋다.

부모의 마음가짐은 어떠해야 하나요

교육의 가장 큰 목적이 인성 교육이라면 지식의 전수 이전에 마땅히 욕심을 절제하고 남을 배려하는 마음부터 키워줘야 한다. 그 교육은 가정에서 시작된다. 그런 의미에서 부모는 스승 그 이상이다. 어린 아이에게는 신과 같은 존재가 부모 아닌가. 절대적 의지처인 부모가 제대로 마음가짐이 되어있지 않고 서로 으르렁거리다가 이혼해버리면 아이는 지울 수 없는 상처를 받는다.

성장하여 정신과 치료를 받는다 해도 오랜 시간과 노력이 소요된다. 심지어는 조현병으로 평생 치료를 받아야 될 수도 있다. 그렇지 않다 하더라도 정상적인 사회생활이 불가능한 경우가 많다. 또 부모와 세상을 원망하며 무차별하게 앙갚음하거나, 스스로를 학대하여 알코올·마약 사범이 되어 폭력과 범죄를 일삼기도 하고, 자살을 시도하기도 한다.

그들은 자신감이 없어 위축되어 있고 항상 긴장하고 있으며, 불안에 떨거나 두통과 흉통을 호소하기도 한다. 욕망으로 쉽게 결혼하여 서로를 탓하고 비난하다 무책임하게 이혼한다. 아이를 학대하려면 차라리 건강한 부모에게 입양시키는 것이 바람직하다. 외국으로 입양되어 건강한 가정에서 훌륭하게 자란 입양아들을 보아도 알 수 있다.

교육의 5:1 황금비율

그리스 신화에 나오는 키프로스의 왕 '피그말리온'은 뛰어난 조각 가였다. 그는 여성들의 결점을 알고는 결혼을 하지 않고 독신으로 살 것을 결심했다. 하지만 여성에 대한 그리움을 이기지 못하고, 완벽하고 아름다운 여인을 조각하여 함께 지내는 걸로 만족하기로 했다. 그는 이 조각상에게 옷을 입히고 목걸이를 걸어주고 어루만지는 등 마치 아내처럼 대하며 마음을 쏟았다.

어느 날 피그말리온은 신들에게 자신의 조각상과 같은 여인을 아내로 맞이하도록 해달라고 기원했고, 신은 그의 간절한 소망과 사랑에 감동하여 조각상에 생명을 불어넣어 사람으로 만들어 주었다. 이처럼 누군가를 향한 믿음이나 기대, 예측이 그대로 실현되는 것을 '피그말리온 효과Pygmalion effect'라 한다. 즉, 긍정적으로 기대하면 상대방은 기대에 부응하는 행동을 하게 되고 그럼으로써 기대에 충족되는 결과가 나온다는 것이다. 하버드대 로젠탈 교수도 교사로부터 학습능력이 낮다고 평가받은 집단과 학습능력이 뛰어나다고 인정받은 집단을 비교 연구하였다. 그는 능력이 뛰어나다고 인정받은 집단은 인정받지 못한 학생들에 비해 학습 성과가 훨씬 크다는 사실을 밝혀내어 '로젠탈 효과Rosenthal effect'라는 이름을 얻게 되었다.

고트만 박사는 '아이가 훌륭하고 바른 아이로 자라기를 바란다면 아이의 잘못된 행동이나 약점을 비난하기 전에 칭찬할 점을 찾아내 칭찬하라'고 권한다. 칭찬을 들으며 자란 아이는 자신을 존중하는 마음이 생기고 자신감을 갖게 된다. 아이가 장난감을 어질렀을 때 "이게 뭐니? 장난감 통에 넣어야지" 하고 꾸중부터 하기보다 "우와, 블록으로 근사한 성을 만들었구나!" 하면서 칭찬한 뒤 고칠 부분을 얘기한다. 칭찬과 지적의 비율을 5:1로 하라는 것이 교육에 있어서의 고트만의 황금률이다.

한편 부모와 자녀 사이에는, 포로로 잡힌 인질들이 범인에게 매료되는 '스톡홀름 증후군'과 비슷한 현상이 나타나기도 한다. 스톡홀름 증후군은 1973년 스웨덴의 수도 스톡홀름에서 발생한 은행 강도 사건에서 비롯된 것으로, 극한상황에서는 범인을 미워하기보다 좋아하는 편이 살아남을 확률이 높기 때문에 생겨난 현상이다. 이와 똑같은 일이 가정에서도 일어난다. 부모가 폭력적이거나 자신에게 약점이 많을수록 아이들은 부모에게 더 의존하게 된다. 부모의 품에서 살아남기 위해 필사적으로 부모를 좋아하는 것이다.

가정의 소중함은 무엇과도 비교할 수 없다. 따뜻한 사랑을 받아봐야 남에게 베풀 수도 있다. 물론 사랑이 병적이어서도 안 된다. 절제 없는 사랑은 자신과 남에게 상처를 주기 마련이다. 과잉보호나 병적 집착이 좋은 예인데, 사랑한다며 소유물처럼 꼼짝달싹 못하게 하고 사람을 질식시키는 것은 사랑이 아니고, 저주요 고문이기 때문이다.

마음의 병은 우리 가까이서 생겨난다. 집이나 학교, 사회에서 받는 스트레스가 가정과 사회를 다시 오염시키며 병들게 한다. 정신 건강이 중요함은 그 영향이 교육부터 사회 범죄에 이르기까지 광범위하게 미치기 때문이다. 내가 사는 사회가 병들면 나 또한 병든다. 가정은 사회의 가장 기초 단위이다. 가정을 행복하고 건강하게 가꾸는 일보다 중요한 게 있을까. 그러기 위해서 먼저 부부가 서로 부족함을 자각하고 화합하는 모습으로 아이에게 상처가 전이되지 않도록 해야 한다. 그렇게 하기 위해 서로 노력하고 격려하고 서로 보완하는 마음 경작에 힘쓸 일이다.

7. 식이장애

먹고 싶지 않아요, 거식증

옛날 그림들을 보면 예전의 미인은 지금보다 훨씬 풍만한 모습이었다. 그런데 요즘은 날씬한 것이 미인의 기준이 되어, 날씬한 정도를 넘어 마른 체격임에도 다이어트에 강박적으로 집착하는 여성들이 많다. 이러한 여성들은 과도한 다이어트로 인해 식이장애에 걸리기 쉽다. 식이장애에는 식사를 거부하는 거식증과 먹는 것에 과도하게 집착하는 폭식증이 있는데, 이 둘은 동전의 앞뒷면과 같이 닮은꼴이다. 식이장애 환자의 95%는 여성이다.

패션모델이 거식증으로 사망했다는 소식이 가끔 뉴스로 전해지곤 한다. 피골이 상접한 듯한 그녀들의 생전 모습은 실로 충격적이다. 먹는 기쁨이 으뜸이라는 식도락가들이 오늘도 먹자골목을 누비고, 요리 비법과 맛집 정보들이 넘쳐나는 이 세상에, 그녀들은 왜 먹기를 거부하는 것일까?

일반의 선입견과 달리 거식증 환자들은 음식에 대해 늘 생각하고 다른 사람을 위해 요리도 곧잘 한다. 그들은 음식을 아주 적게,

천천히 먹으며, 체중을 줄이기 위해 심한 운동을 하는데, 음식을 집 안 여기저기 감추거나 과자, 설사약 등을 강박적으로 훔치고, 설사약과 이뇨제를 남용하여 체중을 감소시킨다. 이렇게 체중이 감소되어도 활동은 평소와 다름없이 왕성하다. 하지만 활동적인 것은 다분히 의도적이고 강박적이다.

환자들은 대개 성격이 완벽주의적이고 융통성이 없으며, 성적으로 미숙하고 성적 흥미도 적다. 식사를 거부하는 심리적 의미는 먹는 행동을 성행위와 동일시하여 음식을 혐오하고 두려워하는 것이다. 뚱뚱한 것은 성적이고 육욕적이기 때문에 피해야 된다고 생각하고, 가냘픈 것은 청순함과 동일하다고 받아들인다. 살찌는 것은 임신과 같은 의미여서 임신에 대한 거부 반응이 나타난다고 해석하는 학자도 있다. 이들은 살찌는 것에 대한 강박적 혐오가 있어 식사를 하지 않는다. 강제로 먹이려 해도 잘 되지 않는다. 강제로 먹이려 하면 그들에게 죄책감을 더욱 불러일으켜 불안과 우울증만 더 커지게 할 뿐이다. 말기가 되면 아예 식욕상실이 온다.

가족들에 의해 강제로 병원에 오게 된 27세의 기혼 여성은 아이를 유산한 후부터 식사를 거부하기 시작했다. 그녀는 빼빼하다 싶을 정도로 말랐는데도 자신이 뚱뚱하다며 한사코 먹기를 거부했는데, 특이하게도 음식물을 절대 버리지 않고 보관했다고 한다. 심지어 벌레가 기어 다닐 정도가 되어도 그것을 들여다보며 즐기는 것처럼 보였다는데, 그녀의 식사 거부가 유산 직후부터 시작된 것은 아니었다. 당시 그녀는 남편과 가족들을 위로할 정도로 평소와 다름없는 모습이었는데, 오히려 몇 주일이 지나 다른 가족들이 모두 슬픔에서 벗어날 무렵 식욕을 잃기 시작했고, 마침내 체중이 30kg 수준으로 떨어져 그야말로 피골이 상접한 지경이 되자 가족들의 손에 이끌려 병원에 오게 되었다.

그녀는 삐쩍 말랐는데도 불구하고 보통 사람처럼 활동적이었다. 성장 배경을 살펴보면 어려서부터 불안전감을 많이 지니고 자랐던 것을 알 수 있었다. 어머니는 상당히 차가운 성격이었는데, 소녀 시절에는 스포츠를 좋아해서 말괄량이처럼 행동하기도 했다고 한다. 어머니는 사업에도 성공해서 남편보다 더 많은 돈을 벌게 되었고, 환자가 태어난 지 한 달 만에 일을 다시 시작하는 바람에 환자는 할머니 손에 자랄 수밖에 없었다. 부모 사이가 안 좋은 상황에서 출생한데다가 어머니는 결혼생활 내내 불행한 편이었다. 실제로 어머니는 자기의 모성에 대해 회의적이고 불안해했다.

환자는 어린 시절 안전감을 얻기 위해 과식하기 시작했고, 청소년기까지는 상당히 뚱뚱한 편이었다. 그러나 그녀는 먹는 즐거움을 의존욕구의 충족뿐만 아니라 무의식적으로 성적인 쾌락과도 연관시켰으며, 청소년기가 되어 성적인 욕구가 강해지자 식사라는 행위에서 무의식적으로 죄책감을 느끼기 시작하였다. 그 죄책감은 체중 감소에 대한 소망으로 표현되었는데, 그 표현은 의식적인 것이었을 뿐이다. 그녀의 가족들도 처음에는 그녀를 매우 칭찬했다.

이에 더욱 힘을 얻어 다이어트를 계속했고, 마침내는 가족들이 건강을 걱정할 정도가 되었다. 그녀 자신도 겉으로는 염려하고 있었지만 체중은 계속 감소하였고, 세월이 지나 진찰을 받으러 왔을 때 그녀의 체중은 32kg 정도밖에 되지 않은 상태였다.

이 환자의 경우 자신이 유산된 아이에게 갖고 있는 양가감정^{兩價}<small>感情, 동일 대상에 대하여 정반대의 상대적인 감정을 동시에 가지는 상태</small>에 대하여 약간이라도 스스로 인식할 수 있도록 하는 것이 치료의 일차 목표였다. 아이가 환자의 생활방식에 큰 변화를 가져올 수도 있다는 사실에 대해 의논하면서, 아이의 출현으로 인해 생겨나는 변화를 환자가 예상할 수 있지만, 실제 아이가 생기면 그러한 변화를 원망할 수도 있다는 것을 환자 스스로 깨달을 수 있도록 도와주었다. 의사가 그녀의 원망하는 감정을 충분히 이해하고 있고 또 그러한 감정이 있고 해서 환자를 나무라지도 않는다는 것을 환자가 잘 알게끔 해준 결과, 환자는 그러한 감정 때문에 죄책감을 느끼지 않아도 된다는 것을 알게 되었다.

이렇게 죄책감으로부터 벗어날 수 있도록 해주자 환자는 아이를 잃었던 슬픔을 어느 정도까지는 표현해낼 수 있게 되었다. 얼마 동안 슬픔을 표현하고 난 후 그녀의 식욕은 호전되기 시작하였다. 이처럼 식욕 상실은 감춰져 있는 우울증의 한 증상일 때가 많고 또 흔히, 해결되지 않은 갈등의 일부일 수 있다.

거식증은 사춘기에 주로 발병하고 10대 청소년층의 4%에서 발견된다. 20대 초반에 발생하는 경우도 드물지 않으며, 여자가 남자보다 10배 이상 많다. 식욕상실과 함께, 체중감소, 무월경이나 탈모현상, 서맥, 저혈압, 갑상선 기능 저하 또 그밖에 내분비 장애의 증후가 나타나며, 강박행동과 불안, 우울 등의 증세를 보이기도 한다. 체력이 왕성한 채로 유지되는 게 특징이고, 폭식증이 공존할 수 있다. 사망률이 5~20%로 높아 입원치료가 원칙이며 인지행동치료, 정신치료와 함께 가족치료도 병행해야 된다. 대개 환자가 치료에 비협조적이고 음식을 먹었다가 안 보이는 곳에서 토해버리므로 철저한 감시가 필요하다.

먹는 것을 참을 수가 없어요, 폭식증

거식증과 달리 폭식증은 많은 음식을 빨리, 그리고 게걸스럽게 먹는 것이 특징이다. 배가 아프고 토할 정도가 될 때까지 먹어댄다. 많이 먹은 후 일부러 토하기도 하고 자기혐오, 죄책감 등으로 괴로워한다. 주로 젊은 여성에게 많고 거식증보다 2배가량 많다.

이들은 과식을 하는데도 의외로 체중은 정상을 유지하며, 외향적이고 화를 잘 내고 충동적이며 알코올 의존도가 높고 정서 불안이 있다. 성적으로 적극적이며 성적 매력에도 관심이 높다. 이들도 거식증 환자처럼 우울하고, 가족 중에 우울증을 가진 사람이 많다.

상당수 환자에게 도벽이 있는데, 주로 게걸스럽게 먹고 난 후 충동적으로 음식이나 옷, 보석 등을 훔친다.

폭식증으로 입원한 미모의 25세 여성은 회사원이었다. 그녀는 빵, 햄버거, 떡볶이 등 닥치는 대로 마구 먹어대고 콜라 1리터 한 병을 앉은 자리에서 다 마실 정도였다. 그런데 먹고 나서는 손가락을 입에 넣어 토하곤 해서 뼈와 가죽만 남을 정도로 체중이 감소한 상태였다. 그녀가 맨 처음 음식을 토하기 시작한 것은 4년 전이었다.

급체로 토한 후 시원함을 느꼈고, 그 뒤로는 스트레스를 받을 때마다 가끔 토하기 시작했다. 그러다 1년 전부터는 잠도 못 자고, 물도 안 마시고 커피만 마셨으며, 조금만 식사를 하여도 답답하여 토하지 않고는 직성이 안 풀렸다. 모 대학병원 정신과에 3개월간 입원하였으나 퇴원 후에 통원 치료를 안 받고, 먹어대고 토하는 행동을 다시 반복했다. 3개월 전부터 증상이 더욱 심해져서 다시 입원한 경우였는데, 입원 후 1~2주 동안에는 치료진 몰래 밥을 버리거나, 먹고 나서 바로 토하는 행동을 되풀이했다. 치료가 진행됨에 따라 입원 3~4주경부터 음식의 맛을 느끼기 시작하고 변비도 사라졌으며, 입원 당시 34kg이던 체중도 40kg로 증가했다.

이 환자의 경우, 어려서나 지금이나 자신의 분노 감정을 표현하는 데 어려움이 많았고, 특히 버림받지 않을까 두려워하는 유기불안이 컸다. 알코올중독자인 아버지가 어머니를 구타하는 모습을 보며 자라난 환자는 성장기 내내 심적 고통을 겪어야 했는데, 언니, 오빠와 함께 살 때는 그런대로 버틸 수 있었으나 6년 전 언니가 결혼하고 4년 전 오빠마저 아버지와 크게 다툰 후 집을 나간 이후 고통이 더욱 심해졌다. 어머니가 환자에게 "너 없으면 못 산다"며 매달리는 바람에, 집을 나오고 싶어도 어머니가 염려되어 나올 수 없었으며, 오빠 또한 성격이 외곬이어서 환자가 고등학교 들어가자 귀가 시간을 엄격히 통제하는 등 아버지 이상으로 구속을 하여 환자의 스트레스가 상당히 쌓여있는 상태였다. 그러던 중, 3개월 전 오빠가 결혼하여 새언니와 함께 집에 들어오자 더 이상 견뎌낼 수 없었던 것이다.

폭식증 환자도 거식증과 같이 입원치료가 필요하다. 인지행동요법으로 신속하게 행동 수정을 하고 의사와 환자 관계를 신뢰관계로 형성하여 퇴원 후에도 장기간 상담치료를 받는 것이 중요하다.

8. 인격장애

정신건강의학과 진료실에서 마주치는 환자들 가운데 신경증도 아니고 정신병도 아닌 경우가 있다. 신경증과 정신병 중간쯤에 해당되는 경우가 인격장애이다. 인격장애는 성격 경향이 일반의 경우보다 편향된 상태로서, 현실 적응이나 대인관계에서 지속적으로 장애를 초래하는 이상 성격이다. 그들의 성격은 깊이 체질화되어 확고부동하기 때문에 자신의 성격이 문제가 있다고 생각하지 않고, 남에 대한 배려나 이해심이 없어 관계를 맺는 사람들을 피곤하고 화나게 만든다.

신경증은 인격의 일부가 관여하고 환경에 대해 자신을 변화시키는 반응을 나타내나, 인격장애는 자신은 변화하려들지 않고 환경을 바꾸고자 하는 반응을 나타낸다. 인격장애 가운데에는 자기애적 인격장애, 히스테리성 인격장애, 편집형 인격장애 그리고 경계선 인격장애가 대표적이다.

자아도취와 안하무인, 자기애적 인격장애

사람은 각자 제 잘난 맛에 산다. 나름대로 자기가 최고로 잘났다고 생각하고 그렇게 행동하고 특별대우를 원한다. 허황된 영웅주의에 사로잡혀 돈키호테식 언행을 서슴지 않는 것도 자기가 그럴 자격이 충분히 있다고 굳게 믿기 때문이다. 이렇듯 자기애적 성향은 누구나 어느 정도 갖고 있으나, 특히 문제되는 경우에 인격장애가 된다. 주로 예술이나 스포츠 분야의 인기 스타에게 많고, 학문적으로 뛰어난 전문가 또는 추종자가 많은 정치 지도자 가운데서도 흔히 볼 수 있다.

자기애적 성격의 소유자는 자신의 능력이나 성취도가 뛰어나다는 우월감으로 가득 차있고 몹시 거만하고 자신을 신비화하며 과도한 숭배를 요구하고 기대한다. 그러나 자존심이 불안정하며 남들의 비판에 매우 예민하고, 존경과 관심의 대상이 되고자 기를 쓰고 노력하나, 내면은 깊지 못하고, 공감 능력이 떨어져 남의 입장을 이해하는 능력이 부족하다. 사소한 일에도 쉽게 패배감에 사로잡혀 분노, 열등감, 모욕감을 느낀다.

이들은 자기만 중요하게 생각하고 자기만 위한다. 무한한 성공욕으로 가득 차있고 남을 동정하거나 배려할 줄도 모르고 타인에게 지속적인 관심과 칭찬을 요구한다. 그리고 상대방을 지나치게 높이 평가하거나 경멸하는 양극단 사이에서 방황한다. 예를 들면 여자인 경우 남자를 사귀면서 존경하다 경멸하다 하여 정신을 못 차리게 만든다.

또한 자신의 재능이 특출하다고 생각하며 누군가 자존심을 건드리면 견디지 못한다. 자신의 능력에 대한 비현실적인 신념으로 자신이 중요하고 뛰어나다는 생각이 지나치고 모든 것이 자기중심적이다. 환상적이고 비현실적인 욕심으로 무제한적인 능력, 높은 지위, 권력, 재물 그리고 아름다움, 이상적인 사랑 등을 희구한다. 이런 기대가 설혹 달성되어도 만족하지 않고 목표가 미달되면 크게 실망한다. 항상 100점만 맞던 학생이 95점을 맞고 비관 자살하는 경우가 여기에 해당된다.

내면보다는 겉모습에 관심이 많고 다른 사람에게 어떻게 하면 멋지게 보일까에 관심이 집중되어 있다. 친구를 깊이 사귀기보다는 잘나고 멋진 사람들과 어울리려 애쓰며, 타인에 대해 무관심하여 대인 관계가 오래 유지되지 못한다. 비판을 받을 때는 무섭게 분노하고 상대를 모독하고 증오한다. 스스로는 심한 패배감과 수치감, 허무감, 열등의식에 사로잡힌다. 자신의 욕심을 위해 타인을 이용하기 일쑤이고 타인을 존경할 줄 모르고 약속도 잘 안 지키며 책임감도 없다.

자기애적 인격장애는 히스테리성 인격장애와 경계선 인격장애와 겹치는 경우가 많고 합병증으로 편집증이나 우울증이 나타날 수 있다. 만성적인 경과를 밟고 중년에 위기를 맞기 쉬우며 특히 노년기에는 아주 힘들어한다. 치료는 매우 어렵다. 심리 분석이 필요하나 자신이 최고라고 생각하는 자아도취증 때문에 안하무인으로 치료자를 평가 절하하여 치료가 중단되기 쉽다.

같이 있으면 피곤해요, 히스테리성 인격장애

'히스테리Hysterie'라는 말은 '노처녀 히스테리', '집단 히스테리', '히스테리를 부리다' 등에서 볼 수 있듯, 보통 신경질적이고 예민하며 과잉 흥분인 상태를 나타낼 때 흔히 쓰이는 표현이다. 과연 히스테리 성격의 정체는 어떤 것일까?

히스테리 성격의 소유자는 감정적이고 변덕스럽고 유혹적이며 자기몽상이나 자기과시가 많고 허영에 차있다. 남들의 시선을 끌기 위해 과장된 표현을 하고 자기 주장을 늘어놓으며, 남들의 관심을 집중시키기 위해 외모를 이용한다. 겉으로는 유혹적이고 화려하지만 성적으로 미숙하여 불감증이 많다. 의존적이며 무능하고 대인관계가 미숙하여, 지속적이고 깊이 있는 인간관계를 맺지 못한다.

병이 나면 오히려 병에 초연한 것처럼 행동하며 딴청을 부리지만, 내면에는 불안이 깔려있다. 지나치게 흥분을 잘하고 연극적이며, 행동 또한 과시적이고 외향적이다. 아는 사람을 만나면 지나치게 반가워하고 마치 공주처럼 행세한다. 쉽게 흥분하고 쉽게 화내며 변덕스럽다.

이들은 감정적으로 일을 처리하고 상대방의 의사를 자기 멋대로 해석해버리는 경향이 있으므로 분석하고 사고하는 일에는 부적합하다. 표면적으로는 감정이 풍부하고 매력적이고 사교적이나, 대인관계에서 지속성이 없어 상대가 자주 바뀐다. 지극히 이기적이고 자기 요구만 들어주길 바라고 떼를 쓰는 성격으로, 상대가 요구를 들어주지 않으면 실망하고 그 사람을 탓하고 원망한다. 작은 환경변화에도 쉽게 흥분하거나 쉽게 우울에 빠지고, 유행에 잘 따르며 몸치장에 신경 쓴다. 때로 반짝하는 영감을 발휘하여 예술에 재능을 보이기도 한다. 피암시성被暗示性, 외부에서 들어온 암시를 받아들여서 마치 자신의 기억인 것처럼 말하는 것이 강하고 다른 사람을 쉽게 믿어버리기도 해서 유명 연예인이나 종교 지도자를 애인처럼 따르기도 하는데, 그 대상을 자주 바꾼다.

스트레스에 쉽게 신체 증상을 일으키고 심한 자극에는 착각, 환상, 망상이 일시적으로 나타나기도 하나 곧 회복된다. 약물중독을 가장 잘 일으키는 성격이고, 자살 기도도 가장 흔하지만 대부분 미수에 그친다. 감각적 쾌락을 추구하기 때문에 약물남용과 함께 성문란에 빠지기 쉽다. 이러한 경향은 나이가 들면서 감소하는 편이다. 보통 여자에게 많고 인구의 2~3%에서 발견된다.

3~6세 오이디프스기에 강한 애착이 있어 그 잔재가 해결되지 않

은 것으로 본다. 동성 부모에 대한 무의식적 적대감 때문에 죄책감이 있고 그에 따른 처벌을 받지 않을까 하는 불안감이 있다. 개인 또는 집단 정신치료가 효과적이고 약물치료를 병행하는 것이 보통이다.

별스럽고 괴팍해요, 편집형 인격장애

편집형 성격의 소유자는 남을 의심하고 믿지 못하며, 근거 없이 타인이 자신을 관찰하고 피해를 준다고 생각하여 걸핏하면 싸우고 소송하기를 좋아한다. 남에게 이용당할까 두려워하여 속을 안 내보이고, 상대가 모욕을 주면 절대 용서하지 못하고 지속적으로 원한을 품는다. 정당한 이유 없이 배우자의 정절을 계속해서 의심하며, 타인을 지나치게 의심하고 질투가 심하다. 타인의 행동을 의도적인 것으로 해석하여 자기를 위협하고 기죽이려 한다고 생각한다. 연구에 의하면 동성애자나 소수민족, 이민자와 농아 등 사회로부터 소외 당하는 계층에 많은 것으로 나타났다.

이들은 한편, 차고 이지적이며 냉담하고 인간미가 없고, 웃지도 않으며 유머도 없다. 다른 사람과 자주 다투고 쉽게 흥분한다. 때로 정력적이고 야심적이며 유능하고 냉철한 것처럼 보이기도 하나, 적개심이 많고 고집이 세고 괴팍하다. 이들은 자존심이 강해서 윗

자리가 아니면 모임에도 참석하지 않으려 하고 권력에 집착한다. 부하를 불신하여 철저히 감시하고 미행하는 모습을 보이기도 한다. 여자보다 남자에게 많으며, 신비적·광신적 종교 단체 교주나 정치 지도자, 독재자 등에서 많이 볼 수 있다.

분석적으로 볼 때 편집형 인격장애는, 어린 시절 부모가 자녀에게 분노를 나타내고 학대를 가했을 때 자녀가 스스로 부모와 동일시하여 그 분노를 타인에게 투사한 결과이다. 인격 발달 단계에서 항문기와 연관이 있고 가족 중에 조현병이 많아 유전적 소인이 높은 것으로 여겨진다. 편집증, 조현병과의 감별 진단이 필요하다.

이들은 분석적인 정신치료를 필요로 하나 자발적으로 치료를 받으려 하지 않는다는 점에서 정신병과 가깝다. 이들은 자신에게 문제가 있는 것이 아니고 세상에 문제가 있다고 믿으며, 치료자를 달갑게 생각하지 않고 치료자에게 요구와 시비가 많다. 치료자는 환자와 협력자로서 관계를 맺되, 환자를 구원해주겠다는 환상을 가져서는 곤란하다. 꾸짖거나 벌주는 것도 역효과를 나타내므로 환자 스스로 행동에 책임을 지도록 하는 행동치료에 초점을 맞추는 것이 좋다.

광기가 있고 변덕스러워요, 경계선 인격장애

왜 경계선 인격장애일까? 신경증과 정신병의 중간에 놓여있다고 해서 경계선이라는 이름을 얻었다. 이들은 정서적으로 대인관계가 불안정하고 주체성의 혼란이 있어 자기 이미지가 불안하다. 행동이나 감정에 있어서도 변동이 심하며, 자제력이 부족하고 충동적이다. 특히 이별과 같은 위기 상황에서 분노를 참지 못하고, 버림받을 것을 겁낸 나머지 광기 있는 행동을 자제하지 못한다. 혼자 있는 것을 견디지 못하고 만성적인 공허감에 시달리며 과식, 금전 낭비, 성적 문란, 도박, 약물 남용과 반복적인 자살 시도와 자해 행위를 보인다. 이들의 자살 시도는 남들로부터 관심과 동정을 받고, 남들에게 분노를 표시하고, 자신의 불안함을 가라앉히는 수단으로서 의미를 지닌다. 이들은 다른 사람에게 관심을 잃지 않으려고 눈물겹고 피나는 투쟁을 하는 셈이다.

빈번한 자살 기도로 입원한 20세 여대생이 있다. 고1 때 학교 교사로부터 모욕을 받았다고 휴학하고 집에서 지내면서 '죽고 싶다. 모든 게 환멸스럽다'며 수면제를 과량 복용했다. 깨어나서는 '왜 안 죽는지 모르겠다'고 천연스럽게 말했다고 한다. 고3 때는 과외 선생이 결혼했다는 이야기에 충격을 받고, 대학 입시에 낙방한 후 과외 선생을 원망하고는, 남학생들과 사귀다가도 신체 접촉을 극도로 혐오하여 번번이 한두 달 만에 헤어졌다. 대학 입학 후에 부모에게 심하게 화를 내고 다시 수면제를 먹었다가 모 대학병원에 입원 후 임의로 퇴원하였고, 다시 여동생과 사소한 일로 싸우고 난 후 쥐약을 먹어 응급실을 통해 입원한 것이다.

경계선 인격장애의 뚜렷한 원인은 아직 밝혀지지 않고 있다. 생후 9~18개월경에 받았던 '버림받은 상태'의 느낌이 무의식에 남아 스스로를 자꾸 비슷한 상황으로 몰아간다는 것이 가장 유력한 이론이다. 이 환자의 경우도, 어렸을 때 어머니가 위장병으로 자주 입원하는 바람에 아이들에게 관심을 기울이지 못했다고 한다. 게다가 환자의 어머니는 자녀들에게 충분한 애정 표시를 하지 않았고 성격도 예민한 편이었다. 환자는 걸음마 시기에 어머니로부터 분리 독립하는 과정에서 상처를 받아 어머니로부터 버림받지나 않을까 하는 불안을 지니게 되었고, 나중에 그 불안을 관계맺는 타인들에게 투사하는 것이다.

그러다보니 어린 시절 어머니에게 가졌던 병적인 양가감정이 내재화되어 대인 관계에서 의존과 증오를 반복한다. 확 좋아했다가 금방 싫어하기를 반복하는데, 그 대상은 타인뿐 아니라 자신도 포함된다. 몇 주를 주기로 희비의 감정이 바뀌는 조울증과는 다르다. 심할 때는 하루에도 몇 번씩 감정 변화가 양극단을 왔다갔다 하여 종잡을 수가 없다. 그 좋고 싫음에는 중간 단계가 없어서, 누군가를 숭배할 정도로 한없이 높이 평가했다가도 사소한 실망으로 금세 저주를 퍼붓는다. 전적으로 의지하던 연인이라도 조금만 마음에 거슬리면 '죽일 놈', '몹쓸 놈'이 되고 만다.

"누구든 나를 가까이 알게 되면 날 버린다. 내가 누군지 모르겠어." 경계선 인격장애 환자가 내뱉는 이 절규 속에는 버림받을지 모른다는 두려움이 잘 드러나 있다. 백 명 중 한두 명에게 나타나는데, 여성 환자가 많은 것도 특징이다. 보통 정신치료와 약물치료를 병행하면서 감정의 중간 단계를 갖도록 유도하지만 완치는 어렵다. 그리고 최면치료는 권장하지 않는다. 환자 대부분이 살의에 가까운 폭력성을 감추고 있어 최면 상태에서 감정 폭발이 일어날 수 있기 때문이다. 자살이나 자해 행동이 심할 경우엔 입원치료하는 것이 원칙이다.

9. 편집증

잘못된 의심을 고집하다

편집증偏執症, paranoia을 정신과에서는 망상장애라고 부른다. 망상이란 '논리적 불합리 혹은 모순된 증거에도, 잘못된 믿음이나 지각이 지속되는 상태'를 뜻한다. 의인이나 순교자, 독립지사들처럼 자신이 옳다고 믿는 바를 굳건히 지키고 주체적으로 실천하는 양상과는 다르다.

편집증 환자는 의심이 많고 잘 따지고 다른 이의 생각을 들으려 하지 않으며, 오히려 상대를 자신을 비방하는 적으로 인식하여 적대적으로 대하고 공격한다. 대체로 자신의 열등감과 손상된 자존심, 수치감에 대한 방어로써 남을 의심한다. 이들은 어린 시절 엄격한 부모로부터 벌을 받으며 성장하여, 대인관계에서 믿음이 없는 것이 특징이다. 모든 인간관계를 기피하려는 경향도 거기서 비롯하는데, 40대에 흔하고 여자가 조금 더 많다.

편집증 중에 가장 흔한 형태가 의처증 또는 의부증이다. 배우자가 분명히 바람을 피우고 있다고 믿으며, 배우자가 만나는 사람들이나 전화 내용까지 모두 그런 시각으로 해석한다. 마치 색안경을 끼고 사물을 보는 것과 같아서, 누가 뭐라고 설득해도 믿지 못하고 분명 자신이 옳다고 생각한다. 그러다 보니 배우자의 행동을 제한하고, 외도의 증거를 찾기 위하여 온갖 감시와 폭력을 일삼는다. 소송과 진정을 계속하는 고소광도 편집증의 하나이며, 자신의 몸이나 얼굴이 못생겼다고 성형수술을 자주 하는 신체 망상(신체 이형증)이나 스토킹도 편집증의 일종이다. 간혹 광신적 종교인들이 우상숭배라며 타 종교 시설을 파손하는 행위도 볼 수 있는데, 이 역시 자신의 종교만이 옳고 나머지는 그르다는 편집적 신념 때문에 일어나는 현상들이다.

편집증은 치료를 받지 않으면 직장뿐만 아니라 가정까지 잃게 되고, 심신이 황폐해져서 폐인이 되고 만다. 환자 스스로 병원을 찾는 일은 불가능하므로 가족들의 동의를 얻어 입원치료를 해야 한다. 편집증을 예방하기 위해서는 무엇보다 가정환경이 중요하다. 아이들을 존중해주는 부모, 서로 신뢰하고 아끼는 부부, 상대방의 다른 생각을 수용하는 열린 마음이 해결의 열쇠이다.

10. 조현병

내 속에 내가 너무 많아요

조현병調絃病, schizophrenia은 정신분열증으로 불렸던 질환으로, 단일한 질병이 아니라 감정과 사고, 지각, 행동 등 인격의 여러 부분에서 장애가 나타나는 뇌기능증후군이다. 조현병은 대략 인구 100명 중 1명이 걸릴 수 있는 흔한 병이다. 우리나라 인구 중 40만이 넘는 사람이 조현병에 걸려 있는 셈이고 그중 1/3은 입원 치료가 필요하다.

조현병은 여러 원인이 복합적으로 작용한다. 특별한 취약성을 가지고 있다가 환경적 스트레스를 받으면 발병한다. 취약성은 생물학적일 수도 있고 환경적일 수도 있어, 유전적 영향부터 신경생화학적 원인, 자라온 과정으로서 사회심리학적 요인까지 모두 고려해야 한다. 주로 도파민 신경전달물질의 과잉과 같은 생화학적 원인으로 보는 게 지배적이다. 이 가설에 따른 항정신병 약물이 20세기 후반에 집중적으로 연구되어 조현병 치료에 획기적인 발전을 이루고 있다.

심리학적 원인으로는 인격발달 단계상 제1단계인 영아기프로이트

이론에 의하면 구강기와 전 생식기에 인격 수준이 고착되어 있어, 감당할 수 없는 스트레스를 받으면 그 단계로 퇴행해 버린다고 한다. 인간관계의 장애로 보는 학자도 있다. 어머니와의 분리, 독립이 안 되어 있거나 부모의 말과 행동이 서로 모순될 경우, 그리고 부모가 적개심이나 과잉간섭, 과잉보호 등의 경향을 나타낼 때 조현병이 나타난다는 것이다. 사회문화적 변수로는 사회적 스트레스가 발병이나 증상 악화에 기여하고, 사회경제적으로 하위 계층에서 발병률이 높다. 이민 간 가족이나 도시화에 따른 인간 소외, 고문이나 폭력도 발병 계기가 되고 있음을 임상에서 자주 볼 수 있다.

조현병의 증상

초기 증상은 사람을 회피하고 우울해하거나 용모에 무관심해지고, 학교나 직장에서 문제를 일으킨다. 학생들의 경우 언뜻 보면 사춘기의 방황이나 적응 장애로 판단되어 조현병의 진단을 놓치는 경우가 많다. 양성적인 증상들 즉 환각이나 망상, 괴이한 언행 등이 나타나야 정신과를 찾게 된다. 환청이나 망상의 내용은 개인에 따라 각각 달라서 자라온 가정이나 사회 환경, 종교적 배경에 따라 달리 표현된다.

● 언어와 행동의 장애

초조해하며 안절부절못하거나 혼자 중얼거리기도 하고 잠을 못 자고, 의미 없이 한 곳을 쳐다보거나 멍한 행동을 한다. 씻고 면도하고 몸치장하는 일을 잘 하지 않고, 혼자 괜히 웃거나 혼자 중얼거리고 낄낄대기도 한다. 괴이한 행동이나 옷차림을 하거나, 말을 앵무새처럼 반복하기도 하고, 행동을 흉내내며 반복하기도 한다. 묻는 말에 전혀 대꾸를 안 하기도 하고 식사를 거부하기도 한다. 드물게 몇 시간이고 불편함도 모르고 똑같은 자세를 취하는 경우도 있다.

공공장소에서 소리치거나 쓰레기를 뒤지고 일없이 거리를 배회하기도 한다. 학생들의 경우에는 성적이 급격히 떨어지고 친구도 멀어진다. 점점 대인 관계가 축소되어 가족과의 관계도 잘 맺지 못하게 된다. 심해지면 방에 틀어박혀 혼자 지내고 문을 잠그고 생활하기도 한다.

● 감정의 장애

감정 상태가 부적절하거나 무표정하고 모든 일에 무관심해진다. 감정이 안 통하는 느낌을 주는 것이 특징이며, 이는 조울증과 대비된다. 한 대상에 대하여 상반되는 감정을 동시에 갖는 양가감정도 정신분열증의 특징적 소견이다. 종교망상이나 과대망상을 가질 때는 고양된 기분이나 분노, 흥분을 보이기도 한다. 전반적으로 감정이 둔화되어 있고 감정의 일관성이 없어서 남들과 정서적으로 유대 관계를 맺기 어렵다.

● 생각의 장애

생각의 흐름인 연상의 장애가 두드러진다. 말을 하다가 끊어져 연결을 못 시키고, 말이 뒤죽박죽되거나 논리적으로 맞지도 않고, 처음 주제와 전혀 관계없는 말을 하기도 한다. 사고가 통합되지 않아 대화가 통하지 않는 경우가 많다. '누군가 생각을 머릿속에 집어넣는다'거나, '자신의 생각을 누가 빼앗아간다'고 표현하기도 하고, '생각이 퍼져나가 신문이나 TV에 방송된다'고 호소하기도 한다. 전파나 레이저 등 어떤 힘에 의해 영향을 받거나 조종 당하는 느낌, 텔레파시 같은 원격 교신을 한다고 표현하기도 한다.

　망상의 내용에 따라 관계망상이나 피해망상, 과대망상, 애정망상 그리고 종교망상이 나타난다. 누군가 나나 나의 가족을 해칠 거라는 피해망상이 가장 흔하다. 음식물에 독을 넣어 죽이려 한다는 피독망상도 흔하다. 관계망상은 누군가 나를 미행하고, 지나가는 사람들이 내 흉을 본다거나 집 주위에 서있는 차들이 다 자신을 감시하는 차라는 등, 주변에 일어나는 일들이 자신과 관련되어 있다고 믿는다. 조현병의 특징인 망상적 지각은 지각한 내용을 망상적으로 해석하는 것이다. 예를 들면 다른 사람의 기침소리를 듣고 자기 때문에 남들이 고통을 당하고 있다고 말하는 식이다.

● 지각의 장애

조현병 환자들에게는 각종 착각과 환각이 일어난다. 환청이 가장 흔한 환각인데, 주로 자신을 비방하거나 욕하는 소리가 많고 자기 행동에 일일이 간섭하는 소리, 충고하거나 훈계하는 소리 등이다. 신앙이 있는 환자들은 대개 이런 소리를 종교와 결부시켜 종교망상을 일으킨다.

환청 다음으로 환상을 보는 환자가 많다. 집 안에 독가스 냄새가 난다거나 밥에서 이상한 냄새가 난다는 등 환취를 호소하는 환자도 있다. 드물게 몸에 뭐가 들어 있다거나 기어 다닌다는 환촉도 있다. 그 외에 판단력 장애, 현실감 결여가 두드러지고, 기억력이나 지적 능력의 감퇴 현상 등이 나타난다. 이것은 연상의 해이_{생각이 떠오르지 않는 증상} 등으로 오는 결과이며, 병에서 회복되면 이전 수준으로 회복된다. 완전히 기억이 없거나 정신을 잃는 정신착란과는 달리 조현병 환자들은 병을 회복하면 지난 일들을 모두 기억하여 입원 치료 도중 짜증을 내며 잘못 대해준 치료진을 깜짝 놀라게 하기도 한다.

망상, 환상, 괴이한 행동, 흥분 등의 양성증상을 주로 나타내는 경우와, 자폐증, 무언증, 사회적 철퇴, 무관심과 거부증 등의 음성 증상을 주로 보이는 경우가 있다. 이 병은 대개 10~20대에 나타난다. 때문에 위와 같은 행동을 보여도 청소년기의 사춘기 갈등으로 보고 정신과를 찾지 않거나 문제가 커진 이후에 찾아오는 경우가

많다. 이 병도 다른 병과 마찬가지로 조기에 발견해서 치료해야 완치율이 높으므로, 사춘기 아이들이 엉뚱하고 부적절한 행동이 계속될 때에는 정신과 진찰을 한 번쯤 받아보는 것이 좋다. 최근 연구 결과는 다른 요인보다 뇌의 신경전달 물질체계에 혼란이 가장 큰 원인으로 본다. 약물치료와 함께 심리적·환경적 치료로 80% 이상이 치유된다.

망상의 사례들

● 과대망상

어느 20대 중반 남성은 군복무를 마치고 갓 입사하여 처음 몇 달은 열심히 일하려고 노력했다. 하지만 동료들이 따돌리자 적응을 못하고 잠을 안 자고 횡설수설하면서 먹지도 않아 입원하였다. 병원 환자나 직원들을 모두 다니던 회사에서 파견한 감시원으로 의심하였다. '자신의 뜻대로 모든 일이 잘 풀린다', '신호등도 내가 가는 걸 알고 바뀐다', '내가 의사를 이겼다', '나는 천재다', '동료들이 뛰어난 나를 시기하여 따돌리고 의심했다'면서 과대 사고를 보였으나 기분은 들뜨지 않았고 안전부절하고 불안해하였다.

● 관계망상과 피해망상

평소 내성적인 성격의 재수하는 어느 여학생은 재학하면서 전교 상위에 속하는 우수한 학생이었다. 수능시험 보기 한 달 전부터 '모두 날 감시한다, 도청한다'면서 빨간 불을 보면 무서워하고 '내가 어떤 반응을 보이면 위층에서 물 내리는 소리를 한다, 주변 사람들도 내 반응에 따라 움직이고, TV도 라디오도 모두 따라한다'고 했다. '내 몸을 가지고 실험한다'고 하면서 '오늘은 좌뇌로 내일은 우뇌를 가지고 실험한다'는 것이다. '사람들이 나를 죽일 거다, 사람들이 비디오로 나를 촬영하여 돌려본다'고 하였다.

● 애정망상

어느 30대 직장인 미혼 여성은 '가족들이 방해하면서 약혼자를 못 만나게 한다, 남자친구와 텔레파시로 교신하고 데이트 약속도 하는데 기다려도 안 오는 것은 가족들과 주변 사람들이 훼방놓기 때문이다'라며 밤새워 편지 쓰고 엉뚱한 집에 찾아가서 약혼자를 만나게 해달라고 졸랐다. 그리고는 만나지 못하게 한다고 행패를 부려 입원하였다.

그녀는 회사에서 만난 동료 직원을 마음에 들어 하였으나 그 남자는 약혼자가 있었고 결국 결혼하여 아이까지 낳았는데도, 그럴 리 없다고 믿지 않았다. 그와 지금도 영적으로 대화를 나누는데 기다려야 된다며 못 잊고, 그 남자가 자신을 기다리고 있다고 굳게 믿고 있었다. 다니는 교회에 그의 부모와 형제들이 나오는데 그것은 언젠가는 자기를 찾아 그도 나올 것이기 때문이라 하였다.

● 여러 망상이 혼재된 분열증

대학을 졸업한 어느 20대 여성이 '동생이 하나님이다, 내가 누군지 모르겠다, 엄마를 평생 괴롭힐 것이다, 구두의 껍처럼 평생 붙어서 죽이고 싶다, 나는 이미 죽었다, 지옥에서 건져 달라'고 하거나 '내가 예수님 엄마다, 엄마가 좋기도 하고 싫기도 하다'는 등 횡설수설했다. 잠을 잘 안 자고 식구들을 괴롭히다가, 안수기도를 받고 갑자기 아파트 창문으로 뛰어내려 응급실을 통해 정신과로 의뢰되었다.

뛰어내린 이유를 묻자 '교회 집사님에게 안수받을 때, "사탄아 물러가라" 하면서 온 몸을 때려 무서웠다. 하나님이 나를 잡아당겼다. 하나님과 내가 싸운다'고 하였고 면회 오는 부모에게 강한 적대감을 표현했다. '성모 마리아를 만나고 싶다, 낳아준 부모님이 따로 계신다, 아빠는 식인종이고 엄마와 영적으로 맞지 않아 원수 관계이다' 하면서 친부모를 찾아달라고 애청하기도 했다. 또 치료자더러 은사를 받았느냐, 자신은 병이 아니고 영적인 시험에 들었을 뿐이니 약을 먹지 않겠노라며 종교의 힘만으로 이겨보겠다고 투약을 거부하기도 하였다.

입원한 지 한 달이 경과되자 치료자에게 전이감정을 나타내기 시작했다. '선생님은 하나님이다, 지옥이 있다는 것을 느낌으로 안다, 불교의 인연과 윤회설이 맞는 것 같아 불교를 좋아하는데 주위에서 불교는 진짜 종교가 아니라고 해서 기독교를 믿고 있다'는 등의 말을 했다. 또한 '지옥은 마음속에 있다고 생각한다, 불에 데인 경험도 칼로 난도질당한 경험도 해봤는데 칼로 난도질당한 고통이 제일 심하다, 세상 모든 사람이 내가 지옥 간다는 걸 다 알고 있다는 데에 놀랐다'며 주로 종교에 관하여 이야기를 했다.

자신의 현 상태를 지옥 속에 있는 걸로 치료자는 구원자로 보았다. 치료가 진행되면서 현실감을 조금씩 회복하면서 종교망상보다는 관계망상의 내용이 두드러졌는데 '사람들이 다 날 싫어한다, 내가 이 세상에서 제일 예쁘고 제일 착하다고 생각했는데 사람들은 그렇게 안 본다, 부모님도 동생들만 이뻐하고 나는 미워한다'면서 열등감을 드러냈다. 환자의 부모나 동생들, 주변의 사촌들도 모두 일류대 출신에 고시에 합격하는 등 우수한데, 자신만 취직도 안 되었다고 울먹였다.

퇴원 무렵에 환자는 '나는 뛰어난 것이 하나도 없고 앞으로 살아갈 자신도 없다'고 걱정하였다. 퇴원 후 통원 치료하면서는 '버스 안에서 만나는 사람들도 나쁘지 않고 나쁜 애라고 욕도 안 한다. 부모님도 이젠 나를 비난하지 않으신다'고 하였다.

● 카그라증후군

위 20대 여성의 경우처럼 자신의 부모를 부정하고 친부모가 따로 있다고 믿는 환자들이 의외로 많다. 프랑스 정신과 의사 카그라가 이러한 환자들을 처음으로 보고하여 카그라증후군이라 한다. 카그라증후군은 조현병에 나타나는 특이한 망상으로 자신의 주변 인물들이 실제의 인물이 아니고 위장한 가짜나 사기꾼이라고 믿는 것이다. 특히 자신을 낳아준 부모는 따로 있으며, 지금 부모는 가짜인데 진짜 부모를 찾아야 된다고 하는 경우도 있고, 어떤 환자는 진짜 부모는 살해당했으니 경찰에 신고하여 처벌하라고 매달리기도 한다.

망상과 환상의 분석 치료

어느 50세 여성이 손가락을 자르고 '하나님의 계시를 받았다'고 하여 가족들에 의해 입원되었다. 환자는 두 아들의 합격을 빌기 위하여 백일 기도를 하는 동안 하루 한 끼만 먹었으며, 백일이 끝날 무렵에는 아예 단식을 하였다. 그러던 어느 날 하나님 소리가 들려서 시키는 대로 집안 물건을 갖다 버리는 이상한 행동을 보였다. 그리고 "너는 천사다. 네 손가락이 보기 싫지? 천사가 그래서야 되겠느냐. 잘라버려라"는 소리에 따라 손가락을 칼로 잘라버려 수술을 받았고 정신과 치료를 권유받았다. 하지만 정신과 치료를 거부하고 기도원에서 안수를 받다가 증세가 악화되어 가족들이 입원시켰다.

환자의 큰아들은 사수생이고, 둘째 아들은 재수생이어서, 철야 기도와 새벽기도로 합격을 기원하였으며, 남편이 실직 상태여서 본인이 전자부품 공장에 나가 생계를 도왔다고 하였다. 환자는 어려서부터 손가락이 구부러진 채 펴지지 않아, 손가락을 남에게 보이지 않으려고 무진 애를 썼으며, 고민을 많이 하였다고 한다. 어릴 때의 꿈은 교사가 되어 학생들을 가르치는 것이었지만, 가정 형편상 진학을 못하고 첫사랑에도 실패했으며 지금의 남편과 결혼하여 어렵게 생활해왔다.

교회는 5년 전부터 다니기 시작했는데 '성령불 세례'를 받으려고 웬만한 기도원은 다 다녀보았다고 한다. 자녀의 대학입시 전에 부흥회에 참석했다가 여자 부흥사로부터 "천 만 원만 헌금하면 아들을 서울대학교에 합격시켜주겠다"는 말에 통장과 패물을 모두 털어 바치기도 했다. 입원 치료가 진행되면서 환청은 소멸되었으나 환자는 좋은 내용의 소리는 하나님의 소리고 나쁜 내용의 소리는 사탄의 시험이라고 계속 주장했다.

또 다른 환자의 경우다. 41세 여성은 자신이 '해와' 마귀라며 마귀가 몸속으로 들어와서 몸이 벌벌 떨리고 마귀가 괴롭혀서 어쩔 수 없다고 몸부림을 쳐서 입원하였다. 환자는 마귀를 아무리 쫓아내려고 해도 죽지 않는다면서 괴로워했다. 수 개월 전부터 무언가가 마음속으로 자꾸 이야기해주는 것 같고, 집에 있으면 벌벌 떨리다가 교단에 가면 가라앉는다고 했다. 환자는 8남매 중 막내로 태어나서 일찍 아버지를 여의고 오빠가 아버지 역할을 했으나 충분히 교육을 받지 못하여 한이 되었다. 환자는 어려서부터 고집이 세고 괄괄했으며 자기주장이 강했다. 결혼하여 남편과 사소한 문제로도 잘 싸웠고 남편은 하는 사업마다 실패하여 뒤늦게 신학교를 나와 전도사가 되었다.

3년 전 남편이 소식도 없이 집을 나간 후로, 생계가 막연한 환자는 지하실 셋방으로 옮기고 식당에 나가면서 자식들과 어렵게 살고 있었다. 그러던 중 간질 발작을 일으키다가 죽은 사람을 목격한 후로 충격을 받아 발병하였다. 치료가 진행되면서 두려움과 경련 증세가 소실되고 환청과 조종받는 느낌이 모두 병이었다는 것을 깨닫고 퇴원하였다.

위에 예시한 두 환자의 경우에서 공통되는 부분을 간추려 보자. 첫째, 어려서 부모로부터 받아야 될 애정이 결핍되었거나 자라온 환경이 불우하였다. 둘째, 현재의 상황이 견딜 수 없을 정도로 고통스럽거나 실패와 좌절을 거듭하고 있다. 셋째, 현실에서 이루기 어려운 소망이나 견디기 힘든 고통이 비현실적이고 신비적인 환각 체험으로 대치되고 있다. 넷째, 이러한 신비 체험을 환자들은 외부로부터 성령이나 마귀가 들어오는 것으로 파악하여 자기 마음속의 문제임을 깨닫지 못하고 있다. 다섯째, 이들의 성격은 의심이 많고 내성적이며, 융통성이 없고 고집이 세며 극단적이다.

두 환자는 정신의학적으로 모두 편집형 조현병에 속한다. 조현병의 증상 가운데 남들에게는 들리지 않는데 환자에게는 소리가 들리고, 남들에겐 보이지 않는데 환자에겐 분명하게 보이는 환각(환청, 환상)증세가 있다. 이런 정신적 환각의 현실을 있다고 해야 하는가 없다고 해야 하는가? 객관적으로는 없다고 해야 옳지만 환자의 주관세계에서는 엄연히 존재하는 내적 현실이다. 다른 차원이지만 무당의 세계도 그렇다. 신병이 들어 내림굿을 하여 무당이 되는 과정도 과학적 논리로 설명하기 어렵지만 정신의학에서는 '빙의현상'으로 인정하고 있다.

정신의 세계는 바다의 심연처럼 깊고 우주의 은하계처럼 넓다. 그래서 있다 없다로 구분해서 단정 지을 수 없는 세계가 있다. 인류역사 이래 유신론과 무신론의 철학적 다툼이 해결되지 않았듯이, 앞의 사례에서 본 환자의 경우도 주위 가족들이 들리지 않고 보이지 않는다고 야단치고 설득해도 '너희들은 아직 영적 체험을 못해서 나를 이해 못한다'고 오히려 화내면서 자신은 '성직자도 도달 못한 경지를 체험했노라'고 뽐내기까지 한다.

정신과에서 체험하는 종교망상을 가지고 있는 환자나, 광신적 경향을 보이는 환자들은 대체로 충동적이고, 감정 표현을 제대로 하지 못하고, 자신을 숨기고 보호하기 위해 비밀이 많고 타인에 대해서는 비판적이며 적대적이다. 이들은 유아기에 부모에 대한 신뢰감 형성에 실패하여 자라면서도 대인 관계에서 애정과 믿음이 결여되어 있다. 따라서 주위 사람들을 의심하고 지나치게 공격적이며 마음속에는 적개심과 분노가 가득 차 있다. 이들은 죄, 구원, 신, 악마 등과 같은 종교적 주제에 집착하는 경향이 있는데, 현실에 대한 객관적인 판단력이 부족하고 현실의 어려움을 환상에 기대 해결하려 든다.

어른이 되어서도 어렸을 때 부모에게 의존한 것과 똑같이 모든 고통을 해결하는 절대자에게 매달리고 싶어 하는 것은 당연하다. 그러나 그것이 어디까지나 환상일 뿐이라는 것을 깨달아야 하는 아픔을 갖고 있다. 항정신병 약물치료를 통해서 환각이 사라져도 환자들은 그 현상을 좀체 병이라고 인정하지 않는다. 따라서 환자의 자존심을 존중하여 현실 적응력을 키워주고 현실 판단력이 회복되고 손상된 자존감이 치유되도록 심리치료를 병행해야 한다. 부단한 자기성찰로 마침내 의식과 무의식이 분열되어 있는 상태에서 하나로 통일될 때, 무의식의 내용들이 의식에 침범하더라도 외부에서 오는 것으로 생각하지 않을 때, 치료가 완성된다.

11. 양극성장애, 조울증

어느 30대 여성은 한 달 전부터 말이 많아지고, 가만히 있지 못하고 마냥 밖으로 나돌아 다녔다. 쉽게 흥분하여 주위 사람과 충돌하고, 음악을 크게 틀어놓고 춤을 추거나 물건을 마구 사면서 돈을 있는 대로 써버렸는데, 어느 날 돈도 없이 택시 타고 장거리를 왕복하여 택시 기사에 의해 경찰에 신고되어 입원하였다.

환자는 대학 때 우울증으로 치료받은 적이 있었다. 당시 외모에 열등감이 있었던 환자는 취직시험 준비를 하면서 스트레스를 받았는데 머리가 아파서 울 지경이었고, 잠도 2~3시간밖에 못 자서 입원하였다. 퇴원 후 잘 지내던 환자는 직장생활도 하고 결혼도 하였으나, 다시 우울해져서 직장 일도 엉망으로 하고 남편과 갈등이 심해지던 차에 자살을 시도했다. 숨겨왔던 입원 병력을 남편에게 들키고 결국 이혼했으나 남편을 잊지 못하고 힘들어했다. 다시 잠을 안 자고 행동이 부산하고 괜히 남의 집에 들어가 자기 집이라고 우겨서 파출소에 연행되기도 했다.

입원 후에는 다른 환자들에게 점을 봐준다며 예언을 하고, "나는 영통한 도사다"라고 큰소리를 치고 마음이 붕붕 뜬다면서 주위 환자들과 자주 싸우고 치료진을 힘들게 하였다. 입원 3주째 접어들어 기분이 가라앉기 시작하였고, 퇴원할 무렵에는 '자신이 했던 행동들이 후회되고 창피하다'고 하였다.

다른 경우로, 중매 결혼한 어느 주부는 내원하기 십여 일 전부터 흥분하여 잠을 못 잤다. 먹지도 않고, 시댁과 친정에 밤낮 가리지 않고 전화를 하여 위아래 없이 욕을 하고, 카드를 무절제하게 쓰고, 쉴 새 없이 떠들어대어 입원했다. '결혼 비용도 대출 받아서 갚아야 하는데 경제적으로 힘들었다. 남편이 소화 안 된다고 밥도 따로 먹었다. 생활비도 갖다 주지 않고 혼수 비용도 친정에서 갚아야 된다고 구박했다'고 말하면서 울먹이다가, 말을 끝맺지 못하고 이야기의 주제가 바뀌더니 '자신은 최고 일류대를 나왔고 남편은 무식하다'고 욕하고, 시부모와 친정 식구들도 싸잡아 비난하였다.

조울증은 상당 기간 기분이 들뜨고 몹시 좋아졌다가 또 어느 기간 기분이 가라앉고 침체되는, 조증과 우울증이 번갈아 나타나거나 조증 상태만 주기적으로 나타난다. 기분의 양쪽 극단을 왔다갔다한다고 해서 양극성장애라는 이름으로 부르고 있다. 조증 상태는 현실적 여건과는 맞지 않게 저절로 기분이 들뜨고, 가정은 물론이고 직장생활, 사회생활까지 큰 지장을 주는 병적인 상태이다. 환자에 따라서는 지나친 자신감과 기분이 들뜬 상태보다는 과도한 불쾌감이나 분노감이 주로 있는 경우도 있다. 조증 상태는 기분이 들뜨고 유쾌하고 자신만만한 상태이기 때문에 쉴 새 없이 떠들어

대고 잠을 안 자도 끄떡없고, 춤추고 노래 부르고 돌아다니며, 전화도 여기저기 하는 등 브레이크가 고장난 차와 같은 상태이다. 환자 자신은 신체적으로나 정신적으로 완벽한 건강 상태에 있다고 확신하고, 자기 생각만 옳다고 주장한다. 설득이 안 되기 때문에 병원에 오지 않으려 하며, 돈을 흥청망청 뿌려대고 아무나 붙잡고 술을 사주고 함께 마신다. 그 결과 재산 탕진, 무모한 사업 시도, 주변 사람들과의 다툼 등으로 가족들에 의해 병원에 강제 입원되는 경우가 많다.

기분이 좋고 무슨 일이건 할 수 있을 것 같아 이 세상 모든 일에 관심이 가고 그러다 보니 한 곳에 집중하지 못하고 산만하다. 생각도 빨라지고 말도 빨라져서 이 얘기했다가 저 얘기했다가 하며 일을 자꾸 벌이고 마무리 짓지 못해 문제가 생긴다. 할 일이 많아 잠을 자는 시간도 아깝고 잘 필요도 못 느끼고 몸에 기운이 펄펄 나는 것 같다. 대개는 예의범절을 무시하고 쉽게 흥분하기가 쉬워서 사람들과 충돌하거나 폭력까지 행사하기도 한다. '나는 위대하다. 억만장자다. 천재다' 하는 등 과대망상을 가진 경우가 많고, 옷이 화려하고 장신구를 많이 달고 다니기도 하고, 활동하는 동안에 여기저기 다치는 경우도 많은데 스스로 심각하게 여기지 않는다.

양극성장애는 남녀 모두 1% 정도에서 걸리고, 전 연령층에서 발병하나 30대에 가장 많다. 한번 발병하면 50~60%가 재발하는데 간격은 3~6년 간격이 가장 흔하고 그보다 주기가 짧은 경우도 많아 입원을 연례행사처럼 하는 경우도 있다. 이러한 조울증은 성격이 그런 것이 아니라 적절한 치료를 받으면 정상으로 신속히 회복되는 병이다. 첫 발병이 조증인 경우보다 우울증인 경우에 치료 예후가 좋다. 주기적으로 재발하므로 약물의 유지 치료가 필요하다.

뛰어난 예술가 중에 조울증 증세를 보인 경우가 있다는 연구가 있다. 버지니아 울프, 헤밍웨이, 고흐, 헨델, 슈만, 에드거 앨런 포, 바이런 등등 쟁쟁한 시인, 음악가, 화가 등이 포함된다. 물론 역사적 기록이나 작품으로만 연구한 것이고 당사자를 직접 진찰한 것은 아니지만 최소한 감정의 변화가 극심한 순환형 성격임에는 틀림이 없다. 조증기의 환자는 지적 능력이 항진되어 끊임없이 영감이 떠오르고 창조성이 나타나며 지칠 줄 모르는 에너지를 내뿜는다. 이러한 제어할 수 없는 힘이 예술의 창조에도 기여한다는 것은 경이로운 일이다.

그래서 조울증을 양극성 기분장애라 하고, 주요 우울증은 단극성장애라고도 한다. 양극성 우울증과 단극성 우울증은 치료에 차이가 있으므로 감별해야 된다. 양극성 우울증의 경우 항우울제가 조증으로 전환시킬 수 있으므로 통원 치료할 때 항상 유념해야 한다.

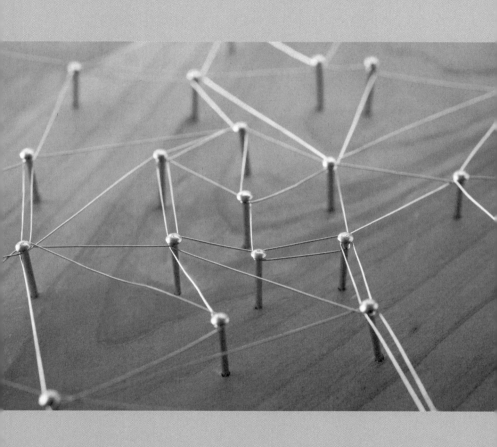

3장

불편한 관계를
들여다본다

개인의 문제는 곧 사회문제로 이어진다.
개인의 심리치료가 더욱 중요한 이유이다.

1. 부부 갈등 - 가정과 사회의 위기 진원지

소통과 감성의 법칙

대화가 단절되어 있는 부부들이 적지 않다. 가정의 행복은 신뢰와 존중, 그리고 소통에서 시작된다. 아무리 힘들어도 언제든 돌아가 쉴 수 있는 곳, 어떤 잘못도 용서받을 수 있는 곳, 조건 없이 격려받고 칭찬받을 수 있는 곳이 바로 가정이다. 진정한 교육도 가정 안에서 이루어진다. 매일같이 고함과 비난과 비명이 가득하다면 그건 가정이 아니라 감옥일 것이다. 이상적인 가정은 먼 곳에, 또는 미래에 있지 않다. 바로 여기, 지금 이 순간, 우리 마음이 깨어있고 열려 있다면 가능하다.

우리는 너무 완벽함을 추구한다. 경직되어 있고, 편협하며, 용서가 없다. 이는 건전하지 못한 노이로제 심리다. 만족하고 용서하고 노력하는 순간 불행이 행복으로, 악이 선으로 바뀌게 된다. 이보다 더 큰 신통이 없고 기적이 없다. 긴 겨울 찬 눈 속에서 피어나는 매화가 고결하고 향기롭듯이, 사람은 역경을 통해 성숙해질 수 있다. 고통을 통해 정화되고 원만해지며 강해질 수 있다. 부부도 마찬가지다. 심각한 위기를 겪은 후 부부애가 더욱 단단해지는 법이다.

한 부부가 이혼을 결심하고 상담실을 찾아왔다. 두 사람은 모두 대학 교육까지 받고 전문직에 종사하고 있었으며, 각자 직장에서도 모범적이고 대인관계도 원만했다. 그런데 집에만 오면 부부 간에 대화가 제대로 안 되고 매번 싸움으로 끝나곤 했다. 이는 이들이 직장에서의 룰은 잘 지키면서 가정에서의 룰은 지키지 않기 때문이다. 직장에서는 이성의 법칙이 우선인 반면 가정에서는 감성의 법칙이 중요하다. 직장에서는 맡은 일만 잘 처리하면 되지만 집에서는 서로 사랑하고 존중하고 배려해야 하는 것이다.

집에서는 자신이 자란 과정에서 경험했던 방식이 드러난다. 완벽주의 경향의 부모 밑에서 자란 사람은 배우자의 지적을 받으면 부모로부터 꾸중 듣던 경험을 떠올리게 된다. 그리고 자신의 입장을 더욱 강하게 밀어붙여 상대방에게 상처를 준다. 이렇게 되면 서로 얼굴을 붉히게 되고 대화는 바로 깨진다. '나'만 옳고 상대방은 못된 남편 또는 나쁜 아내가 되고 마는데, 사실 이런 식의 부부 싸움은 정도의 차이는 있지만 흔히 겪는 문제이다. 자신의 과거를 무의식적으로 떠올려 상대에게 투사하는 것인데, 상담을 통해 자신 스스로 이것을 이해하기 시작하면 문제는 해결된다.

마음에 여유가 생기고 상대방의 입장을 수용할 수 있게 되며, 일방적인 승자가 되고자 했던 마음을 버릴 수 있게 된다. 부부가 서로 편하게 감정을 표현하고 수용할 수만 있다면 가정의 정신 건강에

청신호가 켜질 것이다.

가정생활이 건강한 사람은 다른 부분에서도 성공적이다. 직장 내의 대인 관계도 원만해서 분위기 메이커 역할을 하기도 한다. 자기 감정을 솔직히 표현할 수 있는 가정은 누구나 밝고 건강하며, 감정을 억압해야 하는 가정은 어둡다. 가족 간에 생각이 다른 것은 큰 문제가 아니지만 감정에 골이 패면 돌이키기 힘들기 때문에, 무엇보다도 감정을 소중하게 다뤄야 한다.

혹시 가족 간에 불화가 있다면 어린 시절의 기억 등 과거의 상처로부터 비롯되고 있음을 알아야 한다. 가슴 속에 분노가 솟구치고 괴로울 때면 누군가와 대화를 나누면서 자신의 이런 기분을 솔직하게 털어 놓을 수 있어야 한다. 만약 주위에 그런 대상이 없다면 정신과나 심리 상담소를 찾도록 한다.

어린 시절의 상처는 마음 속 깊이 남아있어 타인과의 관계 맺기에 장애가 된다. 특히 부부 간에 극명하게 드러나는데, 부모로 인해 상처를 받은 사람은 배우자로부터 다시 상처 받을까 봐 겁내고 피하게 된다. 그 정도가 지나치면, 자신을 보호하기 위해 이혼이라는 극단적 처방을 내리기도 한다. 부부 간에 싸움이 일어나는 경우는 지능이 모자라고 논리가 부족해서가 아니라 감정을 성숙하게 교환하는 방법을 모르기 때문이다. 조목조목 논리적으로 따지는 식으로는 싸움이 끝나지 않는다. 서로의 고충을 이해하려는 태도 곧, 상대의 감정을 성의 있게 듣고, 자신의 감정을 솔직하게 알려주는 자세가 중요하다. 부부 싸움의 해결사는 논리가 아니라 열린 마음 자세이다.

흑과 백이 만나 회색으로

이렇듯 가정에서는 이성보다 감성의 법칙이 중요한데, 사람 자체를 이성적 사람과 감성적 사람으로 분류할 수도 있다. 이성적 사람은 대개 옳고 그름을 따지는, 신념의 사람이다. 반면 감성적 사람은 옳고 그름을 따지기보다 감정에 충실하고 솔직하다. 종종 규칙을 무시하기도 한다. 이들이 부부로 만나면 어떨까? 사사건건 충돌하기 쉽다. 한쪽은 자신이 옳다고 주장하며 자신과 의견이 다른 것을 도전으로 받아들인다. 다른 한쪽은 그렇게는 숨이 막혀 못 살겠다며 상대방이 너무 비판적이라고 불평한다.

　그러나 이것이 꼭 나쁜 결합인 것만은 아니다. 그들은 자신이 갖고 있지 못한 상대의 장점에 끌린 것이고, 사실 그 때문에 결혼했다고도 볼 수 있다. 그러나 막상 결혼하여 살기 시작하면 매사 접근 방식이 달라 부딪치기 일쑤다. 그럴수록 그들은 자신들이 잘못 맺어졌다고 생각하고 회의에 빠진다. 그러나 서로 다른 면을 지니고 있다는 것을 인정하고, 상대방이 자신을 거부하는 것이 아니라는 사실을 깨닫게 되는 순간 불화는 사라진다. 사람은 같을 필요도 없지만, 같을 수도 없지 않은가? 상대방과의 차이에 대해 화를 낼 것이 아니라 조화를 이루어야겠다는 인식에 도달하게 되면 부부상담은 성공한 셈이다. 상담 초기에 서로 으르렁거리고 얼굴 붉히며 자존심만 내세우던 부부도 상담이 진행됨에 따라 서서히 변화한다. 일단 논쟁이 줄어들고, 상대의 이야기를 들어주며, 상대를 수용하고 인정하게 된다.

이성적인 남편과 감성적인 아내가 심각한 갈등 끝에 상담실을 찾아온 적이 있다. 남편은 시시비비를 가리는 흑백 논리가 두드러지는 사람이었고, 아내는 감성이 풍부했다. 남편 눈에는 아내가 이것도 저것도 아닌 회색 인간으로 보였던 모양이다. 부부 상담이 진행됨에 따라, 남편에게 먼저 변화가 나타났다. 흑과 백만 주장하던 남편은 회색도 훌륭한 색임을 인정하게 되었고, 아내를 더 이상 비겁하다고 비난하지 않게 되었다. 그러자 두 사람 모두 훨씬 여유를 찾게 되었고 감정 상태도 부드러워졌다. 전과 달리 사소한 일로 낯을 붉히는 일도 줄어들었고 자존심 상한다는 느낌도 덜 받게 되어 행복을 느끼기 시작했다.

그러나 이러한 변화는 결코 갑자기 찾아오지 않았다. 남편의 마음속에 웅크리고 있던, 아내를 지배하고자 하는 마음을 스스로 분명히 알게 된 후 일어났다. 남편은 전에는 아내를 논리와 힘으로 제압하려 했었다. 그러나 이제는 아내의 자유분방함이 결코 비겁함이나 타협이나 굴종이 아님을 인정하고는 스스로 마음이 편해졌고, 아내를 지배하고 누르려는 욕심을 버렸다. 남편은 정신적으로, 그리고 감정적으로 한 단계 성숙해진 것이다.

손뼉을 치려면 두 손이 만나야

사실 우리는 이성적 존재이면서 동시에 정서적 존재이다. 오히려 후자가 더 큰 부분을 차지한다. 우리는 느낌이나 막연한 믿음에 근거해서 행동하는 경우가 많다. 이런 믿음들은 합리적으로 설명하기가 곤란한데, 충분히 이해하기 전에 믿어버리는 무의식적 반응의 결과이다. 또 잘 모르면서도 교만한 언행을 보이는 것은 바로 불안의 징표이다. 이는 자각이 부족함을 나타내기도 한다. 익을수록 고개를 숙이는 벼처럼, 알아갈수록 모르는 게 많다는 것을 자각하는 사람은 겸손한 사람이다. 모르는 것을 모른다고 인정할 수 있을 때 참된 각성이 일어나는 법이다.

어떤 부부의 이야기다. 아내가 더 이상 남편을 쳐다보고 싶지도 않고 남편이 옆에 있는 것도 참을 수 없으며 더 이상 함께 살 수 없다고 선언했다. 당황한 남편은 상담실을 찾아왔다. 아무런 낌새도 못 채고 있다가 갑자기 날벼락을 맞은 남편은 아내를 붙잡고 싶은 마음에 매일 즐기던 술도 끊고, 아내에게 화도 내지 않고, 요가도 열심히 하고, 상담도 열심히 받으며 달라진 모습을 보여주려고 노력했다. 그러나 아내는 남편의 변화가 진심에서 우러나온 것이 아니라며 냉담한 반응을 보였다. 자신이 이만큼 노력했으니 아내의 마음이 돌아서리라 기대했던 남편은 실망이 컸다. 하지만 그도 아내의 마음을 돌리는 것을 너무 쉽게 생각했음을 곧 인정하지 않을 수 없었다. 불과 몇 달간의 노력과 겉으로 나타난 변화만으로, 20여 년 결혼 생활에 꽁꽁 언 마음이 바로 녹을 거라고 기대하는 것은 무리였다.

남편은 아내의 어린 시절에 문제가 있었다며 아내의 성장 배경을 이야기할 뿐 자신에 대해서는 별로 연상하여 이야기하는 것이 없었다. 남편은 매사에 성급하게 반응하고 기대했고, 자기중심적 사고가 두드러지는 편이었는데, 그가 이런 자신의 문제를 제대로 자각하려면 시간이 더 필요했다. 남편은 아내의 마음을 돌리는 것보다 우선 자기 자신을 이해하려는 노력이 더 우선이고 더 중요하다는 사실을 알 필요가 있었다.

그러려면 상담에서 감정을 좀 더 드러낼 수 있어야 하는데, 그는 상담 중에 아내를 위하는 길이라면 마음 편히 떠날 수 있도록 선선히 보내주겠다는 말도 했다. 그러나 몇 달의 노력으로도 상황이 호전되지 않자 상담에 불만을 표현하기 시작하면서 아내에게도 은근히 화를 내기 시작했다. 이렇듯 자신이 기대한 만큼 상대방이 따라주지 않을 때 그동안 참아왔던 화가 솟구치는 것을 볼 수 있어야 한다. 그것은 상대가 내 뜻대로 행동하기를 바랐다는 뜻과 같다. 즉,

남을 지배하려는 욕구가 내 안에 숨어있음을 알지 못하면, 상대방의 고통과 거부를 납득하기 어렵다.

아내가 자기를 두고 떠날까 봐 두려워하고 있음을 스스로 깨닫지 못하고, 그동안 아내에게 어떻게 행동해왔는지를 보지 못하는 것은 눈 먼 소경의 행동과 다를 바 없다. 자기를 돌아보고 스스로 먼저 변화하고자 노력을 기울이는 행동은 상대방을 설득하는 것보다 몇 배의 효과가 있다. 상대방의 이야기에 주의를 기울여 듣고 자신의 이야기를 앞세우지 않는 태도만 터득하여도 치료의 절반은 성공이라고 볼 수 있다.

그의 아내는 아직 돌아오지 않고 있지만 그렇다고 둘이 완전히 헤어진 것도 아니다. 아내에게는 휴식과 안정이 필요했던 듯하다. 기나긴 결혼 생활 동안 억눌려온 자신을 보살피려면 오랜 시간이 필요할 것이다.

치료적 변화는 밖에서 안을 향한다. 밖을 바꾸려면 절망이요 결별이지만, 안으로부터의 변화는 바깥 세상까지 변화시키는 위력이 있다. 더구나 커플이 함께 변화하면 상승작용이 일어난다. 부부가 같이 노력하지 않으면 아예 치료가 불가능한 경우도 있다. 손뼉을 치려고 해도 두 손이 만나야 하지 않던가. 서로 마음의 벽을 쌓고 고립되었던 사람들이 벽을 허물고 상대를 맞이하면 공감이 이루어진다. 이른바 소통이 시작되는 것이다. 공감은 사람을 변화시키고 관계를 복원시킨다. 공감을 통해 불화에서 행복으로 변환이 일어난다.

2. 가정폭력의 그림자

폭력불감증의 시초

요즘 우리 사회는 폭력 성향이 점점 더 심해지고 있다. 그보다 더욱 위험한 것은 우리 주변이 온통 폭력으로 둘러싸여 있는데도 제대로 실감하지 못하는 폭력불감일 것이다. 인간에게는 자기 영역과 재산을 지키기 위해 폭력을 낳는 본능이 있다. 불교에서 분노(瞋恚)를 삼독심의 하나로 꼽듯이 정신분석학에서도 공격충동을 양대 본능의 하나로 꼽는다. 프로이트는 삶의 본능Eros과 죽음의 본능Thanatos을 말하면서, 삶의 본능은 삶·성장·생산을 촉진하고 죽음의 본능은 죽음·퇴보·파괴를 촉진한다고 하였다. 전자는 성적충동으로, 후자는 공격충동으로 달리 표현되기도 한다. 성적충동탐욕은 삶과 생식을 대표하고 공격충동분노은 죽음과 파괴를 대표한다. 성적충동과 공격충동은 인간 정신의 한 뿌리에서 갈라진 것이며, 삶의 본능과 죽음의 본능 또한 동일선상에 놓여있다.

인간의 공격성은 어떤 목표를 추구하는 과정에서 좌절과 방해가 있을 때, 즉 애정결핍상황이나 지속적이고 반복적인 좌절, 자존심

손상이나 수치심 자극과 같은 도발적 환경에서 발생한다. 본능으로서의 공격성과 환경적인 좌절 상황이 상호 작용하여 일어나는 폭력행위는 사회적으로 학습된 행동이기도 하다. 자율성이 고조되는 대소변 가리는 시기_{항문기}에 부모의 양육태도가 특히 문제된다는 것 외에도 영유아기 전반에 걸쳐 부모의 신경증적 태도, 부모의 부재 또는 상실로 인한 사랑의 결핍 등이 크게 영향을 미치고, 자라서는 학교 환경에서 교사의 체벌을 그대로 모방하고 동료들의 폭력을 학습한다. 공격행동을 자주하는 사람들은 공통점이 있다.

1. 자제력이나 충동억제능력이 부족하다.
2. 집단 심리의 영향을 받는 경우가 많다.
3. 상황 판단에 대한 자기중심적인 오류가 있다.
4. 불안, 공포, 슬픔과 같은 감정을 원만히 처리하는 능력이 부족하다.
5. 권위자(부모, 법, 제도)와의 관계에서 갈등과 어려움이 있다.
6. 양심의 가책과 같은 초자아의 기능에 결함이 있다.
7. 폭력의 배경에는 폭력이 도사리고 있다.

심리학자들은 다른 어느 곳보다 가정에서 발생하는 폭력 사건이 더 많다고 보고하고 있다. 가정폭력 가운데 배우자(특히 아내)에 대한 폭력이 가장 흔하며, 90%가 결혼 초 3개월 이내에 시작된다. 아이들도 아내들만큼이나 자주 폭력의 피해를 입고 있다. 배우자 및 자녀 학대는 부모가 어리거나, 가난하거나, 마약이나 알코올 문제를 가지고 있을 때 흔하게 볼 수 있다. 노인들 또한 학대받는 집단에 속한다. 노인들은 흔히 가족들에게 천덕꾸러기가 되고 불만의 대상이 된다. 구타를 당하지 않는다 하더라도 놀림감이 되고 무시당하며 비난을 받는 등 정신적인 학대를 심하게 당하는 경우도 적지 않은데, 이것 역시 신체적 학대 못지않게 해롭다.

가정폭력은 또한 대대로 이어져 내려오는 경향이 있다. 폭력의 배경에는 폭력이 도사리고 있는 것이다. 학대받고 자란 아이들은 그렇지 않은 가정에서 자란 아이들보다 네 배나 더 가학적인 배우자, 가학적인 부모가 될 가능성이 있다. 이들은 가족에게 학대를 가함으로써 직장이나 사회생활에서 느껴보지 못한 권위감이나 지배감을 맛보게 된다.

폭력적인 부모는 정신적 또는 신체적으로 아이에게 상처를 주거나 모욕을 주면서 처벌한다. 아이가 울거나 잘못하면 이것을 자신에 대한 비난으로 생각한다. 버릇을 고치기 위해서는 엄벌을 내려야 한다고 생각하는데, 대개 이런 부모는 아이에 대한 기대치가 높아 능력 부족을 의지가 없는 것으로 오인하는 경우가 많다.

어린 시절 부모로부터 학대와 체벌을 받고 자란 어느 남성은, 존경을 받으려면 힘이 강해야 된다고 믿게 되었다. 그는 가장이란 가족들에게 두려운 존재여야 한다고 여기고, 권위주의적 태도로 가족을 지배하려 들었다. 아내가 조금만 다른 의견을 말해도 화를 내고 아내가 순종하지 않으면 폭력을 가했다. 가족들이 두려움에 떨수록 그는 묘한 만족감과 희열을 느꼈고, 그러면서 서서히 폭력에 중독되어갔다. 그는 가족들이 두려움에 못 이겨 복종하는 것을 가장의 권위에 대한 존경으로 착각했다. 이 착각에서 벗어나, 과거 자신이 자랄 때 받은 고통을 후대에 대물림하여 반복하고 있음을 깨닫기까지는 실로 오랜 시간이 걸렸다. 장성한 아이들이 아버지에게 반항하기 시작하고 부인이 이혼을 결심해도 그는 사태의 심각성을 모르고 있었는데, 심리 상담을 몇 차례 받고서야 서서히 깨닫기 시작했다.

그는 더 이상 두려움과 존경을 혼동하지 않았고, 힘으로 가족들을 지배하려 들지도 않았다. 겸허히 자신을 돌아보고 있는 그대로 살고자 하니까 가정에도 서서히 변화가 나타났다. 가족들이 스스럼없이 자기 생각을 말하기 시작했고 집안에 웃음이 깃들기 시작했다. 가족 간에 대화가 이루어지니 감정의 교류도 일어나서, 어둡고 삭막하던 집안에 부드러운 기운이 감돌게 되었다. 마치 메마른 황무지가 비옥한 밭으로 변한 것과 같은 극적인 변화이다. 반복되는 습관은 무의식적이어서, 그 이유와 의미를 깨닫기 전에는 고치기 어렵다.

이와 같이 아동이나 청소년기에 겪은 신체적·정신적 학대는 여러 형태의 행동장애나 정신장애와 함께 사회폭력의 원인으로 작용한다. 따라서 가정이나 학교, 군대 등 교육 현장에서 어떠한 방식으로든 폭력을 쓰는 것은 반드시 근절되어야 한다.

이러한 신체적 · 정신적 학대 외에 무관심과 성폭력도 주요 아동학대에 포함된다. 부모의 무관심으로 인해 적절한 보살핌을 받지 못한 아이는 발육부전 증후군을 보이는데, 야위고 불안해하고 품에 잘 안기지 않는다. 성폭력은 가장 질이 나쁜 유형으로, 근친상간은 좀처럼 외부에 알려지지 않아 피해가 장기화된다. 신체적 학대에 노출된 아이는 항상 타박상이나 찰과상이 있어 부모로부터 받은 상처를 숨기려 애쓰면서 변명을 늘어놓는 것이 특징이다. 신체적 학대는 보통 잔인한 말을 태연하게 뱉는 정신적 학대가 같이 가해지는 경우가 많다.

아동학대로 판명되면 당장 학대를 중단시키고 예방하는 방법을 강구해야 한다. 우선 양자로 받아줄 가정을 찾는다거나 부모와 아이를 동시에 치료해야 한다. 학대받은 아이는 분노와 공포로 어른들을 좀체 믿지 못한다. 부모도 유년기에 학대를 받은 경우가 많아 자발적으로 치료받으려 하지 않아 법적인 조정이 필요하다. 또한 학대받은 아이들은 이해력과 언어발달에 장애가 있어 학습 지도와 전문 치료를 필요로 한다.

아동학대에 해당되지는 않지만 가정 파탄은 연령에 관계없이 아이에게 많은 스트레스를 주는 요인이다. 학자들에 따르면, 어린아이들은 부모의 이혼으로 가장 많은 스트레스를 받는 것으로 나타났다. 당장은 그 영향이 나타나지 않을 수도 있다. 그러나 수 년 후, 혹은 수십 년 후에 부모의 이혼으로 말미암은 여러 가지 감정과 갈등을 겪게 될 가능성이 높다. 10대는 여러 가지 역할을 시험하고 주체성을 확립하는 시기다. 이 결정적인 시기에 가족 구조가 붕괴되는 상황은, 가장 필요할 때 안전망이 제거되는 것과 같다. 이혼 소송 기간, 그리고 그 여파가 지속되는 동안, 부모는 아이들이 필요로 하는 부모로서의 인내와 이해, 그리고 사랑을 베풀 마음의 여유가 좀처럼 없다.

어머니와 아버지 사이에 원한과 분노의 감정이 서려있을 경우, 서로 적대 관계에 있는 부모의 빈번한 접촉은 그러한 감정을 더욱 악화시키는 경향이 있다. 그러나 부모의 관계가 우호적이면 큰 문제가 없다는 의견이 지배적이다. 우려할만한 일은, 요즘 이혼하는 젊은 부부들이 과거와 달리 자녀 양육을 서로 맡지 않으려 한다는 점이다. 그야말로 고아가 되는 것보다 더 큰 상처를 아이에게 심어주는 셈이다.

폭력의 고리 끊기

배우자의 폭력에 대한 대처는 단호해야 한다. 폭력은 몸에 밴 경우가 많아 상습화되고, 대를 이어 반복 학습되며, 사회폭력으로 발전하는 근원이기 때문이다. 결혼하고 나서 폭력을 구사하는 배우자에게 용서는 금물이다. 자존심과 수치심을 버리고 주변에 과감하게 알리고 상의해야 한다. 주변의 친척과 친구들뿐만 아니라 여성의 전화나 상담실, 정신과 전문의 등과 상담하고, 심하면 변호사와 상의하여 법적 조치를 강구해야 한다. 자녀 때문에 참고 살겠다든지 종교적 신념 때문에 용서하겠다는 등의 태도는 폭력의 재생산을 초래할 뿐이다.

폭력이 발생하면 우선 안전한 곳으로 피신하거나 112신고로 경찰의 도움을 받아 폭력으로부터 벗어나야 한다. 상대방의 사과에 넘어가거나, 내게도 잘못이 있다는 식으로 상대방을 감싸주는 태도는 문제를 해결하는 데 도움이 안 된다. 피해자의 잘잘못과 가해자의 폭력 행위는 별개 차원에서 논의되어야 한다. 가해자는 정신과적 평가와 함께 치료를 받도록 해서 폭력이 용납될 수 없는 범죄행동임을 인식시켜야 한다. 또한 습관적 폭력의 이면에 도사리고 있는 의처증이나 알코올의존증, 성격장애 등을 치료받도록 해야 한다.

학교에서 흔히 일어나는 폭력인 체벌의 경우도 피해자의 정신적 고통과 후유증은 심각하다. 반장이 친구들 앞에서 담임교사로부터 모욕적인 언사와 함께 체벌을 받은 후 1, 2등을 다투던 성적이 떨어져 거의 꼴찌가 된 경우가 있다. 아무리 교육적 목적이라 하더라도 체벌은 사라져야 한다. 긍정적 효과보다 부정적 폐해가 너무 심각하기 때문이다. 아동이나 청소년기에 겪은 학대는 발육부진이나 우울증과 자살을 비롯한 여러 형태의 정신장애 및 외상후스트레스 장애를 초래하고, 학교폭력과 사회폭력, 나아가 사회불안의 원천으로 작용한다.

3. 채워도 채워도 채워지지 않는 욕망- 중독

성형 중독

성형수술 열풍이 거세다. 사법고시를 통과하고 사법연수원에서 연수 중인 여성들 사이에도 성형수술 바람이 불고 있다는 소식이다. 다른 직종의 여성들에 비해 '외모에 대한 부담'으로부터 상대적으로 자유로울 듯한 이 여성들이 성형외과를 찾는 이유는 무엇일까? 로펌 관계자는 '기업 고객이나 중요 고객의 소송을 유치하려면 로펌 간에 치열한 경쟁을 통과해야 하는데, 기왕이면 외모가 뛰어난 여성 변호사가 사건을 담당하는 것이 더욱 효과적'이라고 귀띔한다. 어지간한 규모의 로펌에 취업하려면 실력 외에 외모도 중요한 합격변수라는 것이다. 역시나 '외모는 경쟁력'인가 보다.

　30대 중반인 어느 미모의 주부는 보톡스 주사를 맞겠다며 성형외과를 찾았다. 이마와 눈가에 생긴 잔주름을 없애고 싶다는 것인데, 그녀는 이미 고교 시절에 쌍꺼풀 수술을 받았고, 대학 시절에 콧대를 높이고 턱을 갸름하게 깎는 수술을 받았으며, 결혼 후 허벅지 지방 제거술과 유방 성형수술까지 받은 상태였다. 이쯤이면 성형외과에서 받을만한 시술은 거의 섭렵한 셈인데도 아직도 자신의 외모에 만족하지 못하고 성형에 집착하고 있었다.

이처럼 성형에 의존하는 이들은 1년에도 몇 번씩, 마치 미용실 가듯이 성형외과에 출입한다. 이런 유형의 사람들은 분석심리학적 성격유형 중, 외향형이면서 감각형으로 분류되어 학력, 지위, 재물, 주택, 차량, 의상, 패물 등 외면적인 것들과 외모, 미용, 헤어스타일 등 감각적인 것들에 강한 집착을 보인다. 이들에게는 삶에 있어서 가장 소중한 것이 외모인 만큼, 외모야말로 최우선 투자 대상이다. 유행에 민감해서 옷이 수백 벌에 이르기도 한다. 이들에게 있어 내면적인 가치는 골치 아프고 우스꽝스러운 것이다. 남을 배려하고 남의 고통에 공감하는 능력도 부족한 편이며, 종교를 갖고 있다 해도 종교의 진정한 가치에 무관심한 채 사교활동쯤으로 여기곤 한다.

어느 20대 회사원 여성은 눈, 코와 턱을 성형하기로 마음먹고, 밤에 유흥업소에 다니면서 수술비용을 마련했다. 그러나 성형외과 의사는 용모가 손볼 데가 없다면서 먼저 정신과 상담을 권하였다. 그녀에게는 미모와 학벌이 뛰어난 언니가 있었는데, 자라면서 차별대우를 받았는지 열등감에 사로잡혀 있었다. 모든 면에서 언니한테 뒤진다고 생각했던 그녀는 특히 외모가 언니보다 떨어지기 때문에 부모의 사랑을 받지 못했다고 믿고 있었다. 그녀에게 있어 예뻐지고 싶다는 것은 사랑받고 싶다는 갈망이면서 언니를 이기고 싶다는 마음이었다. 언니에 대한 뿌리 깊은 열등감을 성형수술을 통해서라도 보상받고 싶었던 것이다.

40대 초반의 어느 주부는 유방 확대수술과 복부 지방 흡입술을 받으러 성형외과를 찾았다. 그녀는 남편과 사이가 안 좋은 이유가 자신의 외모 때문이라고 믿고 있었는데, 이미 쌍꺼풀 수술을 세 차례나 받았던 데다 수술이 잘못되었다며 의사에게 배상을 요구한 경력도 있었다. 그녀는 편집적인 성격의 소유자로, 수술 결과가 조금이라도 마음에 안 들면 수술이 잘못되었다며 의사를 괴롭히는 유형이었다.

어느 19세 남학생은 고1 때부터 자신의 얼굴이 비틀어졌다며 성형외과를 찾아다니기 시작했다. 보기에 아무 문제가 없는데도 부모와 의사들에게 막무가내로 수술을 요구했고, 결국 정신과 상담을 권유받게 되었다. 진료실을 찾아온 이 학생은 얼굴이 신경 쓰여 아무것도 할 수 없다며 심적 고통을 호소했다. 이는 조현병의 신체망상의 한 표현으로 성형수술을 고집하는 경우에 해당된다.

이와 같이 성형수술에 집착하는 심리적 의미는 여러 가지다. 어려서부터 외모에 열등감을 가지고 있는 경우도 있지만, 마음의 갈등과 불안을 적절하게 처리할 수 없어 외모를 고치는 것으로 위안을 삼고자 하는 경우가 대부분이다. 그들의 마음속에 자리 잡고 있는 의존 욕구와 인정받고 싶은 욕구는 외모로 해결될 수 있는 성질의 것이 아니기 때문에 항상 마음이 허전할 수밖에 없다. 한 번의 성형수술로 마음이 충족되지 않기 때문에 지속적으로 성형 수술에 집착하게 된다.

사회가 점차 외적인 것, 드러나는 것, 보이는 것만을 중시함에 따라 사람의 가치도 그 기준에 의해 평가되고 있다. 사람들 또한 그것을 당연한 것으로 받아들이고 있다. 모자란 사람은 가차 없이 낙오되는 이 경쟁사회에서, 내면적인 가치를 논한다면 부질없는 일일까? 성공한 사람들은 자신의 내면적 가치와 신용을 바탕으로 주변과 자신을 설득해가는 과정이 성공의 가장 중요한 요소였다고 말한다. 그러한 자신감은 결코 외면적인 겉치레에서 나오지 않는다. 진정한 성취는 진정한 자기 긍정에서 비롯된다. 개인의 내면적인 가치가 제대로 발휘되고 평가받을 수 있는 사회 차원의 시스템이 아쉽다.

충동조절장애

사교적 수준을 넘어선 도박 중독, 하루에 3시간 이상 컴퓨터 앞에 매달려 게임이나 채팅 등에 탐닉하는 인터넷 중독, 훔치지 않고는 못 배기는 도벽, 이러한 것들은 충동조절장애로 분류된다. 중독이 어찌 도박이나 경마, 주식뿐이랴. 알코올과 약물, 춤이나 낚시, 심지어는 일까지 그 대상이 무엇이든 집착하여 헤어나지 못하는 것은 모두 중독이다.

충동은 어떤 행동을 하려고 하는 경향성이다. 행동을 함으로써 본능적 욕구의 억압 때문에 생긴 긴장을 해소하려는 것이다. 행동에는 심리적으로 두 가지 의미가 있는데, 충동에 대한 만족과 그 행동에 대한 처벌의 뜻이 포함되어 있다. 예를 들어 도박은 짜릿한 쾌감을 느끼게 하지만 동시에 재산 손실과 가정 파탄을 가져온다.

충동조절장애 환자들은 공통적으로, 자신이나 타인에게 해가 되는데도 충동을 억제하지 못한다. 충동적 행동을 저지르기 전까지는 긴장감이 높아지며, 일단 행동으로 옮기면 쾌감을 느끼고 긴장감에서 해방감을 경험하는 등 세 가지의 특징을 보인다. 프로이트는 이런 환자들이 발달 단계 중 구강기에 고착되어 있다고 보았으며, 동일시할 부모가 없을 때나 부모가 충동 조절을 못하는 경우에도 생긴다고 주장하였다.

치료받을 마음이 없어요, 도박 중독

한탕주의에 빠져 각종 도박에 나서는 사람이 많다. 그중 상당수가 중독 성향을 보여 사회문제가 되고 있는데, 조사에 따르면 한국 성인의 20%가 도박을 즐기고, 이중 20%는 중독 성향을 보이는 것으로 나타났다. 일반인들이 도박에 접근할 수 있는 방법도 점점 다양해지고 있다. 사이버 주식 투자자 가운데 상당수는 매일 수차례 단타 매매를 하는 '데이트레이딩'에 중독되어 있고, 사이버 복권 사이트는 수백 개, 성인오락실은 전국적으로 수 천여 곳에 달하는 것으로 추정된다. 카지노, 경마장, 해외 복권 사이트에 이르기까지 '한 건' 올리려는 사람들이 몰려들고 있다. 경기 침체가 계속되면서 직장인은 물론 자영업자, 주부, 퇴직자, 학생 등 서민들 사이에 빗나간 한탕주의가 만연되어 있는 것이다. 특히 사이버도박은 접근이 쉽기 때문에 그 폐해가 더 심각하다.

도박을 하고 싶은 욕망을 억제하지 못하여 만성적으로 도박을 반복하는 것이 도박중독이다. 흥분감을 느끼려고 내기에 거는 돈의 액수가 점점 커지고, 도박을 하지 않고 있으면 안절부절못하고 과민해진다. 결국 가족이나 직장에 온갖 거짓말을 하고 이 사람 저 사람에게 빚을 내다 가정생활도 무너지고 직장도 잃게 된다. 자기 조절을 못하고 사회경제적 기반이 붕괴되며, 도박을 안 했을 때 불안, 초조 등의 금단현상이 나타나는 점에서 알코올이나 마약 중독과 다르지 않다. 남자는 주로 사춘기 때, 여자는 주로 중년에 시작된다.

도박 중독은 보통 다음과 같은 단계를 거친다.

• 1단계 : 도박에서 손을 떼어보다가 다시 말려들기를 반복한다.
• 2단계 : 점점 돈을 잃고, 모든 일과가 도박을 중심으로 움직이

고, 가산을 탕진하고 직장을 잃게 된다.

- 3단계 : 더 많은 돈을 걸어 한 번에 만회하려 들고, 도박에 미친 듯이 빠져 고리의 사채도 빌리고 공금 횡령도 불사하며, 범법 행위까지 저질러 교도소 신세를 지게 된다.

도박에 중독된 사람은 스스로 치료받을 마음이 전혀 없으므로 입원시키는 것이 최선의 방법이다. 2~3개월 정도 입원시키면 환자 스스로 자신의 병을 이해하는 병식病識이 어느 정도 생겨 외래에서 정신치료가 가능하게 된다. 우울증을 동반하는 경우가 많은데 적절한 항우울제 투여로 효과를 볼 수 있다. 조증 환자와 반사회적 인격장애자들 중에서 병적 도박이 같이 나타나는 경우가 있어 감별 진단이 필요하다.

훔치고 나면 기분이 좋아져요, 병적 도벽

절도광 환자들은 개인적으로 당장 필요치 않은데도 하찮은 물건을 충동적으로 훔친다. 이들은 물건을 살 수 있는 돈이 있으며, 훔친 물건을 남에게 주거나, 숨겨놓거나, 다시 제자리에 갖다놓기도 한다. 그렇다고 미리 계획하거나 훔칠 기회를 노리는 것은 아니다. 즉흥적으로, 언제나 혼자서 한다. 행동으로 옮기기 전에는 긴장이 고조되지만 훔치고 나면 쾌감을 느끼고 긴장감에서 해방된다. 하지만 훔치다 붙잡혀서 체면이 구겨질까 봐 두려워 우울이나 죄책감에 시달린다. 주로 상점에서 훔치지만 집에서 가족들의 물건을 훔치는 경우도 많다.

명문대 석사 출신으로 시간강사로 일하던 30세 여성이 백화점 지하 슈퍼마켓에서 쇼핑하고 난 후 계산대를 그냥 통과하다가 경비원에 붙잡혔다. 당시 그녀가 갖고 있던 다른 물건들도 같은 백화점 물건이라 습관적 절도 혐의로 구속되었는데, 변호사의 의뢰로 구치소에 가서 그녀의 정신감정을 하게 되었다.

그녀는 사건 두 달 전 불의의 교통사고로 남편을 잃었다. 당시 그녀는 남편과 아이들과 함께 그 백화점에서 쇼핑을 하고 집으로 돌아가는 길이었다. 빗길에 차가 미끄러지면서 운전석에 있던 남편은 현장에서 즉사하고 그녀도 전치 8주의 중상을 입고 입원 치료를 받다가 며칠 전에 퇴원한 상태였다. 입원 중에도 우울 증세를 보여 정신과 자문 진료를 받은 적이 있었다. 그런데 그녀는 사고 당시의 장면을 악몽처럼 떠올리기 싫어했고, 남편의 죽음을 받아들이지 못하고 있었다. 대학 강사였다는 이력이 의심될 정도로 사고의 진행(연상의 흐름)이 지체되고, 자신을 변호할 능력도 의지도 보이지 않았다. 이 여성은 주요우울증으로 진단되었고, 이런 경우는 습관적 절도에 해당되지 않는다.

물론 다른 경우도 있다. 한 남성이 백화점 지하 식품매장에서 초콜릿 세 봉지와 멸치액젓 한 병을 훔치다 붙잡혔다. 그는 명문대 정치학 석사 출신으로 미국 유학을 다녀와 국회의원 보좌관과 무역회사 전무까지 지낸 이력의 소유자였다. 그는 사업 실패로 졸지에 노숙자 신세가 되었는데, 경찰 조사에서 '그동안 수차례 자살 충동을 느꼈다. 물건을 훔치면 기분이 좋아질 것 같아 순간적으로 훔칠 결심을 했다'고 진술한 것으로 보도되었다.

앞의 두 사례는 겉으로 보면 훔치는 행위라는 점에서 똑같지만 잘 살펴보면 내용이 다르다는 것을 알 수 있다. 첫 번째 경우는, 훔치기 전에 충동이나 훔치고 난 후에 긴장감의 해소가 없었다. 아마도 사랑하는 남편을 잃은 충격에서 벗어나지 못해 계속 사건 당시의 충격적인 장면을 반복 회상하는 집착을 보여, 물건 값을 계산할 생각마저 할 수 없었던 것으로 판단된다. 우울증이 심한 스트레스 장애인 것이다. 이 환자의 심리를 분석해보면, 그녀는 남편과 쇼핑했던 그 백화점을 들러 무의식적으로 남편과 재회를 하는 한편, '이 백화점에 쇼핑만 안 왔더라면 남편을 잃지 않았을 텐데'라는 자책과 함께, 백화점에 대한 원망의 표현으로 계산을 하지 않음으로써 간접적인 복수를 하고 있었던 셈이다.

두 번째 사례는 신문 보도의 내용만 가지고는 판단하기에 미흡하지만, '물건을 훔치면 기분이 좋다'는 말에서, 충동적 행동을 통하여 쾌감을 느끼고 있으며, 훔치는 것이 위법이고 자신에게도 해롭다는 것을 알면서도 훔치려는 충동을 억제하는 데 실패했음을 알 수 있다. 오히려 위법 행동을 통하여 교도소라도 들어감으로써 죄책감을 덜고 싶었는지도 모르겠다. 충동조절장애에 부합되는 병적 도벽으로 판단된다.

병적 도벽도 우울증을 동반할 수 있는데, 이 경우 반사회적 인격이 우울증을 동반하는 것과 구분이 필요하다. 또한 직업적·상습적 도둑과도 감별해야 한다. 상습적 도둑은 훔친 물건의 금전적 가치 때문에 훔치는 것이고, 사전에 계획을 한다. 훔치는 행위 자체가 일차적 목표인 병적 도벽과는 다르다. 또 상습적 도둑에게서는 강박적 충동을 발견할 수 없다는 것이 특징이다. 충동적 훔치기나 우울증의 행동 표현인 훔치기 모두 정신치료가 필요하다. 스스로 치료받고자 하는 동기가 있다면 분석적 정신치료가 효과적이고, 동기가 없다면 지지적 정신치료와 약물치료가 도움이 된다.

인터넷과 스마트폰 중독

정보의 공유와 오락의 도구로 이용되기 시작한 인터넷은 이제 인류의 사고방식과 패러다임에까지 큰 영향을 미치는 매체가 되었다. IT 강국이라는 우리나라는 다른 나라보다 인터넷 사용이 더욱 보편화되어 있어서, 최고급 사양의 컴퓨터와 초고속 인터넷망을 갖춘 PC방들이 거리 곳곳에 넘치는가 하면, 일반 가정에서도 컴퓨터와 인터넷이 생활 필수 조건의 하나로 꼽힌다.

이러한 독특한 상황으로 인하여 인터넷의 순기능과 역기능이 두루 나타나기도 하는데, 특히 문제가 되는 것이 사이버 세상에 푹 빠져 자기 할 일도 제대로 못 하는 인터넷 중독이다. 이들은 학생이나 사회인으로서의 본분을 망각한 채 여가시간의 대부분을 인터넷 게임이나 채팅, 사이버 섹스 등에 탐닉하며 보낸다. 특히 청소년의 경우 PC방에서 게임을 하기 위해 돈을 훔치거나, 사이버 머니 또는 게임 아이템을 갖기 위해 범죄를 저지르는 등 사회 문제를 일으키기도 한다.

그렇다면 인터넷 중독 여부를 판가름하는 기준은 무엇일까? 최근 4~5년간 많은 연구들이 시행되었으며, 이러한 연구는 사실 우리나라가 독보적이라고 평가되고 있다. 선진국에서도 인터넷과 관련한 사회 현상에 대해서는 우리나라의 경우를 참조할 정도이다.

단순히 인터넷 사용 시간만으로 중독 여부를 판단할 수는 없으나, 일단 사용 시간으로 판별하는 게 쉽다. 초등학생은 하루 2시간 정도, 중고등학생은 3시간 정도이면 '잠재적 위험 사용자'로 보며, 해당 시간 이상이면 '고위험 사용자'로 분류되어 중독이 매우 의심된다고 볼 수 있다. 이들은 스스로도 인터넷 중독이라고 생각하는 경향이 있으며, 수면 시간도 5시간 내외로 줄어들고 학업에 곤란을 겪기도 한다.

요즈음은 스마트폰이 인터넷을 대신하고 있다. 길거리를 걸으면서도 심지어는 횡단보도를 건너면서도 스마트폰만 보는 스몸비 Smombie, 스마트폰 좀비족도 늘고 있다. 잠을 잘 때도 스마트폰을 곁에 두지 않으면 안 된다. 스마트폰과 일심동체로 스마트폰이 없으면 불안하여 아무것도 손에 잡히지 않는다면 중독 상태임을 자각하고 스마트폰 없는 시간과 공간을 정하는 게 좋다. 예로 차운전할 때는 무음으로 가방이나 핸드백, 지갑 속에 넣기를 실천하고 식탁에서는 사용 안 하기, 잠들 때는 거실에 두거나 전원 끄기 등 자기 나름의 원칙을 세워 실천하는 게 좋다. 일주일에 하루 정도는 스마트폰을 아예 사용하지 않는 방법도 권할 만하다. 엄마와 떨어지기 불안한 아이도 점점 길들여져 독립하듯이 자신을 스마트폰이나 중독 대상으로부터 독립시키는 것이 자신을 위하는 것임을 자각하는 게 중요하다.

파멸의 지름길, 하얀 유혹

역사 이래 인간은 정상 범주 안에서 약물을 사용해왔다. 알코올이 그렇고 커피가 그렇다. 마약도 통증 완화나 지사제 등 의료 목적으로 사용될 때는 금기시할 이유가 없다. 하지만 모든 것이 그렇듯 지나치면 병이 된다. 약물중독은 정신의학적으로는 심리적 의존과 신체적 의존으로 구분한다. 심리적 의존은 긴장과 불안한 감정을 해소하기 위하여 약물에 대하여 갈망하는 상태를 말한다. 약물 투여가 지속되면서 내성이 생기면, 같은 효과를 얻는 데 필요한 약물의 용량이 점점 늘어나게 된다. 신체적 의존은 약물을 중단하면 특징적인 금단 증상이 나타나 약물을 뗄 수 없는 상태이다. 사회생활에도 점차 장애가 생기고 오직 약물을 구하고자 하는 생각에만 사로잡히게 된다. 약물을 얻기 위해서는 가정도 직장도 포기하고 범죄 행각도 마다 않으며, 수단 방법을 가리지 않고 약물에만 집착하는 폐인이 되고 만다.

흰색가루인 필로폰을 상습적으로 복용하다가 구속된 적이 있는 어느 남성은 3년 전 미국 유학 중 필로폰을 처음 알게 됐다. 유복한 가정에서 자라난 그는 외국에서의 유학 생활에 적응을 못하고 유흥업소를 출입하다가 결국 마약에까지 손대게 되었다. 귀국해서도 나이트클럽 등을 전전하며 성적 쾌락을 위해 필로폰을 상습적으로 복용하다가 환각상태에서 칼을 휘두르고 난동을 부려 경찰에 구속되었다.

출소 후에도 사회적응을 못하고 알코올과 약물에 의존하여 폐인처럼 살다가 결국 가족들에 의해 입원하게 되었다. 기분이 붕붕 뜨는 도취감과 뭐든 다 할 수 있을 것 같은 자신감이 좋아서 필로폰을 복용했다는 그는 현실에 적응하지 못한 실패감을 필로폰을 통해 위로받았지만 결국 필로폰의 노예로 전락하고 만 셈이다.

전통적인 대마초, 필로폰, 코카인 외에도 환각제 LSD, 엑스터시

(일명 도리도리) 등 신종 마약들이 등장하면서 마약중독자가 증가하고 있다. 게다가 연예인이나 유흥업계 종사자뿐만 아니라 주부, 회사원, 대학생, 청소년 등에 이르기까지 무차별하게 확산되고 있는 실정이다.

특히 환각물질인 본드, 부탄가스, 시너 흡입자의 60%는 16~19세의 청소년이다. 본드나 부탄가스 등은 그 폐해가 심각해서 장기적으로 복용하면 간장, 심장, 골수 및 뇌세포에 회복 불가능한 치명상을 초래하고, 우울증, 환각, 망상, 공격성, 난폭함 등을 유발하여 심각한 정신병 상태로 치닫게 된다. 청소년들 중에는 다이어트 목적으로, 또는 시험기간에 잠을 쫓기 위해 각성제를 복용하는 횟수가 잦아지면서 환각상태에 빠지는 경우도 있다. 이때에도 본인의 의사와는 상관없이 약물중독자가 되고 만다. 청소년들은 대개 집단으로 복용하는 경향이 있고 환각상태에서 각종 성범죄나 폭력, 살인, 폭력질주 등의 행위를 저질러 사회문제가 되는 것 또한 심각한 후유증이다. 특히 어린 나이에 약물을 경험할수록 여러 약물에 손을 대는 혼합남용으로 진행되기 쉽다.

마약은 혼자서는 끊을 수 없다. 모든 약물중독이 그렇듯 본인의 의지만으로 중독의 늪에서 헤어 나오기는 어렵다. 심리적인 의존도 극복하기 어렵지만 마약이 중추신경을 자극할 때 느껴지는 행복감이나 황홀감의 유혹이 너무 크기 때문이다. 또한 약 기운이 떨어지면 손이 떨리고 잠도 못 자고 피부에 벌레가 기어 다니는 것 같은 환각이 일어나고 경련까지 일어나는 금단증상이 나타나는데, 이 또한 매우 고통스럽다. 약물에서 벗어나려면 조기에 발견하여 치료하는 것이 무엇보다 중요하며, 자라온 배경과 가족관계를 잘 살펴서 심리치료와 가족치료를 병행해야 한다. 자발적으로 치료를 받는 경우는 극히 드물고, 결국 약물 남용에 의한 정신병과 신체적 합병증으로 인해 가족에 의해 강제 입원되거나, 범죄나 폭력 행위로 구속되어 치료 감호소에 수감된다. 마약중독은 인생의 파멸을 의미할 뿐만 아니라 환각 상태나 정신착란 상태에서 끔찍한 범죄 행동을 저지르는 등 사회적 피해도 크므로 신속하게 입원시켜 치료해야 한다.

끊임없이 일하는 것도 중독

일중독은 과잉적응증후군이라고도 하는데 적대적이고 경쟁적이며 다양한 대상에 관심을 갖고 그것을 획득하려 하며 성급한 성격을 가진 'A유형 성격'으로 표현되는 사람들에게서 흔히 나타난다. 일중독자들은 밤늦게까지 사무실에 남아있으니 회사 측에서 보면 가장 충실한 직원일 수도 있다. 그러나 배우자나 자녀들과의 접촉 시간이 거의 없어, 가정불화의 당사자가 되기도 한다.

어느 30대 직장인 남성은 매일 밤늦게까지 혼자 남아 일하고 주

말이나 휴일에도 회사에 나갔다. 집에서 가족들과 함께 오붓하게 지내면 좋으련만, 집에 있으면 도저히 마음이 안 놓이고 직장을 잃을 것 같아 불안하다는 것이다. 그는 동료들과의 관계도 원만치 못했는데, 상대방을 직선적으로 비판할 때가 많아 외톨이가 된 경우였다. 이처럼 일중독자들은 끊임없이 일을 한다. 그들은 휴가도 잘 쓰지 않는데, 기껏 휴가를 받아놓고도 휴식을 취하는 게 아니라 앞으로의 계획을 짜는 것이 보통이다.

어느 40대 유학생은 외국에서 어렵게 박사학위 코스까지 마치고 잠시 귀국하였다가 다시 외국의 다른 대학으로 유학하였다. 그는 지금까지 35년 이상을 배우고만 있는 셈인데, 자신은 아직도 부족하다고 느끼고 있다. 끊임없는 탐구열은 칭찬받아 마땅하지만, 이 환자는 사실 자립을 두려워하고 있는 것이다.

일중독 심리는 구강기 문제와 관련이 있다. 아이들은 출생 후 일 년 동안이 가장 무력하고 가장 의존적인 시기다. 점차 의존 욕구를 줄여나가면서 성숙한 상호의존적인 관계로 발전하게 되는 것인데, 이 과정을 부모가 너무 빨리 몰고 가면 아이의 의존적 욕구가 충분히 충족되지 않는다. 의존적 욕구가 무의식 속으로 억압되어버리고 의존 욕구가 과잉 보상된 결과, 아이는 '애어른'이 되어 부모와 주위로부터 애 같지 않게 의젓하다고 칭찬을 받는다. 이를 '가짜독립성인격'이라 한다.

이들은 겉으로 보면 대단히 독립적이어서 다른 사람의 지시를 받으면 일하기 어려울 정도이다. 독립적인 반면 공격적이어서 남에게 비판을 잘하고 동료들과 잘 어울리지 못하기도 한다. 또한 무기력증과 패배의식을 많이 느끼며 힘든 생활과 무력감, 공허감으로 술이나 약물에 의존하는 경우가 많다. 두통, 심장병, 고혈압, 당뇨, 동맥경화증과 위궤양에도 잘 걸린다. 치료 시에는 최소한의 지시만 하고 치료 계획에 대해 설명하고 협조를 구하는 것이 좋다. 분석적 심리치료로 자신들의 심리적 문제를 통찰하면 좋은 결과를 얻을 수 있다.

4. 위기의 학생들

글씨가 빙글빙글 돌아요

고교생들에게 꿈이 뭐냐고 물으면 대부분이 우선은 일류대학에 가는 것이 지상 최대의 꿈이고, 그 다음에는 좋은 직장에 취직하는 것이라는 식으로 대답한다고 한다. 한국 학생들이 이렇듯 자신의 진로에 대해 진취적이지 않은 것은 가정교육 때문이라고 해석되는데, 부모들이 어릴 때부터 '일류대에 가서 출세하는 것이 최고'라고 가르쳤기 때문에 아이들의 목표가 거기에서 벗어날 수 없다는 것이다.

이렇게 자라난 아이들이 과연 세상을 위해 공헌할 방법을 스스로 깨칠 수 있겠는지, 나아가 스스로 행복해질 수 있겠는지 걱정이다. 입시에 짓눌린 아이들이 성적을 비관하여 자살하는 일까지 벌어지고 시험 노이로제에 걸리는 일도 다반사이다.

가족과 함께 내원한 어느 여고생은, 시험지를 받아든 순간 글씨가 빙글빙글 돌면서 문제를 읽을 수가 없고, 오른손까지 마비되는 바람에 답안지를 쓰지 못하고 말았다. 이러한 시험 노이로제 환자는 학기말이 될수록, 또는 고학년으로 올라갈수록 많은데, 이들을 치료하다가 공통으로 발견하는 사실이 한 가지 있다. 시험은 불안의 표면적인 원인에 불과하고, 그 이면에는 가정이나 사회의 문제 환경이 도사리고 있다는 점이다. 특히 부모의 불안과 성취 욕구, 부모의 성격 문제 등이 큰 원인 중의 하나이다.

우리나라의 교육열은 세계적으로도 유명하다. 극성스러운 엄마들은 유아 시절부터 아이들을 피아노, 미술, 속셈, 태권도, 수영, 컴퓨터, 영어, 영재 교육 등등 학원으로 몰아세운다. 아이들이 마음 놓고 뛰어 놀고 자기 스스로 문제를 해결할 수 있는 기회를 주지 않는다. 중고등학교에 진학한 후에는 사태가 더욱 심각해지는데, 공부하라고 채찍질하는 강박적인 부모에 의해 아이들은 주눅 들고 서서히 병들어 간다. 시험 성적이 조금만 떨어져도 인상을 찌푸리고 야단을 치고 화를 내니, 부모는 아이들에게 공포와 증오의 대상으로 자리 잡기 마련이다.

이런 상황에서 아이들은 어려서부터 부모의 사랑과 관심을 잃지 않을까 전전긍긍해 한다. '엄마가 나를 미워하지 않을까', '엄마가 나를 버리지 않을까' 불안해하며, 부모의 비난을 받지 않으려고 애쓰고, 형제를 질투하며 경쟁하려든다. 학교에서도 공부 잘하는 학생이 선생님의 신임을 독차지하는 것을 보고, 착하고 용기 있는 것보다 공부를 잘하는 것이 더 훌륭하다고 믿게 된다. 이렇게 부모와 학교가 요구하는 성적 위주의 가치관을 지나치게 동일시한 아이는, 성적이 조금만 떨어져도 그것을 일시적 성적 저하로만 받아들이지 않고 부모의 기대에 못 미치는 자신을 비관하며, 자신의 모든 능력에 대한 회의와 좌절의 깊은 수렁에 빠지게 된다.

청소년기는 격동의 시기다. 감수성이 예민하고 신체 발육도 왕성하니 인생의 '봄'에 해당된다 하겠다. 또한 부모에게만 의지해오던 유아적 의존성을 청산하고 독립심을 키우는 시기다. 남에게 자신이 어떻게 보일까, 또 나 자신을 어떻게 볼 것인가에 예민하게 집착하는 자아의식도 강하다. 풍부한 상상력과 자유로운 사고가 두드러져 기존의 고정관념이나 전통적인 관습에 얽매이지 않고 행동하기에 가끔 기성세대를 당황하게 만들기도 한다.

인생관과 세계관을 설정하면서 자기를 정립하는 과제가 주어지는 시기이며, 이를 적절히 이루지 못할 때는 주체 상실의 혼돈에 빠지기 쉽다. 한편 지나치게 공격적이거나 경쟁적일 수 있고 자기 과시적인 영웅주의에 탐닉하기도 한다. 냉소적이고 반사회적인 행동을 통하여 자신의 힘을 뽐내려 들고 집단에 소속되어 지도자나 소속원으로서의 역할 연습을 하는 시기이기도 하다.

성적인 발달도 급격해서 성호르몬의 왕성한 분비로 이성에 대한 호기심과 성적 욕구가 발동하는 시기이며, 또한 이를 억제하는 초자아의 힘이 커지는 시기다. 현실적으로는 고교와 대학 입학시험이라는 힘든 관문을 통과해야 한다.

이러한 엄청난 변화와 성숙의 과제에 직면해 있는 청소년들에게 있어 교육의 중요성은 새삼 강조할 필요가 없을 것이다. 그러나 현실은 이러한 수많은 요구와 변화에의 대처 능력을 기르는 '가치'의 교육 대신 공부 잘하는 학생, 돈 잘 버는 사람으로 키우기 위한 '능력' 위주의 교육이 대세를 이루고 있다. 현재와 같은 무한경쟁의 교육 시스템 하에서는 극소수를 제외한 대부분의 학생들은 끊임없이 좌절을 강요당하게 되며, 또한 그로 인한 절망감을 극복하기 어렵다.

실패와 좌절 상황을 극복하는 데는 다양한 방법들이 있으나, 공부와 관련한 실패 상황을 이겨낼 수 있는 원동력 중 하나는 바로 '목표 성향'이라는 동기다. 한마디로 행동의 목표를 어디에 두느냐 하는 것인데, 이 동기는 크게 두 가지로 나뉜다. 공부를 하는 과정을 더 중시해서 배움과 자신의 능력 계발에 초점을 두는 학습목표 성향과, 공부의 결과나 타인의 평가에 초점을 두는 평가목표 성향이 그것이다.

심리학 실험 결과들은, 목표 성향에 따라 학생들의 수행에 차이가 있음을 보여준다. 학습목표 성향을 가진 학생은 과정에 의미를 두기 때문에 쉬운 과제보다는 어려운 과제를 시도하는 반면, 평가목표 성향을 가진 학생은 부정적인 결과나 실패에 민감하여 자신의 능력에 비해 쉬운 과제를 선호하는 경향이 있다.

이들은 실패와 좌절에 맞닥뜨렸을 때도 차이를 보인다. 학습목표 성향 학생은 실패 상황에 직면하게 되면 정보를 수집하고 전략을 짜서 다시 시도하고 노력한다. 그러나 평가목표 성향 학생은 실패의 원인을 자신의 능력 부족이라고 생각하고 더 이상의 노력을 기울이지 않는다. 또한 자신을 능력이 없는 무의미한 존재라고 여기고 쉽게 좌절이나 절망감에 빠진다.

어떤 목표 성향을 지녔느냐에 따라 '실패'의 의미도 달라진다고 할 수 있다. 학습목표 성향 학생에게 있어 실패란 문제의 원인과 해결책을 탐색하고 새로운 기술을 습득하고 능력을 향상시키기 위해 노력해야 할 필요성을 의미한다. 반면 평가목표 성향 학생들에게 실패는 곧 자신의 능력이나 자질 부족을 의미한다. 이런 목표 성향은 타고나는 것이 아니라 개인의 경험, 가정환경, 교사의 태도, 교육 환경 등과 같은 주변 환경에 의해 형성되는데, 우리나라의 대부분 학생은 평가목표 성향을 요구하는 환경에 놓여있다고 해도 과언이 아닐 것이다.

주입식 교육은 불행을 낳는다

이러한 지나친 교육열은 가정 건강에도 영향을 미치고 있다. 통계청 자료에 따르면 조기유학 출국자 수는 나날이 증가일로여서, 한 해 2만여 명의 초중고교생이 해외유학을 떠날 정도이다. 초등학생이 가장 많고 증가율도 큰데, 5년 사이 4배 가까이 늘어났다. 초등학생이 유학을 간다는 것은 부모가 함께 간다는 것을 의미한다. 그러나 중고생도 아직 자아 정체성이 확립되기 전의 사춘기라면 혼자 가는 것은 위험하다. 낯선 외국 생활에 적응할 수 있는 힘도 부족하거니와 정서적 어려움에 시달리기 때문이다. 그러다보니 자녀 뒷바라지를 위해 엄마가 함께 가고 한국에는 아빠만 홀로 남게 된다.

홀로 남은 아빠, 무리를 이탈한 처량한 기러기 신세와 같다 해서 '기러기 아빠'라고 불린다. 외기러기만 남은 가정은 더 이상 가정이라 할 수 없을 정도로 황량한 상태가 되고 마는데, 어느 기러기 아빠는 술과 담배로 외로움을 달래다 지병인 고혈압이 악화되어 뇌출혈로 사망하고 말았다. 그것도 사망 후 5일이나 지나서, 가족이 아닌 회사 동료에 의해서 발견되었다니 실로 가슴 아픈 일이 아닐 수 없다. 알코올 의존은 사랑의 결핍을 보상받고 싶어 하는 표현이되 만성적 자살 행위이기도 하다. 아마도 그는 정신적 공황 상태가 아니었을까?

이렇게까지 해서라도 유학을 보내려 애를 쓰는 이유는 무엇일까? 무한 경쟁 사회에서 남보다 일찍 유학길을 서두르는 것은 출세를 앞당기는 방편이 될 것이고 남보다 행복해지는 길이 될 수 있다는 믿음이다. 한편 부모가 자신을 희생하고 자녀의 학업과 출세에 매달리는 것은 그것으로 자신도 행복해질 것이라는 믿음이 있기 때문일 텐데, 자녀의 행복이 과연 나의 행복이 될 수 있을까? 오직 공부와 성적에만 관심을 두고 일등만을 고집하는 엄마가 외국으로 가면 행복할 수 있을까? 가정은 둘째치고라도 자신의 마음에 평화가 없는데 행복할 수 있을까? 행복은 밖에서 얻어지는 게 아니고 자신이 얻어 내야 하는 것이다. 가정이 화목하지 않은데 나 홀로 행복할 수 없다.

선진국의 교육 환경이 좋다면 그것은 자율성과 창의성을 존중하는 분위기 때문이다. 교사진이 학생들의 개성과 특기를 살려주고, 학생들끼리 적절한 경쟁 속에서 서로 존중하고 신뢰하며, 무엇보다도 전 과목의 평균 성적 순위로 학생을 평가하지 않는 분위기가 그쪽의 장점이다. 그러나 아무리 그쪽의 교육환경이 뛰어나다고 해도, 유학 시기를 결정함에 있어 자라나는 아이의 주체성 문제를 고려하지 않을 수 없다.

주체성의 정립은 사춘기 청소년이 획득해야 될 가장 중요한 정신적 과제이기 때문이다. 사춘기 이전에 외국에서 성장하는 경우엔 한국인으로서의 주체성이 모호해지고 더 나아가 정체성 혼란이라는 문제를 겪을 수 있다. 어학과 관련된 분야가 아니라면 굳이 사춘기 이전부터 조기 유학을 서두를 필요가 없는 것이다.

물론 부모가 해외 근무나 연수를 가게 되어 가족이 함께 갔다가 아버지는 귀국하고 아이들은 계속 남아 공부하는 경우도 흔하다. 그러나 이때도 엄마는 아이들에게 매달리고 아빠는 돈 버는 기계로 전락하는 것이라면 차라리 유학을 중단하는 것이 낫다. 한 가정에서 가족 한 사람 한 사람의 인격과 삶은 똑같이 존중되어야 한다.

아이들이 최우선이 되고 부모는 희생만 한다면 그 가정은 행복할 수 없다.

그리스는 대학까지 무상 교육에 수업이 모두 토론식으로 진행되고, 캐나다는 고교까지 무상교육에 초등학교 때는 거의 뛰어 놀게 하고 그룹으로 과제를 주어 사회성을 키운다. 이렇게 까지 되기엔 요원하더라도 청소년들을 학원 등 사교육에만 내몰지 말고 많이 놀고 어울리게 하여야 한다. 교육 커리큘럼에서 예체능 시간을 대폭 늘리고 부모와 함께하는 여행 등을 적극 권장해야 한다. 중2병을 앓기 쉬운 학생들을 잘 관리하여 상담을 통해 위기를 잘 헤쳐 나가도록 해야 한다.

중학교 졸업할 무렵 자신이 공부를 계속할 것인지 직업 기술을 배울 것인지 잘 결정할 수 있도록 돕는 것도 중등교육에서 중요하다. 청소년의 위기는 곧 부모의 위기, 학교의 위기, 국가의 위기라는 인식이 절실하다. 이를 예방하고 치료하기 위해서는 부모들이 먼저 '내 자식만이 최고이고 나만 잘살면 된다'는 탐욕적 이기심을 버리고 공동체적 가치관을 획득하는 노력이 필요하다.

또한 자녀들에게 토론식 대화를 함으로써 주체적이고 창의적인 사고를 할 수 있는 능력을 키워주는 것이 중요하다. 자녀들이 스스로 생각하는 습관을 가지게 되면 자신이 어떤 꿈을 가질지 스스로 고민하게 되고, 그 꿈을 이루기 위해 가고 싶은 대학과 학과를 선택하고, 직업을 결정하고, 사회를 위해 노력하는 인재가 될 수 있다.

학생들 역시 평소 최선을 다하여 공부하되 결과에 너무 연연하지 않는 자세를 지닐 것을 당부한다. 결국 중요한 것은 자신의 능력에 맞게 자신의 장점을 키워 개성 있고 주체적인 삶을 영위하는 자세이다. 자기 스스로 자신을 격려하고 인정할 수 있는 당당함과 여유가 아쉽다.

　인생의 봄을 만끽해야 할 청소년들에게 질곡을 심어주는 교육체제와 사회 분위기에 우리 모두 무감각해져 있다는 사실, 그 사실을 자각하는 것이 우선 문제 해결의 돌파구가 될 것이다.

5. 구원받고 싶은 사람들

불확실한 미래를 알고 싶어요

점을 치는 심리는 무엇일까? 인류가 가장 먼저 개발한 도구 중 하나가 점치는 도구였을 것이다. 고대로부터 점술가나 제사장이 통치자를 겸해왔고 제정이 분리된 이후에도 통치행위의 일환으로 점복이나 예언을 참고한 기록이 세계에서 공통적으로 발견된다. 따지고 보면 인류가 주술적 사고로부터 자유로운 시대는 없었다. 근대에 과학이 발달하기 전까지 미신이 심리적 보호망 역할을 담당했던 것도 사실이다. 하지만 첨단 과학이 위력을 떨치는 현대에도 점은 여전히 건재하다. 미래의 불확실함을 견디지 못하는 성향이 우리 모두에게 있기에 미래에도 점은 어떤 형태로든 건재할 것이다.

그러면 사람들은 언제 점을 칠까? 불안할 때이다. 앞으로 어떻게 될지 알 수 없고 현재 왜 이렇게 고통을 당하는지 알 수 없을 때 불안을 느낀다. 알고는 싶으나 자신의 능력으로는 알 수 없으므로 무당이나 역술인을 찾는 것인데, 과학과 이성의 영역이 아닌 곳, 권력이나 재산으로도 충족되지 않는 세계가 있는 것은 분명하다. 그곳이 바로 종교가 시작되는 부분이며 또한 점복이 근거하는 자리기도 하다. 우리의 무의식 속에는 이와 같은 미신적이며 심령적인 세계가 선험적으로 존재한다. 분석심리학적 표현을 빌면, 인류 보편의 집단무의식의 한 부분이다.

그러나 불안이나 불행을 해결하고자, 일거에 해결책이 나올 것으로 기대하며 점을 치고 굿을 하는 행위에는 자신의 노력으로 문제를 극복하고자 노력하는 성숙함이 결여되어 있다. 땀 흘리지 않고 쉽게 목적을 달성하려는 한탕주의와 마찬가지다. 점복이나 예언, 그리고 사이비 종교들은 사회의 그늘진 곳에서 자라는 독버섯과 같다. 사회가 아직 성숙하지 못하다는 반증이기도 하다.

특히 사이비 종교들의 경우는 구원을 미끼로, 마음이 허약한 사람들에게 엄청난 정신적·영적 협박을 가한다. 안 믿으면 불행과 재난이 닥친다는 경고에 겁먹은 이들은 두려워하며 매달려 구원을 얻으려 한다. 마치 인질이 자신의 생사를 쥐고 있는 납치범에게 의존하고 동일시하는 스톡홀름 증후군과 유사하다.

본래 모든 종교는 구원을 근간으로 한다. 사바 세계의 고해로부터 서방 극락정토에 왕생하고자 하는 불교의 구원이나, 요단강 건너 꿀 흐르는 가나안 세계를 기약하는 기독교의 구원이나 모두 피안의 안락을 희구하고 있다는 점에서 다르지 않다. 물론 사이비 종교도 구원을 약속한다. 그렇다면 바른 종교와 사이비 종교를 구분하는 기준은 무엇일까? 사이비 종교의 속성을 간추려 봄으로써 해답을 찾을 수 있을 것이다.

첫째, 배타적이고 폐쇄적이다. 대부분 집단 동거를 통하여 스스로 외부 사회로부터 격리시키고 있으며, 그러한 생활 방식이 다른 종파와 다른 점이고 구원에 이르는 길임을 강조한다. 대체적으로 비밀이 많고 사실을 은폐하려 하며, 좀처럼 그들의 진면목을 드러내려 하지 않는다.

둘째, 탐욕적이고 이기적이다. 교세확장과 구원사업의 명분을 내걸어 가정을 파괴하고 가산을 송두리째 빼앗는다. 돈을 많이 낼수록 빨리 구원받는다며 각종 헌금을 강조하고, 외부인에게는 높은 이자를 주겠다며 꾀어 돈을 빼앗고도 전혀 양심의 가책을 느끼지 않는다.

셋째, 폭력적이고 무자비하다. 그들의 교리나 믿음을 비판하거나 내부 규율을 어기면 폭력을 가하고, 조직의 비리를 감추기 위해서는 때로 살인도 불사한다.

넷째, 의존적이고 비주체적이다. 자신의 주체적인 가치나 믿음이 결여되어 있으며 합리적인 사리 판단이 없이 맹목적으로 지시에 따른다. 그들은 피암시성이 강하여 집단암시나 최면에 잘 걸리는 경향이 있으며 마치 꼭두각시처럼 행동한다. 사실 교주에게 칭찬받고 구원받겠다는 태도는 부모에게 칭찬받으려 애쓰고 의존하는 어린아이와 다를 바 없는 유아적 수준이다.

이와 같이 유치하고 끔찍하기도 한 사이비 종교의 뿌리는 어디에 있는가? 인간은 누구나 마음속에 어린아이와 같은 측면을 가지고 있으며, 완벽한 구원이었던 모태 속의 생활을 본능적으로 동경하고 있다. 사이비 종교의 존재는, 기성 종교가 이 같은 유아적 욕구를 적절히 충족시켜주면서 인간 정신을 보다 성숙한 상태로 이끌어 줄 책임을 다하지 못했음을 뜻한다. 기성 종교가 구원의 메시지를 올바르게 심어주지 못하고 환상적인 구원론에 집착하고 있기 때문이기도 하다.

종교는 일차적으로 개인의 구원을, 이차적으로는 사회의 구원을 목적으로 한다. 만약 종교로 인해서 반목과 대립이 증폭된다면 이는 종교의 근본 목적에 위배되는 일일 것이다. 그럼에도 불구하고 가장 심각한 갈등과 분쟁이 빚어지는 곳이 또한 종교계이다. 종교가 다르다는 이유로 나란히 서는 것조차 거부하고, 같은 종교이면서도 교세 확장을 목적으로 상대방을 능멸하기 일쑤다. 종교 간 갈등과 대립이 일어나는 원인 가운데 하나는 자신의 종교가 최고이고 다른 종교는 모두 무지하고 어리석다는 편견이다. 우물 밖 세상이 있다는 것을 알지 못하는 우물 안 개구리와 다를 것이 없다. 타 종교를 이해·존중하고 광신이나 맹신에 물들지 않는 현명한 종교인이 되기 위해선 무엇보다도 균형과 조화를 지닌 시각이 필수이다.

진정 구원받고 싶다면, 신앙의 외향적 태도에서 벗어나 내향적 태도로 나아가야 한다. 참된 구원은 어린아이가 어른으로 성장하는 것이고, 의존에서 자립으로 변화하는 것이며, 대립과 갈등이 화해와 용서로, 폭력과 무자비가 자비와 사랑으로 전환되는 것이다.

6. 성은 억압할수록 고개를 내민다

정신과 상담에서 성은 그 의미가 포괄적이어서, 단순한 생리적 욕구나 성적 본능을 넘어서는 정신성적psychosexual현상으로 파악된다. 한 개인의 성행동은 신체조건, 인격, 자아에 대한 감각, 성장 시의 경험, 대인관계, 생활환경, 사회문화 등 여러 요인들의 상호작용에 의해 결정된다. 또한 생장 동력, 남성과 여성, 부성과 모성을 포함한다.

성은 신체적 수준과 정신적 수준의 양극 사이에 다양한 스펙트럼으로 존재하는데, 성적 욕망만 하더라도 여러 욕구들과 얽혀있기도 하고 다른 욕구의 외적 표현일 수도 있다. 성이 문제가 되는 경우는 성적 욕구 자체가 아니라 성을 사용하는 방법이나 과정이 자신 또는 타인에게 고통을 불러일으킬 때이다. 성은 죄악시되어서도 안 되고 억압되어서도 안 된다.

정신치료에서는 성적 욕망뿐 아니라 성으로 인해 파생되고 발전된 행위들을 분석하며, 겉으로는 전혀 성적 의미를 생각할 수 없는 행동들의 성적 동기들을 이해하려 노력한다. 예를 들면 살육과 독재의 행위 속에서 모성에 대한 갈구나 부성에 대한 반항과 분노를 볼 수 있는가 하면, 예술 작품, 문학 작품, 그리고 종교 의식 속에서 승화된 성의 모습을 발견하기도 한다. 히틀러의 무분별한 권력 남용으로 사람들이 대량 학살된 배경에는 성적 불구라는 열등감에 대한 보상 욕구가 있다는 주장도 음미할만하다. 성적인 문제로 고통받는 이들의 상담 사례를 살펴봄으로써 인간의 성의식과 성행동을 보다 입체적으로 이해할 수 있을 것이다.

이유 없는 죄책감과 성

정신과 진료실에서 만나는 성적 문제 가운데 흔한 것이 의처증이나 의부증과 같은 성적 망상이다. 성적 망상 또는 질투망상의 경우, 배우자가 다른 이성과 사귀고 심지어 성관계를 가진다고 의심하긴 하지만 모두 확증을 대지 못하고 주관적으로 주장한다. 이 상상은 밖에서 오는 것이 아니고, 본인이 외도하고 싶어 하는 마음이 배우자에게 투사된 것이다. 물론 본인이 자각하기 어려운 무의식이다.

성적인 방종이나 불륜에 대해 유난히 혹독하게 비난하는 사람은 무의식에 자아를 위협하는 자유분방한 욕구가 억압되어 있다고 보면 거의 맞다. 성적 망상은 스스로 이를 보지 못할 때 배우자를 규탄함으로써 자신에 대한 불안이나 죄책감에서 벗어나기 위한 시도이며, 자신의 불륜 경험에 비추어 상대를 의심하는 경우도 흔하다.

아내가 불륜을 저지르고 있다며 줄기차게 이혼을 요구한 어느 남성은 실제로 이혼하기까지 무려 20여 년이 흘렀다. 아내는 그 동안 남편으로부터 수없이 구타당하고 목을 졸리기도 하고 부정한 여자로 몰려 냉대를 받으면서도 아이들이 성인이 될 때까지 기다렸다. 게다가 남자는 수년 전 교통사고를 당해 몸 한쪽을 못 쓰는 처지였는데, 그 아내는 그렇게 구박을 받으면서도 남편이 재활치료가 끝나 혼자 거동할 수 있을 때까지 이혼을 보류하기까지 했다. 아내는 남편의 비난과 추궁에 적극적으로 방어하지 않았는데, 그 담담한 태도가 마치 달관한 도인과 같았다. 반면 남편은 '저런 부정한 여자와는 같이 살 수 없다'고 큰소리치며 자신은 세상에서 가장 깨끗한 사람인 양 행동했다. 그 아내가 실제로 외도를 했는지 아닌지는 아무도 알 수 없으나, 아마 남편이 원하는 대로 해주는 편이 서로에게 좋겠다고 판단하여 적극적으로 대응하지 않았던 것 같다.

노이로제 가운데 성적 망상과는 달리 강박증은 자신에게 매우 엄격한 나머지, 강한 죄책감에 사로잡혀 거기에서 벗어나지 못하고 강박적으로 반추하는 것인데, 죄책감의 본질은 자신에 대한 책망과 자기 처벌이다. 자기 자신을 가장 나쁜 사람, 부도덕한 사람으로 규정하는 이들은 사실 자기 세계에 갇혀있는 것이나 마찬가지다. 다른 이의 고통엔 공감 못하고 자신의 고통만을 부각시키고 자기에게만 온 에너지를 쏟는다. 따라서 지나친 죄책감은 다른 사람이 자신을 비참한 존재로 봐주기를 바라는 의존심의 발로라고 볼 수 있다.

죄책감의 발단을 보면 사소한 경우가 많은데, 성적 행위와 관련된 것이 가장 흔하다. 그것도 외부로부터 주입된 선입견에 기초한 경우가 많다. 그 배경에는 어린 시절, 부모의 경직된 규제가 자리 잡고 있다. 칭찬에 인색하고 조금만 잘못해도 불호령을 내리고 체벌을 가하는 부모 밑에서 자란 아이들은, 자신에게 관용을 베풀 길을 찾지 못하고 부모로부터 받은 대로 자신에게도 되풀이한다. 게다가 사춘기에는 성적 환상과 함께 강한 죄책감을 느끼는 경우가 일반적이다.

성에 대해 호기심을 갖는 것은 자연스러운 현상이며 죄악이 아닌데도, 성에 눈을 뜨기 시작하면 왠지 부끄럽고 잘못을 저지른 것 같은 생각이 들기 시작하는 것이다. 욕망이란 억압하면 억압할수록 고개를 내미는 반발력이 있다. 또한 숨기면 숨길수록 더 궁금해지는 법이다. 예를 들어, 형제자매의 성기를 보고 싶고 만지고 싶은 충동은 죄일까? 그러면 모든 욕망은 죄일까? 배고플 때 먹고 싶고 목마를 때 마시고 싶은 욕구도 죄일까? 욕망은 본능적인 생리 현상이다. 욕망을 탐닉하고 절제를 잃을 때가 문제가 되는 것이지 욕망 자체는 죄가 아니다. 욕망을 죄악시하는 전통은 우리의 집단적 무의식에 각인된 오랜 신념으로 매우 잘못된 것 중 하나이다. 자신에게나 타인에게 완벽한 성윤리를 강요하면 자연스러움을 억압하고 질식시켜 노이로제의 원천이 된다.

20대 후반의 여성이 직장을 그만 두고 상담실을 방문했다. 그녀는 자신감 부족, 대인 공포 등으로 어려움을 겪고 있었는데, 시작은 중학생 시절로 거슬러 올라간다. 그때 무슨 일이 있었다고 하면서도 쉽게 말을 못하더니, 몇 번 면담이 이루어진 후 고백한 그 내용은 참으로 사소한 것이었다. 자고 있는 남동생의 성기를 만져본 모양인데, 그것을 동생이 알았을지도 모른다는 두려움과 죄책감, 수치심이 마음속을 떠나지 않아 공부에 집중을 못했다고 한다.

어른이 되어 프러포즈를 받아도, 스스로 성적 욕구를 억압하는 마음에 자신이 없어 받아들이지 못하겠고, 마음이 늘 불안하고 사람들 앞에 서면 떨리고 얼굴까지 빨개진다고 했다. 사실 성적 호기심과 성적 욕구는 누구에게나 있는데 지나치게 양심의 가책을 받는 것은 강박적인 성취감과 관련된다. 그것은 부모로부터 영향 받은 바 크며, 성격의 일부이기도 하다. 그녀는 자신에 대한 통찰을 얻고 나서야 마음이 많이 편해졌고 다시 직장 생활을 하게 되었다.

한편 어린 시절 성추행을 당한 여성들은 성인이 되어서도 심각한 후유증에 시달린다. 가슴이 막히고 열이 오른다며 찾아온 30대 미혼 여성은 금방 자기 자신이 없어져버릴 것만 같다며 두려움을 호소했다. 자신이 없어 결혼도 미루고 있다는 그녀는 초등학교 저학년 때 이웃집 남자에게 성추행 당한 기억을 갖고 있었다. 그때 너무 무섭고 창피했는데, 하필 지나가는 사람이 창문으로 그 장면을 지켜보고 그냥 가버렸다는 사실로 더욱 상처를 받은 터였다. 당시 어머니는 병으로 전국의 유명한 병원을 찾아다니느라 집을 떠나있기 일쑤였고 일에 지친 아버지는 저녁마다 술에 취해 자식들에게 푸념을 하곤 했다. 그녀는 자신을 돌보지 못한 어머니에 대한 원망, 그렇게 만든 아버지에 대한 분노가 골고루 투영되어 꿈에서도 두고두고 괴로워했다. 치료가 중반으로 접어들면서 치료자에게 강한 전이 감정을 투사했다. 특히 치료자의 휴가 기간 동안 그녀에게 걷잡을 수 없는 불안이 엄습했는데, 자신이 가장 힘들 때 치료자가 없었다며 원망을 나타내기도 했다.

남매간의 성추행도 흔하게 일어난다. 어느 20대 주부는 괜히 슬퍼하고 우울해하고 화를 자주 내곤 했다. 남편에게 어린 애처럼 매달리고 애교를 부리다가도 갑자기 화를 내고, 아들에게도 자주 화를 냈는데, 특히 아들이 딸에게 접촉하려 하면 불같이 화내고 후회하기를 반복했다.

그녀는 어린 시절 가정 형편이 좋지 않아서 다섯 식구가 한 방에서 자야 했고 어머니와 오빠에게 많이 맞고 자랐으며 오빠로부터 성추행을 당한 경험이 있었다. 그녀가 일찍 결혼한 것도 지긋지긋한 집으로부터 빨리 벗어나기 위해서였다. 지금 오빠가 중병에 걸려 죽어가고 있는데 마음속에선 용서가 안 된다고 울먹이던 그녀는, 치료자에게도 '표정이 가라앉아 있다', 좀 더 웃어 달라'는 등 자신의 문제를 투사하여 공격했고, 다른 치료자를 찾아갔다가 다시 오기도 했다. 이는 어린 시절 오빠에게서 느낀 감정이 치료자에게 전이된 상황으로, 치료가 충분히 진행되어 해석을 통해 환자가 '자신'의 문제임을 깨닫기까지 많은 난관을 통과해야 했다.

성은 모든 노이로제의 원인인가

프로이트는 처음으로 성에 대하여 본격적으로 성찰한 정신과 의사이다. 어떻게 말하면 성선설이나 성악설 대신 '성욕설'을 제기한 것인데, 아직 봉건적 분위기가 강한 당시 사회에서 인간 행동을 성욕으로 설명하는 방식이 커다란 반발을 불러일으킬 것임을 각오한 선각자이기도 하다. 정신적 건강을 유지하기 위해서는 적절한 성의 만족이 필요하며, 그렇지 못할 경우 심성이 왜곡되고 심리적 균형에 위기가 온다는 것이다. 그러나 꼭 성행위를 통해서만 만족이 주어지는 것은 아니다.

　프로이트는 철학과 예술, 그리고 종교 등을 통해서도 본능적 욕구가 승화될 수 있다고 주장하였다. 또한 본능적 욕구를 포함한 모든 인간적 욕망을 검열하는 장치가 누구에게나 내재되어 있는데 그것이 바로 도덕적 자아superego, 초자아의 역할이다. 이드id, 충동의 자기 충족적 성향을 제어하지 않으면, 정신질서는 혼란에 빠지고 삶은 욕망에 종속되기 때문이다. 이러한 도덕적 자아의 노력은 현실

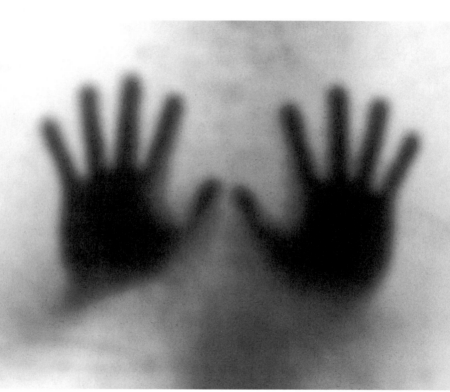

과의 타협에 머물지 않고 인격의 완성을 통한 자기실현에 이르도록 도와준다.

상담실에서 치료자는 권위와 존경과 신뢰의 대상으로 부각되기 마련이다. 상담이 진행되면서 여성 환자가 남성 치료자를 아버지나 오빠 또는 애인처럼 느끼게 되고, 남성 환자가 여성 치료자에게 이성으로서의 연애 감정을 느끼게 되는 것을 전이transference라 한다. 반대로 치료자가 남매나 애인 등 과거의 중요한 이성에게 느꼈던 감정을 환자에게 옮겨 느끼는 것을 역전이countertransference라 한다. 두 가지 모두 투사현상이다. 투사되는 내용이 신뢰의 감정을 넘어, 상대를 이성異性으로 느끼게 되면 때로 강렬한 감정 상태가 된다.

긍정적 전이의 경우 치료자는 환자의 마음에 최고의 구원자상으로 자리 잡는다. 신과 같은 존재 내지 영웅으로 비치기도 한다. 환자의 마음을 속속들이 알고 있으며 그 해결책도 알고 있어 자신의 길을 인도할 수 있는 사람으로 여겨진다. 긍정적 전이의 표현은 옷차림, 선물, 화장, 치료자의 신상에 대한 관심 등을 통해서 나타난다. 때로는 성적 내용으로 나타나기도 하는데 부끄러움 없이 심한 성적 요구를 하기도 한다. 이는 환자의 병리가 심하다는 것을 뜻한다.

긍정적 전이는 분노, 불신, 원망, 경멸 등의 부정적 전이로 바뀌기도 한다. 자기의 감정이 제대로 받아들여지지 않거나 거부당했다고 느끼게 되면 치료자를 흉악한 사람, 냉혹한 사람으로 느끼고 치료자가 자신을 농락했다고 받아들인다.

심리치료에서 해석을 통하여 전이를 통찰시키지 않으면 치료는 곤경에 빠진다. 환자의 전이를 올바르게 해석해주기 위해서는 치료자의 중립적 태도와 흔들리지 않는 마음이 중요하다. 중립적 태도는 치료 상황뿐만 아니라 윤리적 삶과 종교적 삶에 두루 적용되는 의미 있는 말이라 하겠다.

융은 전이의 목적이, 대극의 합일을 통하여 궁극적인 전일全一의 경지에 도달하는 것이라고 보았다. 환자들이 자기 마음속에 본래 있는 아버지와 어머니, 위대한 치료자, 영웅, 구원자를 발견함으로써 자기비하, 병적인 열등감으로부터 벗어나 자기실현을 이룰 수 있다는 것이다.

한편 융은 남성과 여성의 무의식 성향에 대하여 깊이 연구했다. 그는 외부세계와 관계를 맺는 외적 인격페르조나을 설정하고, 그 외적 인격과 대조되는 성향인 내적 인격아니마, 아니무스이 내면에 따로 있다고 보았다. 남성이 강함이라면 여성은 부드러움이다. '아버지는 집단적 의식과 전통정신을 대표하고 어머니는 집단적 무의식과 생명수의 원천을 나타낸다. 아버지는 명확성, 합리성, 계몽의 원리가 특징이다. 이에 비해 어머니는 어둠과 비합리성, 삶의 충동 자체이다'는 융의 주장은 남성성의 부성과 여성성의 모성에 대한 전통적 비유를 잘 드러내고 있다.

건강한 성은 애정과 친밀성을 전제로 한다. 그것은 부모로부터 온다. 불건강한 성은 대부분 어린 시절 부모와의 부정적 관계로부터 비롯된다. 부모로부터 애정이나 욕구 충족을 얻지 못한 상태에서 결혼한 경우 자칫 배우자를 착취하거나 구속하기 쉽다. 부모의 양육 태도에 따라서는, 자신이나 타인에게 파괴적인 가학증으로 나타나거나, 성행동이 상대방에게 향하지 않는 성도착증으로 나타나기도 하며, 죄악감이나 불안과 연관되면 강박적 행동으로 표현되기도 한다. 동성애의 경우는 때론 이성애를 겸하기도 하는데, 남자는 어머니와의 과도한 애착, 아버지의 부재, 성장기 동안 자기애 단계로의 퇴행 또는 고착, 형제자매 간 경쟁에서의 패배 등이 주된 원인이다. 여성의 경우에는 아버지와의 밀접한 관계가 배경이 되곤 한다.

융은 아들에 대한 어머니의 헌신과 어머니에 대한 아들의 충성을 결혼의 '원형'으로 해석하는 한편, 지나친 모성의 보호와 보살핌이 아들의 자립을 막는다고 보았다. 이는 모성 콤플렉스로서 아들이 자신의 마음속에 어머니의 상이 있다는 사실을 깨달을 때 해결된다는 것이다. 실제로 어머니 상은 남성에게 있어 좌절과 실패의 쓰디쓴 삶에 위로가 되어주는 존재이지만 동시에 환상을 자극하며 유혹하는 여인의 상이기도 하다. 융에 따르면 아들의 아니마는 일생 동안 어머니의 엄청난 힘 속에 붙들려 있다. 그로 인해 아들의 운명은 심각하게 굴절될 수도 있고, 반대로 담대함과 용기를 얻어 새롭게 개척될 수도 있다.

7. 사회 폭력과 자살

미숙한 자아들이 득세하는 사회

우리 사회는 현대의 격변기를 거치면서 미래를 점칠 수 없는 극히 불안정한 시대를 겪어왔다. 남과 북, 동과 서를 가리지 않고 상호 대립과 반목, 그리고 상대에 대한 비방과 공격으로 일관된 세월이 반세기 넘게 지속된 탓인지, 사회가 정신적으로 미숙한 병리 상태라는 경고의 목소리들이 오래전부터 있어왔다. 폭력과 공격성은 이 시대의 풍토병이다. 어쩌면 역사는 한국의 현대를 '정보화시대'가 아니라 '반사회적 시대'로 기록할지도 모른다.

하루가 멀다 하고 끔찍한 폭력 사건들이 뉴스 면을 장식하고 있다. 폭력은 어디서 오는 것일까? 욕망으로부터 온다. 보험금을 타내기 위해, 마약을 사기 위해, 술을 사기 위해, 성적 욕망을 채우기 위해 폭력을 휘두른다. 요구하는 것을 들어주지 않는다고 주먹을 휘두르고, 원하는 바를 얻기 위해 성폭행과 살인까지 저지른다. 욕망 충족에 골몰하다 보면 늘 그런 방향으로 마음이 쏠리기 마련이다. 힘 안 들이고 쉽게 욕심을 채우려 하고, 조그만 제재나 구속도 참지 못한다.

　외국인들은 종종 한국인의 특징으로 배타성, 타인에 대한 배려 부족, 편협함, 심리적 경직성, 놀이문화의 신명성 등을 꼽곤 한다. 그러나 오늘날 우리 사회의 가장 큰 취약점 중의 하나인 '도덕성 부재'는 별로 언급되지 않고 있다. 오늘날 우리 사회에 만연한 도덕 불감증은 그만큼 초자아 기능에 이상이 생긴 사람들이 많아졌다는 징조이다.

　윤리적 판단은 '초자아'의 기능과 밀접한 관련이 있으며, 관계와 신뢰는 '자아'의 기능, 감성과 쾌락은 '이드'의 기능과 관련이 깊다. 도덕적 양심에 기초한 건전한 초자아의 소유자는 혼돈 속에서도 흔들리지 않는다. 초자아의 기능이 희박하고 엷을수록, 또는 반대로 지나치게 고루하고 굳어있을수록 갈등이 증폭되고 정신력이 소모되기 마련이다.

　과거의 어른들은 지나친 초자아의 압제에 억눌려 욕망을 희생시키며 살곤 했다. 그러나 요즘의 젊은이들은 오히려 이드를 통제하는 데 어려움을 겪는다. 그것은 초자아 기능의 발달에 문제가 생겼음을 나타낸다. 초자아의 발달장애는 충동 조절의 실패로 이어져, 그것이 성적 표현이든 공격성의 표현이든 간에 무의식적 욕망의 분출을 통제하기 어려워진다. 우선 자기중심성, 공감 능력의 결여 등으로 인해 대인관계에 어려움을 겪으며 충동적이고 공격적인 방식으로 행동한다. 성인이 되어서도 성적 일탈, 물질 남용, 가족 유기, 범죄 행위 등을 저지르고 무위도식하면서 주위 사람들을 괴롭히는 경우가 많다.

초자아가 붕괴된 상태에서 이드만을 추구하는 미숙한 충동적 자아들로 구성된 사회가 반사회적 사회다. 이러한 반사회적 인간은 전체 남성의 3%, 여성의 1% 정도로 추정되고 있다. 이들은 어떤 사회나 체제든 무조건 거부한다. 어떤 유형의 사회이건 간에, 그 사회의 고정된 틀과 규정 속에 자신을 소속시키지 못한다. 심지어 그들은 폭력조직에서조차 제대로 적응하지 못한다. 조직 내의 엄격한 규율을 감당하지 못하기 때문이다.

따라서 반사회적 인간의 가장 두드러진 특성은 법과 규정의 위반이다. 그들은 절도, 강도, 살인, 사기, 강간, 도박, 유괴, 폭행, 협박 등 위법행위를 서슴지 않고 저지르면서 자신들의 공격성과 잔혹성을 드러낸다. 또한 그들은 냉혹성, 충동성, 공격성, 무책임, 무양심, 무질서, 무관계, 무반성, 몰염치 등의 특성을 보인다. 이들은 대체로 언어 능력과 지능이 우수하기 때문에, 남을 이용하고 착취하고 유혹하는 데도 뛰어나다.

도덕적 기반이 취약하거나 붕괴 중에 있는 사회는 이런 반사회적 인간들이 활동하기에 적당하다. 영악한 그들이 전파하는 반사회적 메시지는 일반 대중들이 보기에도 상당히 일리 있고 그럴듯하고 때로는 카리스마적이고 매력도 풍기기 때문에 지지자와 추종자들이 생겨나고 더 나아가 우상처럼 숭배하는 경우도 있게 된다.

'묻지마 살인'과 같은 반사회적 인간들이 득세하는 반사회적사회에서는 모든 인간적 관계가 파괴되고 인륜마저도 파괴되어, 폭력 미화, 성적 타락, 가정 파괴, 언어 파괴, 질서 파괴, 윤리 실종, 사랑 부재, 권위 상실 등으로 어지러운 사회가 된다. 그러한 사회는 가정교육의 붕괴, 학교교육의 붕괴, 가치관의 붕괴라는 대가를 치른다.

언론 매체의 선정적 폭력 성향

전통적 가치관에 기초한 가정교육이나 부모의 영향력이 현저히 줄어들면서 오늘날의 청소년들에게 가장 강력한 영향력을 행사하는 것은 단연 대중매체와 인터넷이다. 이들 매체를 통하여 급속도로 확산된 것들 중 가장 두드러진 것은 성과 폭력에 대한 가치관의 전도라 할 수 있다. 성적인 금기의 붕괴가 문제가 아니라 퇴폐적이며 폭력적인 성의 범람이 문제이다.

적절한 제동장치가 마련되지 않은 상태에서, 그것도 단계적인 것이 아닌 홍수처럼 밀려드는 식의 가치관 전복은 사회의 심리적 평형을 일시에 흔들어 놓으면서 심각한 정서적 불안정을 일으킨다. 가혹한 금욕주의 역시 바람직하지 않지만 성적 쾌락에 탐닉한 나머지 부녀자를 납치 감금하고 성폭행하는 잔인한 행위는 내재적으로 깊은 절망의 표시이며 더 이상 믿을 것이 없다는 자기포기 선언이다. 자포자기에서 비롯된 낮은 자존감은 가장 원초적인 쾌락 추구 행위를 통하여 행복을 바라지만 그것은 영원히 채워질 수 없는 공허감만을 남길 뿐이다.

외국에서 폭발적인 인기를 얻고 있는 가수들의 노래 가운데 상당수도 이러한 퇴폐적인 메시지를 노골적으로 전파하고 있다. 로큰롤 음악의 경우, Rock and Roll이라는 이름 자체가 흑인들의 은어에서 온 것으로 남녀 간의 성행위를 나타내는 '흔들고 구른다'는 뜻이다. 노래 중에는 돈, 마약, 섹스 심지어는 자살과 살인을 찬미하고 권유하고, 공연 중의 노골적인 성행위 묘사는 청중들을 자극하는 도구로 이용된다. 이러한 퇴폐주의는 정체된 사회에서 무력감에서 탈피하기 위한 자구책으로 나타나기 쉽다.

폭력적인 내용을 다룬 영화나 게임들 역시 꾸준히 대중의 인기를 끌고 있다. 사람들의 무의식 기저에 놓인 가학적 · 피학적 욕구를 대리충족 시켜준다는 측면도 부인할 수 없지만, 의식적 차원에서의 영향을 무시할 수 없다. 폭력과 공격성에 대한 선망과 모방을 불러일으키기 때문이다. 사이버 세상에서의 원색적이고도 잔혹한 언어폭력 역시 집단적 테러에 가깝다. 게다가 어린이들이 보이는 동물 학대 행위를 비롯하여 부모들의 자녀 학대에 이르기까지, 증오심과 잔혹성은 사회 곳곳에서 목격되고 있다.

사실 인간의 무의식 내면에는 악마적 요소가 다분히 내포되어 있다. 욕망의 충족을 위해 무의식은 쉴 새 없이 자아를 위협하고 충동질한다. 게다가 온갖 부도덕한 근친상간, 잔혹행위, 도착적 성행위, 마약과 혼음, 살인과 폭력 등을 공공연하게 찬미하고 권하는 악마주의적 행태도 드물지 않다. 특히 가치관이 아직 확립되지 않은 청소년들에게 이러한 메시지는 물리치기 어려운 유혹으로 다가오기 마련이다. 윤리와 도덕을 강조하는 고리타분한 말보다 더욱 인간 무의식을 자극하기 때문이다. 미국의 밴드 '마릴린 맨슨'은 여배우 마릴린 먼로와 희대의 살인마 찰스 맨슨의 이름을 조합해 밴드명을 지었는데, 이 밴드에 열광하는 젊은이들을 보면 도덕적 판단의 마비 수준이 어느 정도에까지 이르렀는지 알 수 있다.

반항적 성향에서 희망을 읽다

그렇다고 반항적 인간이 꼭 반사회적 인간인 것은 아니다. 정신분석가 그린버그Greenberg는 한 조직체 내에서 이루어지는 좌절과 분노의 감정이 반사회적 행동을 일으킨다고 보고, 조직적인 좌절의 결과가 반사회적 행동을 일으킨다고 보았지만, 특히 정신적 방황과 혼란기에 있는 청소년의 경우에는 자신들이 겪는 현실적 좌절감과 절망감으로 인하여 우울 및 불안의 반응이 반항적 행동으로 나타나기 쉽다.

영국의 정신분석가 위니콧D. W. Winnicott은 반사회적 행동을 보이는 청소년들에 대한 실제 접촉과 관찰을 통해, 그들이 보이는 반사회적 경향들이 오히려 희망을 뜻한다고 보았다. 그들이 훔치고 속이며 파괴하는 성향은 곧 자신들을 품어주고 담아줄 수 있는 울타리를 찾는 것이며 따스한 모성적 관계를 회복시키고자 하는 몸짓으로 이해될 수 있다는 것이다. 그는 치료자들이 그러한 반사회적 행동들을 희망의 징표로 인식하지 않는 한 그들을 적절히 치료할 수 없다고까지 주장하였다. 위니콧은 진보적인 일부 학교의 자유방임적이고 무비판적인 태도가 오히려 그들의 심리적 성장과 적응 능력 향상에 걸림돌이 될 수도 있다고 지적하기도 했다.

반사회적 인격의 심리적 기저에는 병적인 나르시시즘이 자리 잡고 있는데 건강한 자아의 발달과 초자아의 형성에는 역시 부모의 역할이 가장 중요하다. 그러나 부모의 노력뿐 아니라 사회 전반적인 노력들도 동시에 요구된다. 교육제도의 개혁, 정보관리의 강화, 대중매체의 정화, 전문 상담가의 양성, 종교 및 시민단체의 활동, 청소년문제에 대한 국가 차원에서의 대책 마련 등으로 요약될 수 있겠다.

이러한 사업은 과거에 있었던 소위 사회악 소탕작전과 같은 '폭력에는 폭력으로' 식으로 추진되어서는 곤란하다. 홍위병을 동원한 문화대혁명의 극심한 혼란이나 군사력을 동원한 삼청교육대와 같은 강제적인 무력행사는 또 다른 폐단을 불러왔다. 민주적인 방법으로 지속적인 교육과 홍보, 설득과 제도적 보완을 통해 장기적인 안목을 지니고 수행되어야 할 과제이다.

교육제도의 개혁은 그중에서도 가장 중요한 부분이다. 인성을 소홀히 하는 현행 교육제도는 분명히 개선되어야만 한다. 현재의 입시제도는 교우관계는 물론 사제지간의 인간적 관계마저 파괴시키는 주범이며 부모자식 간의 관계마저 소외시킨다. 그러한 부정적 경험은 사회 전반을 보는 시각에도 영향을 끼치며 증오심과 공격성을 조장하기 마련이다. 살벌한 경쟁심과 지독한 이기심을 양산하는 비교육적 제도가 아닐 수 없다.

그뿐만 아니라 가정 교육과 학교 교육이 아무리 성공적으로 이루어진다 해도 사회 분위기를 주도하는 막강한 영향력을 지닌 대중매체가 제대로 정화되지 못한다면 그러한 모든 노력들이 무용지물이 되기 쉽다. 건전한 기업윤리와 상도덕의 확립에 기초한 정보 체제의 감독과 정비는 물론, 대중매체 종사자들에 대한 지속적인 교육과 홍보가 필요하다. 상업적 이윤 추구를 목적으로 한 반사회적 메시지의 전파 및 조장은 적절히 규제될 필요가 있다.

자신에 대한 극단적 폭력, 자살

우리나라의 자살률은 OECD 국가 가운데 부동의 1위이고, 특히 10~30대의 사망 원인 1위가 자살일 정도로 젊은 층의 자살이 사회

문제가 되고 있다. 정신과 환자 가운데도 가정불화나 성적 등으로 자살충동에 빠진 청소년들이 많다. 젊은이들의 충동적 자살이 늘면서 우리 사회의 미래를 더욱 어둡게 만들고 있다. 우리 사회가 자살공화국이 된 것은 경제 성장에 주력하면서 물질적 가치만 중요시하고 마음을 제대로 돌보지 않은 결과일 것이다. 우리 사회처럼 '일류, 성공, 돈' 등 외적 가치가 지나치게 강조되는 사회는 심각한 경쟁의식에 사로잡히게 되고, 필연적으로 차별과 소외의 문제를 낳게 된다. 소외된 사람들은 심각한 생존의 위협에 맞닥뜨리게 되고, 그 소외감이 분노를 키운다. 분노가 외부로 표출되면 최근 사회 문제가 되는 '묻지마 범죄'로 나타나고, 내부로 향하면 자살로 표출된다.

프로이트는 자살을 '누군가 죽이고 싶은 살해 충동을 자기 자신에게 투사한 것'이라 하였다. 이밖에도 자살 행위를 설명하는 여러 학설들이 있으나 어쨌든 자살의 동기는 전부 다르다. 불치병, 파산, 실연, 불의에의 항거 등… 그만큼 자살의 유형이 많고 사연이 많다는 것인데, 때때로 동기가 미화되기도 하지만 여전히 자살은 지지받을 수 없는 행동이다.

자살에는 국경이 없다고 한다. 그만큼 모든 계층과 직종에서, 범세계적으로 동서고금을 막론하고 일어난다. 실제로 자살은 10대 주요 사망 원인의 하나이며, 하루에도 수없이 일어나는 사고의 상당수가 자살의 변형이다. 나라마다 차이가 있지만 인구 10만 명당

연간 10~20명은 자살하며, 자살 미수자는 그 수의 10~30배에 이른다. 청소년기보다는 중년기나 노년기에 더 많이 일어난다. 독신에게 더 많은데, 여자보다는 남자의 경우가 더 그러하다. 자살 시도는 여성이 남성보다 3배 많지만 성공률은 남성이 높다. 남자들이 더 확실한 자살 방법을 택하기 때문이다.

이타적 자살과 이기적 자살

자살은 결코 미화되어서는 안 되지만 그렇다고 모든 자살이 비난의 대상이 되어서도 안 된다. 어린 생명을 구하기 위한 자기희생, 국가를 위해 생명을 마친 순국 자살, 의롭지 못한 독재정권에 대한 사회적 고발로서의 항의자살 등은 사회와 국가를 위한 이타적 자살이므로 개인적 차원으로 국한시켜 비난할 수 없다.

그러나 대부분의 자살은 자신의 문제로 인한 이기적 자살에 속한다. 극심한 고통, 한계감, 무력감, 자기상실감에 빠진 결과 자살을 택하는 경우가 대부분이다.

한편 모방 자살이나 동반 자살은 자기 주체성이 확립되지 않은 경우에 일어난다. 자신이 죽도록 좋아하거나 의지하던 사람이 죽자 삶의 의미를 잃어버리는 것이다. 현대미술의 거장 피카소에게는 일흔이 넘어 만난 마지막 여인 자클린 로크가 있었다. 그녀는 35

세에 여든을 바라보는 피카소와 결혼하여 그가 죽을 때까지 분신처럼 봉사했다. 그녀는 피카소를 '전하', '주인님'이라고 불렀으며, 피카소가 죽자 권총으로 자살하고 말았다. 진정한 자기를 확립하지 못하고 페르조나만으로 사는 사람들은 자살의 포로가 되기 쉽다. 유명 연예인이 자살하자 팬들이 그 뒤를 따르는 경우도 여기에 해당된다.

연예인의 경우, 인기가 하락한다는 것은 왕자의 신분에서 하루 아침에 거지 신분으로 전락하는 것과 마찬가지다. 인기를 유지해야 하는 직종은 비단 연예인만이 아니다. 정치인, 사업가, 유명인 등 명예에 가치를 두는 사람은 모두 해당될 수 있다. 비리에 연루된 것이 폭로되자 자살하는 고위 공직자의 경우도 체면이 깎여 자살하는 범주에 해당된다. 이들은 대체로 외향적인 성격에 속하기 때문에, 외부적인 것 즉 사회적 성공이나 세속적 명리에 가치를 두고 강한 집착을 갖는다. 이들에게 있어서 자신이 추구하는 외부적 목표의 달성 실패는 자신의 존재 의미가 사라지는 것을 뜻한다.

병적 자살 충동

정신병적 자살도 있다. 조현병이나 조울증, 그리고 주요우울증에서 자살이 흔한데, 환청의 지시를 받고 자살하거나 죄책망상으로 자살하는 경우가 그것이다. 정신병으로 입원하였다가 호전되어 외출 또는 퇴원한 환자가 그 직후 자살을 감행하여 가족과 치료진을 당황하게 만들기도 한다. 실제로 우울증은 자살의 중요한 원인 중의 하나이다. 자살하는 사람의 대부분은 심한 우울 증세를 나타낸다. 미국 존스홉킨스 의대와 위스콘신 의대의 연구 결과에 의하면 우울증 환자의 자살 위험이 일반인에 비해 41배나 높으며 자살자의 약 90%에서 정신질환 진단이 가능하고, 특히 70%가 우울증을 앓고 있는 것으로 나타났다. 실제 우울증 환자의 67%가 자살을 생각하고 15%는 자살로 일생을 마친다.

특히 우울증을 앓고 있고 자살 기도를 한 적이 있는 남자의 경우 결국 자살로 일생을 마칠 확률이 50%에 달한다고 알려져 있어서, 반쯤 죽은 사람으로 간주될 수 있다. 우울증은 심할 때도 문제가 되지만 회복기에도 자살률이 높아서 안심할 수 없다. 이처럼 자살 충동은 우울증과 밀접한 관련이 있다.

종합병원 외과의사인 44세의 남성이 자신의 아파트에서 투신하여 목숨을 끊었다. 그는 아내와 두 자녀를 둔 가장이었고, 직장에서의 대인관계도 두루 원만했으며 직업적으로도 성공을 거둔 터였다. 그는 두 달 전부터 생긴 불면증이 점점 악화되자, 차츰 마음이 불안하고 우울하고 불길한 생각에 사로잡히게 되었다. 환자의 수술 부위에 사소한 염증이 생긴 것을 보고도, 염증이 악화되면 환자 생명이 위독해질 것이고 그로 인해 자신이 곤경에 처할 것이라며 지나치게 걱정하곤 했다. 그 정도가 점점 심해져서 밤새 한숨도 이루지 못하고 안절부절못하였다. 같은 병원의 정신과 의사를 만난 후 우울증 진단을 받고 입원을 권고 받았지만 자신의 일을 마무리하고 입원하겠다고 우기고, 그날 밀린 일을 마무리하고 귀가한 뒤 밤새 불면과 초조에 시달리다가 새벽에 자살하였다.

자살한 사람의 주변 사람들은 깊은 상처를 받게 된다. 구조를 요청하는 신호와 자살을 알리는 조짐들이 있었음을 나중에 알고는, 자살을 막지 못했다는 죄책감에 시달리는 것인데 그 상처는 몇 년이 지나도 쉽게 아물지 않는다.

종합병원의 어느 산부인과 의사는 두 자녀를 두고 있었는데 특히 의과대학에 다니던 아들을 무척 자랑스럽게 생각하고 있었다. 아들이 시험으로 스트레스를 받는 것을 보면서, 그 과정은 의사가 되기 위한 필수적인 과정이라며 격려도 했지만, 자신이 그런 시절을 무사히 마친 것을 아들에게 은근히 자랑하기도 하였다. 어느 날 새벽, 그의 아들은 투신하여 즉사했다.

그는 죄책감에 시달렸고 삶의 의욕과 희망을 전부 잃었다. '내가 의사인데, 아들이 자살하고 싶을 정도의 고통을 받고 있었다는 것을 어떻게 모를 수 있나?' 그는 우울증 치료를 받기 시작하였지만 쉽게 회복되지 않았다. 학회 활동도 할 수 없었고, 친구와의 모임도 귀찮아졌다. 삶에 대한 태도가 그 사건 이후 완전히 달라질 수밖에 없었다. 어린 시절부터 장기간에 걸쳐 형성된 인생관이라 하더라도, 결정적인 한 가지 사건을 통해서 쉽게 무너질 정도로 취약한 것이다.

죽고 싶은 것이 아니라 벗어나고 싶은 것

자살을 시도하는 사람 가운데는 평소 우울증을 앓는 이들이 많다. 일시적인 우울감이 아니라 우울, 걱정, 원망, 비관, 자기비하 등의 부정적 감정에 빠져 산다면 치료를 해야 한다. 우울증은 뇌 메커니즘의 이상으로 발병하는 분명한 질환이다. 가볍게 여기다가 자살 충동으로 이어질 수 있다.

특히 죽고 싶다는 생각이 계속 든다면 서둘러 치료를 받아야 한다. 몸의 병처럼 마음이 아픈 것이므로 결코 부끄러워할 일이 아니다. 자살충동이 이어진다면 자신의 괴로움을 가족에게 터놓고 이야기하고, 전문의를 찾아 상담을 받는 것이 현명하다. 숨기거나 부끄러워하다가 결국 자신을 전혀 통제하지 못하는 상황으로 치닫게 된다.

결국 자살과 관련하여 최대 관심사는 자살을 어떻게 예방할 것인가 하는 점이다. 사실 자살의 예방은 어려운 일이 아니다. 그들은 죽기 전에 반드시 주위 사람들에게 어려움을 털어놓고 죽음을 시사한다. 자신의 실패로 사면초가 상황에 처해 있는 사람들, 그들은 강물에 빠져 허우적대며 지푸라기라도 잡으려는 심정이다. 누구나 도움을 요청 받으면, 전문가가 아니라 하더라도 그 사람의 이야기를 들어주어야 한다. 진지하게 그들과 한 마음이 되어 아파한다면 생명을 구할 수 있다. 단지 옆에 있어주는 것만으로도 그들에겐 도움이 되기 때문이다. 그런 다음 가족들에게 알려 전문 치료를 받도록 해야 한다. 특히 한 번이라도 자살을 시도했던 사람은 생명을 잃을 위험이 높기 때문에 입원 치료하는 것이 원칙이다. 자살을 예방하기 위해서는 가벼운 우울이나 비관이라도 소홀히 넘기지 말고 전문의와 상의하여 적절한 치료를 받도록 하는 것이 꼭 필요하다.

자살 충동에 시달리는 어느 중년 여성이, 하루에도 수없이 죽고 싶은 생각으로 견딜 수 없다며 상담실을 찾아왔다. 죽고 싶은 마음은 간절한데 아직 어린 아이들이 눈에 밟혀 차마 죽을 수 없다지만, 정말 그녀가 간절히 원하는 것은 어렵고 힘든 현실을 벗어나는 것이다. 죽고 싶은 것이 아니라 벗어나고 싶은 것이다.

죽고 싶다는 생각 자체는 그리 중요하지 않으며, 녹음기처럼 되풀이 되는 생각의 메아리에 불과하다. 자살 충동을 하루에도 수백 번 겪다보니 죽어야만 자살 충동에서 벗어날 수 있을 것으로 생각하는 것일 뿐, 좀 더 행복하게 살고 싶은 마음과 다르지 않다. 치료가 시작되었으나 그녀는 자신의 마음과 생각을 스스로 통제 못하고 남의 조언과 약물에 의지한다는 것을 매우 수치스러워했다. 그러나 너무 고통스러우니 치료를 계속 받긴 했지만, 도중에 이런저런 회의가 드는 모양이었다. 이런 경우는 증상 자체보다는 그녀의 괴로운 감정에 초점을 맞추어, 자살 충동이 50회든 500회든 어떤 마음 상태에서 일어나는지 보도록 돕는 것이 중요하다. 마음치료 시간에 지금까지 겪은 분노와 좌절감, 모욕과 모멸감 등 모든 어려움들을 연상하여 분명히 보게 하는 동안, 조금씩 충동이 줄어들고 부정적 생각으로부터 차츰 벗어나기 시작하였다. 그녀는 상담 도중에 만난 수많은 난관과 장애물을 극복했고, 그 자긍심은 그녀에게 앞으로 어떤 어려움이라도 헤쳐 나갈 수 있는 에너지를 제공할 것이다.

자살을 막으려면 사회적 관심이 필요하다

프랑스 사회학자 뒤르켐Durkheim은 각 사회마다 자살에 대한 독특한 태도를 갖고 있으며 이런 태도가 자살률에 영향을 준다고 하였다. 예를 들어, 자살 시도를 죄악시하고 자살을 무책임하고 경멸스런 대처 방법으로 간주하는 사회와, 자살자를 정신적 고통에 대한 순교적 태도로 간주하며 동정하는 사회는 자살률에 차이가 있을 수 있다. 우리 사회에서도 자살 시도 및 자살자에 대하여 다소 관대한 태도를 취하고 있는 것이 상황을 악화시키고 있는 것은 아닌지 되돌아볼 일이다. 뒤르켐은 그 외에 기후, 위도, 종교 및 교육, 가족

등의 사회 지지도, 경제상황, 우울증 등의 요소들이 자살률에 영향을 준다고 주장하였다. 실제로 연구에 의하면, 자살하는 10대 청소년은 거의 결손가정 출신인 것으로 나타났다. 그들은 삶의 정체성을 확립하지 못한 채 부모와 세상을 원망하면서 자살을 감행하는 것이다. 반면 모범생들의 자살은 대부분 학교 성적과 관련이 있다. 자신과 부모의 높은 기대에 못 미치는 성적 때문에 지나치게 실망하고 자책하여 귀중한 생명을 끊는 것이다. 이처럼 자살 문제는 소홀히 다뤄서는 안 될 중요한 사회문제이다. 자살을 예방하고 치유하기 위해서는 사회 전체가 자살에 대한 편견에서 벗어나 올바른 시각을 지녀야 한다.

평등한 사회 문화, 소외계층에 대한 사회적 대책, 입시 위주 교육 대신 생명 존중의 인성교육 등 죽음을 부추기는 사회를 바로 잡는 국가 차원의 노력이 필요하다. 보다 중요한 것은 우리의 가치관이 바뀌는 것이다. 물질과 성공을 우선시 하는 가치관이 마음의 평화를 으뜸 가치로 바뀔 때, 물질에 집중해서 결핍증후군에 시달리는 사람들의 마음에 '감사'와 '사랑'을 심을 때 자살을 밀어낼 수 있다.

청소년 자살문제의 해법 역시 마찬가지다. 성적만 강요하는 부모, 1등만 기억하는 성적 위주의 교육환경이 바뀌지 않는 한 청소년 자살의 근원적인 해결을 기대하기 어렵다. 교육 일선에 있는 부모와 교사가 먼저 변해야 아이들의 자살을 막을 수 있다. '성공'이나 '부'보다는 '평화'와 '사랑'의 마음을 심어야 하고, 경쟁심보다 더불어 사는 법을 가르쳐야 한다. 불행을 학습해온 삶에서 벗어나 행복과 평화를 학습하고 훈련하는 마음공부에 온 사회가 관심을 높여야 한다.

4장

마음을 치유하다

서양의 심리치료와 동양의 명상을
접목시킨 명상치유법을 소개한다.

1. 심리치료는 어떻게 하나요

마주보는 관계

누군가 나를 이해해주고 믿어준다는 느낌은 자신감의 원천이다. 자기와 비슷한 생각과 취향을 가진 사람을 만나면 평생 친구가 되고 동반자가 되기도 한다. 심리치료에서도 마찬가지다. '혼자'라고 느끼지 않고, '나'와 같은 사람이 또 있다는 것만 자각해도 병의 절반은 나은 것이나 마찬가지다. 환자들은 치료자를 든든한 동반자로 인식해서 동일시하고 싶어 한다. 환자에게 치료자는 어쩌면, 존경할 만하고 자신을 이해해주며 자신을 믿어주는, 최초의 사람일 수도 있다. 환자들은 '나와 같은 환자가 또 있느냐'고 자주 묻는다. '나는 혼자이고, 나의 문제를 이해해줄 수 있는 사람은 이 세상에 아무도 없다'는 소외감에 시달려온 환자들은 치료관계를 통해 그 고통으로부터 벗어날 수 있다.

심리치료는 환자의 고통스런 심리적 문제를 치료자와의 대화를 통해 풀어나가는 것으로, 일반 상담과는 다르다. 카운슬링이나 일반 상담은 상담자가 내담자에게 조언이나 위로, 격려, 전문 지식 등을 제공하는 식이므로 다분히 수직적 관계이다. 반면 심리치료는 수평적 관계이다. 치료자가 환자의 언어적·비언어적 의사표현을 깊이 이해하고 공감함에 따라 환자는 치료자를 점차 신뢰하게 된다. 환자는 치료자로부터 지지받고 인정받는 느낌 속에서 스스로 자신의 문제를 자각하고, 교정된 정서 체험을 통해 현실에서 반복되는 행동 문제를 고쳐나가며, 그럼으로써 왜곡된 성격 구조와 대인 관계를 수정해나가게 된다.

물론 가장 중요한 것은 환자와 치료자 사이에 신뢰 관계를 형성하는 것이다. 신뢰가 쌓이지 않으면 환자는 결코 속내를 드러내지 않는다. 환자가 생각나는 대로, 떠오르는 대로, 가감하거나 은폐하거나 꾸미지 않고, 솔직하게 표현할 수 있도록 해주는 것이 심리치료의 제1원칙이다.

어린 시절 경험한 기억들은 자라면서 잊히지만, 그렇다고 완전히 사라지는 것은 아니다. 그것은 무의식에 저장되어 성장한 후에도 지속적으로 영향을 미치고, 어느 순간 꿈 등을 통해 의식세계로 떠오르기도 한다. 심리치료 과정에서도 무의식의 내용은 자유 연상이나 연상의 증폭을 통해 의식세계로 떠오르는데, 증상을 호전시키는 데 특히 중요한 역할을 한다.

최면을 통해 무의식이 드러나는 경우도 있으나, 일단 의식세계에 잠깐 떠오르는 것만으로도 치료 효과가 나타나긴 하지만 그 효과가 일시적이라는 단점이 있다. 반면 심리치료를 통해 자신의 주체적 힘으로 떠올려 깨달은 경우에는 그 변화가 항구적이고 지속적이다. 프로이트가 처음에 최면치료를 하다가 중단하고 정신분석을 시작한 이유도 바로 여기에 있다.

심리치료는 환자의 능력을 방해했던 장애들을 제거하고 환자가 왜곡된 자아로부터 벗어나 진정한 자아를 실현할 수 있도록 도와주는 것이다. 환자 스스로 문제를 깨닫고 성장 과정에서 입은 정서적 상처와 왜곡된 행동 반응들이 수정되어야 하므로, 몇 마디 대화로 치료가 끝나는 게 아니라 비교적 긴 시간이 걸린다. 어떤 의미에선 새롭게 인격 구조를 재구성하는 것이고 새롭게 재교육하는 것이라고 할 수 있다. 마음의 문제는 엉킨 실타래를 풀듯이 차근차근 풀어가야 한다. 환자 스스로 자신의 마음을 올바르게 이해하고, 심리치료를 통해 자신의 마음에 켜켜이 쌓인 감정의 상처 덩어리들을 녹여내야 한다.

소심한 완벽주의자인 어느 젊은 여성은 상담이 끝날 무렵, 자신의 문제를 치료하기 위해 집에 가서도 실천할 수 있도록 숙제를 내달라고 주문했다. 그녀는 이미 인터넷 검색과 심리학 개론서와 정신건강에 대한 책들을 통해 충분한 지식을 가지고 있던 터였다. 그녀에게 필요한 것은 더 많은 정보가 아니었다. 자신을 더 잘 이해해주고 공감하는 일이 남아있었다.

상담을 거듭하면서 자신을 보다 깊이 이해하게 된다는 설명에 대부분의 환자들은 고개를 갸웃한다. '나의 문제를 내가 잘 알고 있는데 더 이상 무슨 이해냐?', '나는 전문적 처방이 필요하다', '어떻게 하면 확실히 증상을 없앨 수 있는가?' 등등의 질문을 던지면서 말이다. 환자들은 대체로 답과 해결을 서두르는 경향을 보이는데, 이는 치료를 가로막는 가장 큰 암초 가운데 하나다. 변화가 빨리 일어나지 않으면 마음이 조급해져 불안과 회의에 빠지고, 때로는 남을 원망하고 화를 내기도 한다. 마치 치료자가 무능해서 자신의 문제가 해결되지 않는 것처럼 굴기도 한다. 환자 스스로 자신을 이해하려는 노력을 하지 않고 남의 탓을 하는 것인데, 사실 이것은 환자의 오랜 습관이기도 하고 또한 앞으로 극복되어야 할 과제이다.

자신 스스로 보려 하지 않는 부분, 남에게 드러내기 창피하고 꺼려지는 부분을 솔직하게 치료자에게 내보이는 것이야말로 자신을 이해하는 첫걸음이다. 꾸미지 않고 자신을 드러낸다는 것은 사실 말처럼 쉽지 않다. 치료자에게 잘 보이고 싶은 마음이 은연중에 작용하기 때문이다. 그러나 은폐하고 잘 보이려 할수록 치료는 겉돌게 되고, 변화는 멀어진다. 자신의 내면을 감추는 것이 바람직하지 않다는 걸 환자 스스로 깨닫게 되면, 점점 자신을 긍정하게 되고 자신에 대한 믿음이 강해진다.

환자가 자기 내면에서 떠오르는 부정적인 생각들과 감정들을 있는 그대로 내보일 수 있게 되면 마음의 방어가 점점 약해지고, 마침내 마음의 방어 방식을 통찰하게 되어 더 이상 마음을 방어하는 데

에너지를 낭비하지 않게 된다. 소모되던 에너지가 축적됨에 따라 삶에도 생기가 넘치고 생활에 긍정적 변화가 일어나기 시작한다.

지지치료와 분석치료

심리치료는 환자 상태와 수준에 따라 지지적 심리치료와 분석적 심리치료로 나뉜다. 지지적 심리치료란 현실 지향적이고 실용적인 접근법으로, 일상의 스트레스들을 극복하고 처리하는 현실적 기술들을 가르치거나, 현실 평가력을 키워주거나, 삶의 구체적인 문제들을 해소하는 것을 돕거나, 또는 증상을 일으킨 환경적 조건들이나 그 증상들을 조절하는 데 초점을 두는 치료법이다. 갈등의 근원을 파헤친다거나 근본적인 인격의 변화를 시도하지 않고, 감정적 고통과 증상을 완화시키는 데 중점을 둔다. 반면 분석적 심리치료는 무의식적 갈등을 의식세계로 끌어내 풀어가는 치료법이다. 치료자와의 전이관계를 이용하여 어린 시절 잘못된 관계에서 생긴 환자의 갈등을 풀어나가는 것이다.

심리치료는 한 인간으로서 환자에게 무엇이 일어나고 있느냐 하는 현실에 초점을 맞춘다. 치료자는 환자의 모든 연상들이 공통적으로 가지고 있는 주요 동기들에 대해 관심을 집중하면서 가장 뚜렷하게 드러나고 있는 것과 해석되어져야 할 것을 알아내야 한다.

증상은 하나의 상징이다. 증상이 갖고 있는 의미를 이해할 수 있도록 치료자와 환자는 함께 작업하는 것이다. 환자는 어린 시절 여러 요인들에 의해서 자유로운 성장을 방해받아, 어린이로 남아있는 것이 안전하다고 느끼고 성장을 포기하거나, 부모에 대한 증오심이 억압되어 독립을 할 수 없게 된다. 이러한 요인들이 무의식에 갇혀 있고 자각되지 않는 한 다양한 노이로제 증상을 나타내거나 대인관계에서 갈등을 빚게 된다. 이때에 훈련된 치료자로부터 도움을 받아 이러한 요인들을 자각하고 통찰하여 갈등을 극복하게 된다.

치료자는 자신을 잘 성찰할 수 있어야 하고 무엇보다도, 환자의 능력을 존중하며 안내자의 역할에 머무를 수 있어야 한다. 간혹 의욕이 앞서는 젊은 치료자들이 자신의 능력을 과신하여 환자를 자신의 신념과 가치관대로 이끌려는 경향이 있다. 이것은 마치 부모들이 아이가 자기의 기대와 요구에 부응하도록 키우려는 것과 같아서, 환자가 자신의 문제를 주체적으로 해결하는 것을 막게 된다.

그래서 종교나 신분, 인종, 성별 등을 차별하지 않는 중립적 태도를 지녀야 하는 것은 치료자의 기본 덕목이다. 또한 중립적이라는 말에는 절제의 뜻이 포함되어 있다. 아이는 자라면서 맺은 부모와의 관계를 내재화하였다가 성인이 되어서도 그 관계 방식을 되풀이한다. 따라서 현재 환자가 겪고 있는 대인관계의 문제나 갈등은 어린 시절의 관계 방식과 깊이 연결되어 있다. 심리치료 과정에서 환자는 부모에게 느낀 감정을 치료자에게 옮겨 느끼게 되는데,

부모로부터 얻지 못한 감정을 치료자에게 요구하게 된다.

치료자에게 과도하게 존경을 표현하고 상담실 밖에서 식사 만남 등을 원하기도 하며, 모든 해답을 요구하는 등 의존 욕구를 드러내기도 한다. 치료자는 이러한 환자의 전이 욕구를 충족시켜주지 않아야 한다. 환자는 충족되지 않은 전이 욕구를 통해 자신의 내면을 잘 관찰할 수 있다.

만약 전이 욕구가 즉시 충족되면 고통과 불안이 일시적으론 사라지는 것처럼 보이지만 대신 문제의 뿌리를 해결하는 데에는 이를 수 없다. 일시적으로 증상이 호전될 뿐, 근본적이고 효율적인 인격 성숙과 스스로 문제를 극복할 수 있는 힘을 키울 수 있는 기회를 놓치게 만든다. 따라서 치료자는 환자를 쉽게 고통으로부터 벗어날 수 있게 하고픈 유혹에 스스로 무너지면 안 된다. 치료자의 임무는 전이의 해석을 통하여 환자가 통찰력을 갖게 함으로써 조건화를 해제하고 교정적인 정서 경험을 체험하도록 하는 것이다.

한편 치료자는 가능한 한 익명성을 유지해야 한다. 익명성을 유지한다는 것은 환자가 궁금해 하는 치료자의 신상에 관하여 정보를 주지 않는 것이다. 치료자에 대한 궁금증을 해소시키는 것보다 치료의 주체가 환자 자신이고 환자가 갖고 있는 마음의 문제에 집중하는 것이 중요함을 일깨워준다. 익명성의 보다 깊은 의미는 치료자를 잘 몰라야 대상(주로 부모)을 투사하기 쉬워 전이가 잘 일어난다는 데 있다.

관심과 존중

심리치료 과정에서 만나게 되는 환자 내면에서 일어나는 두 가지 힘이 있는데 하나는 치료를 돕는 긍정적 힘이고 하나는 치료를 결렬시키는 부정적 힘이다. 전자에는 치료동맹과 긍정적 전이 등이 해당되고, 후자에는 저항과 부정적 전이 등이 해당된다. 치료자 내면에서도 긍정적 역전이와 부정적 역전이가 일어나게 된다. 이때 치료자는 분석 중에 어김없이 일어나는 이런 변화들을 주의 깊게 점검해야 한다.

치료자가 자기 자신의 투사를 시인하는 것은 실상을 파악하려는 치료자의 기본조건이기도 하다. 환자는 치료자가 모든 것을 아는 전지전능한 신같은 존재이기를 바라는 경향이 있다. 어린 시절에 부모에게 했던 것과 같이 치료자를 대하면서 무의식적으로 치료자에게 의존하고 복종하고 두려워하거나 존경한다. 그러므로 만약 치료자가 그 자신 속에 지속되고 있는 유아적인 면을 해결하지 못한 상태라면 치료자는 이것을 즐기게 되거나, 모든 질문에 답변을 해주려 하고 해석해주려 할 것이다.

환자를 도우려는 따뜻한 관심과 연민, 성실함, 민감성, 사려 깊음, 그리고 존중이 해석을 위한 전제 조건이다. 해석은 환자가 내놓은 자료를 통해 추론하고 환자의 언어로 그 의미를 말해주는 것이 해석이다. 치료자에게 느끼는 환자의 애증의 감정을 치료자가 사적으로 대하지 않고 거울처럼 반영해주는 가운데, 전이의 주제가 상담실 안에서처럼 현재 삶 속에서 반복되고 있음을 해석을 통해 서서히 깨달아 가면 치료는 마무리 단계에 이르게 된다.

심리치료가 원만히 성립되려면 환자는 다음과 같은 조건을 갖춰야 한다.

- 우선 치료 관계를 맺을 수 있는 능력이 있어야 한다. 이를 치료 동맹이라고 하는데 환자의 합리적인 자아가 치료자의 자아와 함께 치료 작업을 위해 손을 잡고 치료 동맹을 맺을 수 있어야 한다.
- 환자가 환상과 현실을 구분할 수 있어야 한다.
- 자신의 문제를 치료를 통하여 해결하고자 하는 동기가 충분해야 한다.
- 자신의 문제가 자신의 마음속에서 비롯된 것이라는 점을 환자가 인식하고 있어야 한다. 외향적인 환자들은 자신의 내면에서 일어나는 문제를 살펴보려 하지 않고 현실적 사건에만 초점을 맞추려는 경향이 있다.
- 환자는 치료 과정에서 얻은 이해와 통찰을 현실에 효과적으로 이용할 수 있어야 한다. 그러려면 어느 정도 지적 수준이 요구된다. 타인에게 책임을 전가하려 들고 주변 환경을 바꾸는 데 관심이 높은 사람은 곤란하다.

2. 명상과 심리치료

내면의 성찰

명상과 심리치료의 공통점은 인간의 고통을 해결함에 있어서 내면 즉 자기 자신을 탐구한다는 것이다. 마음의 문제와 정신적 위기의 밑에는 아직 성찰되지 않은 무언가가 있다. 거기엔 과거의 잔재들이 풀려 나와 진정 무엇이 중요한지 발견할 것을 요구하는 자기실현의 강력한 힘이 있다. 이것은 오랫동안 소홀히 해온 자신에 대한 관심을 일깨워 주는 계기가 되기도 한다.

우리는 살아오면서 관심을 바깥으로 두어왔다. 세상을 탐구하고 세상에 대한 정보와 지식을 습득하고 성취하는 데에 주력해왔다. 그만큼 자신을 돌보는 데에 소홀해왔고 타인을 의식하며 살기에 바빴던 것도 사실이다. 삶에서 겪게 되는 마음의 문제들을 해결하는 것도 환경이나 타인을 바꾸려 한다. 그러나 다른 사람들과의 관계에서 일어나는 갈등은 부모와 최초 관계에서 형성된 경우가 많고 이 최초의 양식으로부터 비롯된 갈등은 개인의 정신건강을 흔들어 갖가지 고통을 낳게 되고 대인관계뿐만 아니라 사회적으로도 심대한 영향을 미친다. 따라서 개인적 고통이나 사회적 갈등을 해결하는 데에는 내면에 대한 깊은 성찰이 필요하다. 마음의 고통은 상처에서 비롯된다. 치유되지 않은 상처는 통제되지 않는 분노나 욕망으로 표출되어 삶 전체를 지배하고 다양한 사회적 문제들을 일으키게 된다. 그러므로 문제의 진정한 해결은 내면을 성찰하고 탐구하고 다스리는 것이다. 명상과 심리치료는 모두 자각되지 않은 분노와 욕망을 통찰할 수 있도록 안내한다.

치료자가 마음을 열고 경청하는 것은 상대를 존중하는 것이고 배려함이며 충분히 수용함이다. 명상에서도 우선 자신을 있는 그대로 바라보고 현재 모습 그대로 자기 자신을 수용하게 한다. 자신에 대해 단점과 결점마저 수용하고 인정해주는 자기 연민과 자기 수용은 명상 치료의 바탕이 된다. 심리치료자가 우호적이고 친절한 태도로 환자를 대하는 것만으로는 환자가 안고 있는 문제가 해결되지 않는다. 마음의 상처를 어느 정도 위로받지만 자신의 문제가 어디서 기인되는지 정확히 알지 못하므로 치유에 이르지는 못한다. 분석적 치료의 가장 큰 무기는 해석, 곧 통찰과 이해이다. 문제 이면에 있는 주요 동기와 감정이 초기 면담에서 발견된다면 불유쾌한 진실을 직면하는 일이 보다 쉬워진다.

치유로서의 명상

명상 수행은 현재 이 순간에 온전히 깨어있게 한다. 명상은 마음을 잘 다루고 쓸 수 있게 도와준다. 생각을 멈추어 마음을 고요하게 하는 집중명상만 있는 게 아니라 생각과 기억을 떠올려 성찰하는 숙고명상이 있다.

잠시 눈을 감고 자신의 호흡을 바라보라. 호흡에 집중하려하나 잡념이 곧 끼어들어 호흡을 놓치기 일쑤다. 내면이 소란스럽고 편안하지 않고 현재에 집중이 안 되는 이유는 과거의 상처와 부정적 기억들이 잡념으로 떠오르기 때문이다. 숙고명상은 삶을 돌아보게 하여 과거의 상처가 현재의 삶에 미치는 영향을 성찰하도록 돕는다.

미래의 긍정적 결과를 상상하는 명상도 있다. 상상의 가능성은 무한하다. 사실 눈부신 과학의 발전도 상상력에서 기인한 것이다. 상상력이 풍부하면 마음은 창의적으로 작동한다. 수많은 발견과 발명은 상상과 창의가 협력한 결과라 할 수 있다.

집중명상은 마음의 탐심이나 진심은 제어할 수 있지만 근원적 깨달음은 숙고를 바탕으로 하는 통찰명상을 통해 일어난다. 집중명상으로 키워진 마음의 집중, 마음의 평정은 깨달음의 기초가 된다. 생각과 감정의 흐름을 주의 깊게 바라볼 수 있는 힘을 키워주기 때문이다. 좋아함과 싫어함을 떠나, 있는 그대로 관찰하면 자신의 행동 패턴에 대한 특성을 깨달을 수 있다. 이렇게 숙고를 겸한 통찰

명상은 고통의 발생 기전을 알 수 있게 도와 마침내 통찰에 이르게
한다.

있는 그대로의 신체적 정신적 변화 과정들을 바라 보는 통찰명
상은 삶 속의 사건과 그 사건에 대한 자신의 반응 사이에 공간을 제
공한다. 통찰명상은 어떠한 고통도 담담하게 받아들일 수 있게 하
고, 사건에 반응하는 일련의 정신과정을 볼 수 있는 힘을 제공한다.
통찰력은 점점 발전하여 의도적으로 지켜보려는 노력 없이도 현재
에 몰입할 수 있다. 이러한 몰입은 의식적으로 관찰자를 동원하려
는 에너지를 절약케 하고 꿈이나 백일몽으로 도피하려는 에너지를
축적할 수 있게 된다. 끊임없는 비평과 재잘거림이 점점 사라져 정
신은 건강 상태로 진입하게 된다.

'지금 여기' 온전히 몰입할 수 있을 때 '나'라거나 '나의 것'이
라는 생각은 설 틈이 없게 된다. 뚜렷한 에고에 의해 자타가 분리되
는 이원론으로부터 해방되는 명상의 깨달음은 심리치료에서 얻는
통찰과 확연히 다른 점이다.

심리치료나 명상은 이론이나 설법이 아니다. 심리학적 지식도
완벽한 종교적 이론도 정신적 고뇌 앞에서는 무력하다. 심리치료와
명상 수행이 함께 필요한 이유이다. 양자 모두 깊은 이해와 자각이
치유적 변화를 일어나게 하는 핵심 요건이다. 믿음으로 시작할 수
는 있으나 완성할 수 없다. 오직 통찰과 깨달음으로 완성할 수 있다.

삶의 질, 행복지수

삶의 고통은 외부의 문제를 어떻게 받아들이고 반응하느냐에 좌우된다. 절망적인 상황이 따로 있는 것이 아니라 절망적으로 보는 시각이 삶을 옥죄는 것이다. 분노와 슬픔, 절망을 일으키는 온갖 스트레스는 '무엇 때문에' '누구 때문에' 비롯되는 것이 아니라 그것에 대한 나의 반응, 즉 내가 어떻게 생각하느냐에 달려있다.

똑같은 스트레스 상황에서도 담담하게 받아들이는 사람이 있는가 하면, 화를 내거나 전전긍긍하는 사람도 있다. 문제는 바로 나이다. 나에게 스트레스를 주는 주체가 바로 나 자신이다. 내게 없는 것에 불평할 것인가, 아니면 가진 것에 감사할 것인가, 내가 처한 고통에 절망할 것인가, 아니면 시련이 주는 교훈을 새기며 해결책을 찾을 것인가의 선택은 온전히 내게 달렸고, 그 선택에 따라 행불행이 갈리게 된다.

행복은 외부 조건과 상황에 따라 결정되는 것이 아니라 전적으로 자신이 선택한 마음 상태이다. 히말라야의 가난한 나라인 부탄의 국민들이 우리보다 월등하게 높은 행복감을 갖고 산다는 것은, 행복이 결코 물질이나 외부 조건에 있는 것이 아니라 마음에 있다는 것을 보여준다. 행복은 꼭 목표를 이루어야만 얻어지는 것이 아니다. 꿈을 추구하는 과정에서 얻는 자신의 긍정적인 변화를 통해 삶의 기쁨이 자라게 된다. 삶의 목표를 명료하게 세우고, 그 꿈을 이루기 위해 열정을 쏟다보면 자연스럽게 행복의 문이 열린다. 그리고 그 꿈을 위해 나아가는 하루하루의 작은 행복을 기꺼이 즐길 수 있게 될 것이다.

뚜렷한 목표는 절망을 극복하는 등대

명확한 삶의 목표는 삶을 성공으로 이끄는 데 필수조건이다. 인생의 목표를 명확하게 세우는 것은 고통을 이기고 행복을 깨우는 길이기도 하다. 목표는 에너지를 긍정적 방향으로 모아주는 도구 이다. 방향성이 있을 때 삶의 에너지는 강화된다. 삶이 고통스러울 때 목표는 살아야 할 이유가 되고, 의지와 용기를 키우는 힘이 된다. 삶의 목표를 세우고 그것을 이루기 위해 노력하다 보면, 자신의 의지대로 삶을 이끈다는 통제감과 자신감이 생긴다. 또한 목표를 이루면서 성취감과 자부심 등 긍정적인 감정이 강화되어 원하는 삶으로 나아가게 된다.

하버드 대학의 연구 결과를 보면 그런 사실을 명확하게 알 수 있다. 연구팀은 환경과 지능지수 등이 비슷한 학생들을 대상으로 삶의 목표를 조사했다. 조사 결과 27%는 목표가 없고, 60%는 목표가 희미하며, 10%는 단기적인 목표만 있고, 3%는 명확하면서도 장기적인 목표가 있었다. 이들의 삶을 25년 동안 추적한 결과, 명확하고 장기적인 목표가 있던 3%의 사람은 25년 후 사회 각계의 최고 인사가 되어 의미 있는 삶을 살고 있었다. 10%의 단기적인 목표가 있던 이들은 중산층에, 목표가 희미했던 60%는 대부분 중하위층에, 목표가 없던 27%는 모두 세상을 원망하며 최하위층으로 사는 것으로 나타났다. 명확한 삶의 목표가 역경을 이기는 힘을 강화하고 목표에 집중하는 삶을 만들어, 결국 자신이 원하는 인생을 만든 것이다.

특히 이타적인 삶의 목표를 세우고 이루는 과정에서 느끼는 보람은 바로 행복감으로 이어진다. 사랑을 실천하거나 자신이 가진 무언가를 타인과 나누는 활동을 하면서 기쁨을 얻었다는 많은 사람들의 이야기는 이타적인 삶의 목표가 바로 행복지수를 올린다는 것을 잘 보여준다.

'아이가 어떻게 하면 공부에 전념할 수 있을까요?' 상담실을 찾아오는 학부모들에게서 자주 듣는 질문이다. 자녀가 공부를 열심히 하고 좋은 성적을 내기를 원하는 것은 모든 학부모의 바람이다. 그래서 요즘 부모들은 자녀의 산만한 성격을 바꾸기 위해 심리치료를 받게 하고, 좋다는 학원은 모두 보내고, 엄마가 매니저가 되어 아이의 하루 계획을 세우면서 성적을 올리려고 무척 애를 쓰기도 한다. 그러나 그렇게 해도 아이의 성적은 크게 오르지 않는다. 오히려 자신의 의지와 무관하게 부모의 시선으로 살면서 마음의 병을 얻는 경우가 많다. 아이가 공부를 열심히 하도록 이끄는 효과적인 방법은, 스스로 삶의 목표를 갖게 하는 것이다. 말하자면 동기부여를 하는 것이다. 부모가 바라는 목표가 아니라 자신이 원하는 삶의 목표가 생기면 그 꿈을 이루기 위해 어떻게 살아야 하는지를 자각하게 된다.

나 역시 방황하던 사춘기에 마음을 잡고 다시 공부를 할 수 있었던 것은, 삶의 의미와 목표를 찾으면서부터였다. '나처럼 마음이 아프고 방황하는 이들을 위해 살고 싶다'는 생각이 '그런 공부를 해야겠다'로 이어졌고 '그러기 위해 정신과 의사가 되자'는 삶의 분명한 목표가 서면서 오늘의 내가 될 수 있었다.

3. 부정적 감정을 어떻게 다스릴 것인가

부정적 감정과 마주하기

살면서 화나고 두렵고 우울하고 슬프고 외로운 감정이 드는 것은 자연스러운 일이다. 하지만 사람들은 이런 부정적인 감정에 빠지는 것을 싫어한다. 나쁜 것이라고 판단하고 비난하거나 자책하거나 억압하기도 한다. 그러나 부정적인 감정은 억누르면 오히려 역효과가 난다. 억압할수록 더욱 거세게 일어나는 것이 생각의 속성이기 때문이다.

부정적인 감정을 피하는 것도 문제이다. 우울하고, 불안하고, 화나고, 외로울 때 사람들은 그 감정에서 벗어나려고 쇼핑을 하거나, 음식을 먹거나, 게임을 하거나, TV를 보거나, 운동을 하거나, 여행을 떠나는 등 재빨리 도피의 길을 찾는다. 그 방법 가운데는 건전하고 효과적인 것도 있다. 하지만 그 어떤 것도 결국 자신의 감정과 삶의 진실에서 도망가기 위한 수단에 불과하다. 도피하는 한 문제를 근본적으로 해결할 수 없고, 부정적인 감정이 들 때마다 피하고 싶다는 생각만 더욱 키우게 된다. 진짜 두려워해야 하는 것은 부정적인 감정이 아니라, 그 감정과 직면하지 못하는 것이다.

명상과 심리치료는 모두 용기 있게 자신과 마주하라고 안내한다. 피하거나 도망가지 말고 자신의 마음에서 일어나는 모든 것을 인정하고, 좋다 나쁘다는 식의 판단을 접고, 있는 그대로 지켜본다. 자신의 감정을 부정하거나 억압하고 있다면 그런 사실도 알아차리면 된다. 있는 그대로 바라볼 때 비로소 그 굴레를 온전히 벗을 수 있다.

온갖 상상력을 발동해서 분노를 더욱 부채질하는 것이 우리의 일반적인 모습이다. 이럴 때 화를 내는 자신을 한 걸음 물러서서 타인의 눈으로 지켜보면 '내가 화를 내고 있다'는 것을 알아차리게 되고, 알아차리면 화에서 떨어져 나오게 된다. 들끓던 분노의 감정도 식게 된다. 그 어떤 생각과 감정도 한 걸음 물러서서 지켜보면 가라앉는다. 그저 왔다 가는 감정일 뿐이다. 심각하게 받아들이고 크게 생각할수록, 실제 감당하기 힘든 감정으로 자라게 된다.

부정적 감정도 위험하지 않고 지나가는 것임을 알게 되면, 그 감정에 대한 두려움과 거부감이 사라진다. 다시 화나거나 우울한 상황과 만날 때, 고요히 지켜보는 가장 현명한 대처를 하게 된다. 그러면 바로 가라앉는다. 이것이 바로 부정적인 감정을 다스리는 가장 근원적인 방법이자, 진정한 평화에 이르는 지름길이다.

걱정과 두려움을 떨칠 수 없어요

우리 삶은 과거 기억으로부터 자유롭지 못하다. 과거 경험에 묶여 삶 전반에서 무력감과 두려움을 갖고 산다. 현재 상황을 과거 경험으로 미루어 비관적으로 해석하고 우울하게 상상하면서 삶을 있는 그대로 받아들이지 못한다. 삶은 내가 어떻게 해석하느냐에 따라 달라진다. 결국 과거에 묶여 비관적인 해석을 일삼는 사람들에게 행복이 있을 리 없다.

비관적인 해석은 곧 삶 전반에 대한 두려움과 만성적인 불안 심리를 낳는다. 실패를 두려워하고 거절을 불안해하면서 만성적인 걱정꾼으로 살아가는 것이다. 그러나 우리의 걱정거리는 대부분 불필요한 것이다. 사람들이 걱정하는 대상을 연구한 한 보고에 따르면, 걱정거리의 96%가 하나마나한 것이라고 한다. 결코 앞으로 일어나지 않을 일이거나, 과거에 일어난 일로 지금은 어떻게 해볼 수 없는 일이거나, 아니면 쓸데없이 사소한 일에 매달려 걱정을 이어간다고 한다.

대부분의 걱정이 아직 일어나지도 않은 일을 미리 부정적으로 예측해서 스스로를 괴롭히는 것이다. 만성적인 걱정꾼이 두려움을 털기 위해 가장 먼저 해야 할 일은 두려워하는 대상과 마주하는 것이다. 두려움의 실체가 분명하게 있다면 피하지 말고 부딪혀야 한다. 물에 빠진 경험으로 물을 두려워한다면 다시 수영을 하면서 위험하지 않다는 것을 알아차리는 것만이 물에 대한 두려움을 완전히 밀어내는 길이다.

모든 두려움이 그 대상과 용기 있게 마주해야만 극복할 수 있다. 우리는 어떤 두려움도 털어낼 수 있다. 두려움보다 더 큰 용기와 지혜가 있기 때문이다. 당당하게 두려움 속으로 한 걸음 내딛어야 한다. 모든 것은 용감하게 한 걸음 내딛을 때 비로소 이룰 수 있다.

실체도 없는 두려움, 즉 일어나지도 않은 일을 가상으로 떠올리면서 걱정에 매여 산다면 '지금 이 순간'에 집중하는 것이 근원적인 답이다. '내일 있을 미팅에서 실수를 하면 어쩌나', '새로 시작한 사업이 실패하면 어쩌나', '애인이 나를 떠나면 어쩌나' 하는 식의 걱정은 모두 과거의 경험으로 조건화된(학습된) 부정적인 생각의 습관이다. 마음이 지금 이 순간을 떠나서 헤매고 있기 때문에 불안과 걱정이 이어지는 것이다.

현재의 삶에 열중할 때 두려움을 밀어낼 수 있다. 자신의 마음이 현재를 살고 있는지를 한번 들여다보라. 아마도 대부분의 사람들이 지금 이 순간에 집중하지 않고 살고 있다. 우리는 일하면서 놀 궁리를 하고, 놀 때는 또 일 걱정을 하고, 누군가가 대화하면서 다른 사람을 생각하는 등 마음을 통제하지 못하고 지금 이 순간에 집중하지 않은 채 살아간다.

명상은 지금 여기에 집중할 수 있도록 안내한다. 하버드 의대의 벤슨 교수는 '명상은 불안과 스트레스를 밀어내는 과학적인 방법'

이라고 하였다. 명상을 하는 방법은 다양하지만 모두 자신을 지켜보고 지금 이 순간을 사는 훈련을 하는 것이다. 어떤 명상법이든 꾸준히 계속하면 과거와 미래를 오가며 방황하는 마음을 현재에 집중하고 고요하게 다스릴 수 있게 된다. 두려움과 걱정을 밀어내기 위해서는 삶의 매 순간 깨어있는 현재의 삶을 살아야 한다. 과거나 미래를 오가며 후회와 분노, 걱정, 불안을 달고 산다면, 명상을 적극적으로 실천해서 자신의 마음을 온전히 현재로 데려와야 한다. 모든 훈련이 그렇듯이 의지를 가지고 꾸준히 실천하면 새롭게 변하는 자신과 만날 것이다.

소통의 묘약, 존중

인간은 혼자 살아갈 수는 없다. 다른 사람들과 관계를 맺고 살아간다. 그리고 어딘가에 소속되고 타인과 소통하고 싶은 것은, 인간의 기본적인 욕구다. 타인과의 소통은 우리를 덜 우울하고 더 행복하게 만든다. 타인과의 관계 속에서 삶의 슬픔과 고통을 위로받고, 부정적인 감정을 쉽게 털어낼 수 있다는 말이다.

　마음이 복잡할 때 친구에게 터놓고 얘기하는 것만으로도 자연스럽게 감정이 풀린 경험은 누구나 있을 것이다. 타인과의 소통이 심리적 스트레스를 밀어내고 감정을 긍정화하기 때문이다. 소통이 부정적인 감정을 털어내고 심신의 건강을 촉진한다는 구체적인 연구 결과도 있다. 스탠퍼드 의대의 스피겔 교수는 환자들의 심리적 교류가 질병 치유에 영향을 미치는지를 실험했다. 그는 유방암 환자를 두 그룹으로 나누어 한 그룹은 일반적인 병원 치료만 하고, 다른 그룹은 병원 치료에 덧붙여 매주 한 차례씩 만나 마음속 이야기를 나누도록 했다. 집안이나 가족 이야기, 질병에 대한 두려움 등 환자들의 다양한 감정을 솔직하게 나누게 한 것이다. 5년간 진행된 이 연구 결과에 따르면, 환자들이 서로 열린 대화를 한 집단이 평균 두 배 이상 오래 살았고, 암 재발률도 월등히 낮은 것으로 나타났다. 누군가와 자신의 속마음을 진솔하게 나누면, 감정의 배설작용을 촉진해 심신의 건강이 증진된다는 게 증명된 셈이다.

우리는 때때로 타인에게서 마음의 상처를 받는다. 그러나 그 마음의 상처를 위로받고 치유하는 것 역시 사람들을 통해서다. 가족, 애인, 친구, 스승, 선후배, 그리고 이웃과 마음을 나누면서 삶을 위로받고 행복감을 키운다. 사람들과 친밀한 관계를 맺고 원활하게 소통하는 것이 곧 행복한 삶으로 다가가는 길이다.

소통은 행복과 성공, 건강을 낳는 강력한 에너지원이다. 행복한 사람이 되기 위해 갖추어야 할 으뜸 조건은, 타인을 '있는 그대로 존중하기'이다. 대인관계가 원만하지 못한 이들은 대부분 상대를 있는 그대로 받아들이지 않는다. 배우자를 내 생각대로 바꾸려고 하고, 자녀를 내 마음대로 조정하려고 든다. 회사나 단체에서도 자신의 생각이 옳다는 생각에 길들여져 타인을 있는 그대로 인정하지 않는다. 그러다 보니 불화가 끊이지 않고 인간관계가 계속 뒤틀리게 된다. 모두 존중이 결여되어 있다.

자신의 눈에 남의 어떤 점이 싫다면, 바로 내 안에 그런 점이 있다는 것을 자각해야 한다. 우리는 자신의 싫은 점을 무의식적으로 남에게 투사하곤 한다. 정신의학자 칼 융은 개개인이 가진 무의식적 자아를 '그림자'라고 표현한다. 무의식에 존재하는 자신에 대한 혐오가 타인에게 투사된다. 자신을 볼 수 있는 가장 좋은 거울은 타인이다. 누군가가 밉고 못마땅해 보인다면 자신의 내면을 비추어보는 거울로 삼아야 한다. 자신의 마음을 깊게 성찰하고, 나에게만 집착하는 강한 자의식을 내려놓고, 타인을 있는 그대로 받아들이는 길. 이것이 바로 뒤틀린 인간관계를 회복하는 지름길이다. 문제 해결의 출발점은 언제나 내 마음이다.

우리는 서로 다른 환경 속에서 다른 것을 경험하며 살아간다. 세상을 바라보는 시각과 가치관이 다르고 관심사도 같지 않다. 관계란 서로 다른 사람들이 만나 이루어지는 것이다. 그 다르다는 사실을 인정하고 '있는 그대로' 받아들일 때, 비로소 관계의 문이 열린다. 타인과 제대로 소통하기 위해서는 자신의 마음의 문을 열어야 한다. 그러나 우리는 남을 경계하고, 상처받거나 이해받지 못할 것을 두려워해서 마음을 닫고 사는 경우가 많다.

철학자 헤겔의 말처럼, 마음의 문을 여는 손잡이는 안쪽에만 달려있다. 그 문을 여는 일은 결국 자신밖에 할 수 없다. 세상을 향한 소통의 첫걸음은 마음의 문을 활짝 여는 것이다. 마음의 문을 열고 상대의 말에 집중하고, 상대의 생각을 잘 헤아려 적극적으로 공감을 표현하고, 무엇보다 존중하는 것은 원활한 소통의 기본이다.

특히 진심 어린 관심을 갖고 상대의 말을 '경청'하는 것은 소통 전문가들이 한결같이 강조하는 것이다. 그러나 우리는 상대의 말에는 관심이 없거나, 자신의 생각과 주장을 먼저 말하는 데만 급급한 경우가 많다. 그래서 상대의 마음을 얻지 못하고 관계를 힘들게 만든다. 소통은 일방통행이 아니라 주고받는 것이다.

소통의 도구인 대화의 첫걸음은 귀를 기울이는데 있다. 진심 어린 관심을 가지고 상대의 말을 집중해서 경청하는 것이, 바로 가장 좋은 대화의 시작이다. 그런데 경청이 쉽지 않다. 이유가 있다. 상대를 경시하기 때문이다. 경청을 잘 하기 위해서는 상대를 깊이 존중할 수 있어야 한다. 상대를 존중하면 경청은 자연스레 일어난다.

우리는 그 누구도 혼자 살아갈 수는 없다. 그리고 나 혼자만 행복할 수도 결코 없다. 우리가 느끼는 대부분의 즐거움은 다른 사람들과의 행복한 관계에서 생겨난다. 기쁨과 슬픔을 함께 나누며 더불어 사는 삶 속에서 행복이 자라게 된다.

4. '원하는' 삶을 만드는 뇌과학

생각의 힘이 과학적으로 해부되면서 단지 상상만으로도 몸과 마음을 변화시킬 수 있다는 사실이 구체적으로 입증되었다. 상상의 생리작용을 규명한 뇌과학에서부터 생각에너지의 무한대의 힘을 밝힌 양자물리학에 이르기까지 오늘날의 과학은 상상의 메커니즘을 속속 규명해냈다. 뇌과학자들이 밝힌 이론에 따르면 우리의 뇌는 현실과 상상을 구분하지 못한다고 한다. 무언가를 상상할 때와 그 일을 실제로 할 때, 뇌의 같은 부위가 동일하게 활성화된다는 것이다.

상상으로 인한 몸의 변화는 누구나 경험한다. 레몬을 생각하면 입안에 침이 고이고, 공포영화의 한 장면을 생각하면 소름이 돋고, 긴장된 상황을 생각하면 심장이 빨리 뛰는 것이 모두 뇌가 실제라고 착각하기 때문에 나타나는 현상이다. 무언가를 상상하면 현실과 상상을 구분하지 못하는 뇌는 상상에 반응하는 생리작용을 낳는다. 뇌과학과 함께 상상의 가치를 강조하는 또 하나의 과학이 바로 양자물리학이다. 양자물리학이 밝힌 이론에 따르면 인간의 생각은 자신과 우주를 구성하는 양자들을 변화시키는 에너지다. 우리가 의식을 집중해 계속 생각하면 양자들은 자신이 꿈꾸는 물질의 형태로 모습을 드러낸다. 양자 세계에서 상상은 자신의 소망을 이루어 줄 강력한 도구인 셈이다. 의지나 언어보다 이미지를 떠올리는 것이 더 강한 동력이 된다. 꿈을 이루기 위해서는 자신의 생각을 선택해서 상상하면 된다는 뜻이다.

양자물리학이 밝힌 혁명적인 세계관으로 인해 의학, 심리학, 성공학, 자기계발 등 다양한 분야에서 상상훈련이 이루어지고 있다. '이미지 트레이닝', '심상화 훈련', '시각화 기법' 등으로 불리는 상상훈련은 환자는 건강한 모습을 상상하고, 운동선수는 승리하는 모습을 시각화하고, 사업가는 성공하는 모습을 상상하고, 연주자는 훌륭한 공연을 시각화한다. 괴테는 '꿈꿀 수 있는 것은 무엇이든 이룰 수 있다'고 했다. 상상하는 것은 곧 현실이 된다는 말이다. 우리는 누구나 상상을 통해 자신의 삶을 바꿀 수 있다.

행복한 삶을 원한다면 긍정적 상상훈련을 실천해보자. 현실적인 상황이 어떤지는 문제가 되지 않는다. 단지 상상으로 자신이 꿈꾸는 행복한 이미지를 떠올리면 된다. 그러면 현실과 상상을 구분하지 못하는 뇌는 그 가상의 기쁨을 실제라고 믿고, 실제 기쁠 때 분비되는 행복호르몬이 생산되어 감정을 변화시킨다. 긍정적 상상훈련을 꾸준히 계속하면, 생각의 습관도 바뀌고 삶을 바라보는 시각도 변한다. 또 자신과 우주를 구성하는 양자를 변화시켜 원하는 삶으로 다가가게 할 것이다. 긍정적 상상훈련은 '선명하게' 상상하는 것이 핵심 키워드다. 목표가 이루어진 것을 생생하게 시각화하면 그 기쁨의 감정이 고조된다. 감정의 변화는 바로 인체 생화학변화, 즉 호르몬과 신경전달물질을 바꾸어 심신을 빠르게 변화시킨다. 머릿속에 그린 이미지를 제3자의 눈으로 객관화하는 것도 효과를 높이는 방법이다.

스포츠 선수들을 코칭할 때 상상훈련을 하게 한다. 우선 경기 과정을 세세하게 떠올린다. 단지 우승하는 모습만 그리는 것이 아니라, 실제 경기를 할 때처럼 어떻게 대처하고 어떤 전략을 쓸 것인지를 구체적으로 하나하나 상상한다. 그렇게 구체적일 때 내면의 믿음이 강화되면서 뇌는 우승을 당연하게 받아들이게 된다. 상상훈련은 마음을 다스리는 뇌과학적 수련법이라 하겠다.

죽음을 바라보는 상황에서도 단지 마음을 바꾸어 치유가 일어나는 것은 우리의 몸과 마음이 연결되어 있기 때문이다. 이런 사실이 본격적으로 밝혀진 것은 1970년대 신경전달물질과 호르몬이 발견되면서부터다. 이들 생체 화학물질은 우리가 어떤 생각과 감정 상태에 있느냐에 따라 변하고, 몸 전반의 생리작용에 영향을 미친다.

생각은 몸의 세포를 바꾼다

몸과 마음을 연결하는 생체 화학물질을 가리켜 '감정을 지닌 분자들'이라고 표현한 캔데이스 퍼트 박사는 '우리 몸 세포의 분자 수용체가 감정이 보내는 화학적인 반응에 춤을 추듯이 진동하며 반응한다'고 말한다. 자신의 생각과 감정은 화학적 메시지로 전환되어 몸 전반에 영향을 미친다는 뜻이다.

우리가 어떤 생각을 하고 감정을 느끼면 '대뇌변연계'에서 감정을 기록하고, 대뇌의 '시상하부'를 자극한다. 시상하부에서는 그 감정과 관련된 신경전달물질과 호르몬이 분비되어 다시 '뇌하수체'를 자극한다. 전신의 내분비계를 조절하는 뇌하수체는 온몸의 호르몬 분비에 관여해 몸 전체에 영향을 미친다.

우리가 어떤 생각을 하느냐에 따라 신경전달물질과 호르몬의 분비가 달라지고, 이 화학 메신저들은 혈액을 타고 불과 몇 초 만에 온몸으로 전해진다. 그리고 몸 전체 세포의 특정 수용체와 결합해 유전자의 단백질 합성에 관여한다. 어떤 단백질이 활성화되느냐에 따라서 몸의 기능은 변한다. 이것이 바로 생각이 몸의 실제가 되는 과정이다.

하버드 의대 디팩 초프라 박사는 '우리의 생각은 몸을 번개처럼 순식간에 변화시킨다'고 말한다. 믿음, 기쁨, 사랑, 감사, 용서와 같은 긍정적인 생각을 하면 체내에서는 도파민, 엔도르핀, 엔케팔린,

세로토닌, 옥시토신 같은 유익한 신경전달물질과 호르몬이 만들어져 온몸으로 전해지고 면역계의 중심인 백혈구를 강화하는 생리적 변화를 낳는다. 반면 두려움, 절망, 분노와 같은 부정적인 생각을 하면 노르아드레날린, 아드레날린, 코티솔같은 스트레스 호르몬과 신경전달물질이 분비되어 온몸으로 전해져 온갖 스트레스 반응을 일으킨다. 교감신경을 자극하여 심장박동이 빨라지고, 혈압이 오르고, 위장기능이 저하되고, 콜레스테롤 수치가 오르고, 면역기능을 저하시킨다. 이것은 마음과 면역계의 관계를 연구한 정신신경면역학이 밝힌 의학적 사실이다.

긍정적 생각, 즉 '자신이 낫는다'고 간절히 생각하면 실제 치유의 생리작용이 일어나므로, 부정적 암시 대신 긍정적 사고로 대체시키는 훈련이 몸 건강에 더욱 중요하다.

내가 원하는 대로 만들어지는 세상

내 생각은 몸뿐 아니라 타인과 주변 환경에도 영향을 미친다. 마음의 힘은 모든 종교와 영적 깨달음을 얻은 성자들이 무수히 강조해온 것이다. 붓다는 '이 세상 모든 것은 마음이 지어낸 것'이라 하였고, 예수는 '네가 믿는 대로 이루어진다'고 했다. 깨달은 성자들은 이미 모든 것이 내 마음에 달렸다는 것을 꿰뚫어보았다.

내 마음이 결정하는 대로 현실이 만들어진다. '나는 불행하다'고 생각한다면 불행한 현실을 계속 만들 것이고, '세상이 험하다'고 생각한다면 계속 험한 세상과 만날 것이고, '세상이 아름답다'고 생각한다면 삶은 아름답게 보이기 시작할 것이다. '삶을 바꾸기가 어렵다'고 생각한다면 변화하기 힘들 것이고, '지금 당장 내 삶을 바꿀 수 있다'고 생각한다면 홀연히 변화에 이를 수 있다. 모든 것은 마음에서 비롯되는 것이다.

우리 모두는 무한한 가능성의 존재다. 그리고 누구나 마음을 바꾸면 원하는 '나'로 다시 태어날 수 있다. 자신의 삶을 스스로 묶고 있는 '불가능', '불운', '불행', '불치'라는 단정이 스스로 내린 결론이라는 것을 깨닫는 순간, 마음은 긍정적 모드로 바뀌어 '할 수 있다'는 자신감이 차오르게 된다. 자신의 가능성을 온전히 받아들이는 순간, 그 가능성은 무한대로 펼쳐질 것이다.

5. 피하지 않고 직면하기

분노를 어찌할 수 없어요

'화를 내지 마라' '화내면 나쁘다'라고 가르치고 화를 죄악시하기까지 한다. 화를 참는 게 미덕으로 간주되어 왔지만 수시로 분노의 불길에 휩싸이는 경우를 어떻게 해결해야 될까. 참을래야 참을 수 없는 분노의 바탕에는 치유되지 않은 깊은 상처가 있다. 분노를 치유하기 위해서는 과거의 아픔에서 벗어나는 길밖에 없다. 그러기 위해서 그 아픔과 마주해야 한다. 삶의 상처를 정면으로 바라보는 것이, 상처를 아물게 하는 첫걸음이다. 왜 화가 났는지 한걸음 물러서서 바라보자. 그 연원이 떠오를 때까지 숙고해본다. 그러나 무의식적으로 고통스런 기억을 피하려는 경향이 있기에 잘 떠오르지 않는다. 그래서 심리치료의 도움이나 명상치료의 안내가 필요하다.

고통의 기억 속으로 들어가서 타인의 눈으로 객관적으로 바라보면 마음의 저항은 사라진다. 당시의 상황을 객관적으로 지켜보면 '그 일이 삶 전체를 흔들 만큼 큰 문제가 아니다'라는 사실을 깨닫게 되고 담담하게 받아들일 수 있다. 고통의 희생자로 느끼는 대신 그 기억의 관찰자가 되면 문제를 '통찰'할 수 있게 된다. 고통스러운 기억을 마치 드라마 보듯이 보게 되고, 당시의 기억을 떠올려도 감정이 동요되지 않는다. 통찰은 거리를 두고 바라볼 때 얻을 수 있다.

코넬 대학의 길로비치 교수의 연구 결과를 보면 마음의 상처를 객관적으로 바라보는 것이 얼마나 중요한지 알 수 있다. 이 연구에서는 내성적인 성격의 학생들에게 과거 수치스러웠던 기억을 타인의 눈으로 지켜보게 하자 학생들은 아픈 기억을 털어내고 사교적인 성격으로 바뀌었다고 한다. 자신을 남으로 객관화시켜 보는 것은 아픔의 치유는 물론이고, 인생의 긍정적 변화를 이끄는 더없이 좋은 방법인 셈이다.

분노가 다스려지지 않는다면 지난날의 아픈 기억을 떠올리고 타인의 눈으로 바라보자. 영화관에서 스크린을 보는 것처럼 당시의 장면을 객석에서 관람해보라. 그때 못 느끼고 억압해버린 감정의 결들을 관객의 입장에서 경험하면 아픔에서 놓여날 수 있다.

객관적인 지켜보기를 통해, 슬픔, 좌절, 원망, 후회, 분노, 충격, 수치심 등을 일으킨 지난 기억들을 하나하나 떠올리다 보면 마음의 평화를 찾을 수 있다. 우리의 생각과 가치관은 타고나는 것이 아니라 학습된 것이다. 오랜 세월동안 주입되고 반복 경험하면서 학습된 것이다. 학습된 것이기 때문에 당연히 바꿀 수도 있다. 누구나 스스로 마음의 상처를 치유하고 평온해지는 마음훈련을 통해 심리적 평화를 얻을 수 있다.

용서해야 치유된다

마음의 상처가 된 기억을 정화하듯, 상처를 준 사람에 대해서도 감정적으로 놓여나야 한다. 그렇지 않으면 평생 분노의 감정을 끌어안고 살게 된다. 상처를 준 사람에 대한 분노는 부정적인 감정의 뿌리가 되고 몸과 마음을 파괴한다. 상처와 분노에 묶여 산다면, 그 부정적 감정을 없애지 않는 한 결코 행복한 삶으로 나아갈 수 없다. 오랜 분노의 굴레를 벗는 길은 유일하다. 바로 '용서'다. 내게 상처를 준 사람을 용서하고, 내가 상처를 준 사람에게 용서를 구하는 것만이 과거로부터 진정 자유로워지는 길이며, 내면의 상처를 치유하는 근원적인 방법이다. 용서하면 분노가 사라지고 가슴에 따뜻한 감정이 차오르면서 몸과 마음이 치유된다.

　용서하지 않으면 감정의 노예가 되어 스스로를 영원한 피해자로 만들게 된다. 누군가를 미워하고 복수의 칼을 갈면서, 자신의 삶을 불행에 가두는 것이다. 자신의 불행한 삶을 구제하고, 행복하기 위해서 반드시 용서가 필요한 것이다. 위스콘신대학의 심리학과 엔라이트 교수는 우울증에 시달리는 사람, 이혼 위기에 처한 부부, 암환자, 심장질환자 등 다양한 이들을 대상으로 용서를 연구했다. 연구 결과 용서를 실천한 이들이 우울증에서 벗어나고, 병세가 호전되고, 마음의 평화를 얻는 극적인 변화를 보였다. 또한 마약중독자들을 대상으로 한 연구에서도 용서를 배우고 실천한 이들이 기존 치료만 받은 이들보다 분노, 우울증, 걱정이 줄고 자존감이 높아지는 것으로 나타났다.

자신에게 상처를 준 사람을 용서한다는 것은 쉽지 않은 일이다. 내가 무조건 옳다는 관점에 길들여져 있기 때문이다. 하지만 자신의 생각을 돌아보고 객관적으로 바라보면 도저히 바뀔 것 같지 않던 생각도 유연해지고 변한다는 것을 알 수 있다. 상대방의 관점에서 보려고 시도할 때 감정은 변한다. 용서는 옳고 그름의 문제와는 별개이기 때문이다. 우리는 누구나 실수를 한다. 남에게 상처를 주고 상처를 받으며, 아파하면서 살아간다. 나도 그 사람도 예외가 아니다.

악의적으로 상처를 주는 경우는 드물다. 자신의 말과 행동이 남에게 상처가 될 수 있다는 사실을 모르는 경우가 대부분이다. 자신이 자라면서 받았던 방식대로 상대에게 되돌려주기 때문이다. 이럴 경우 어린 시절 부모와의 관계를 깊이 되돌아보고 마음의 상처를 치유하는 것이 타인에게 상처를 주는 습관에서 놓여나는 길이다. 그래서 삶을 돌아보고 상처를 자각하고 재경험하는 작업이 심리치료 과정에서 이루어지면 치유가 일어난다. 숙고를 통한 용서 명상의 원리도 이와 같다.

불행과 시련은 깨달음의 어머니

우리는 그 누구도 평탄하게만 삶을 살지 않는다. 저마다 가슴속에 상처가 있고, 이런저런 역경 속에서 좌절하고 슬픔을 경험하면서 살아간다. 그러나 절망이 단지 절망으로 끝나고, 슬픔이 단지 슬픔으로 끝나게 두면 안 된다. 고통으로 아파하고 잃은 것을 슬퍼한 후에도, 아직 내게 남아있는 것에 감사할 수 있어야 한다.

모든 것을 잃었다고 해도 삶은 끝난 게 아니다. 아직 살아갈 날들이, 다시 시작할 기회가 있지 않은가! 지금 이 순간 살아있다는 것 하나만으로도 감사하게 여긴다면, 그 감사의 에너지가 삶을 극적으로 변화시킬 것이다. 살아있고, 걸을 수 있고, 볼 수 있고, 말할 수 있고, 숨 쉴 수 있고, 그리고 푸른 하늘이 있고 굳건한 대지가 있고 부드러운 공기가 있고, 새롭게 해가 뜨고… 우리가 당연하게 누리는 이런 것들이 누군가에게는 간절한 소망이다. 감사의 눈으로 세상을 보면, 그 어떤 시련도 크게 문제가 되지 않는다. 뼈아픈 좌절을 통해 무엇이 문제인지를 깨닫게 되고, 가슴 저린 실패를 통해 다시 일어서는 법을 배우면 감사하게 된다.

삶을 감사의 눈으로 보는 순간, 좌절하지 않고 일어서게 된다. 이것이 바로 감사의 힘이고, 불행과 실패에도 감사해야 하는 이유다. 어떤 불행 속에서도 감사하는 마음을 잊지 않는다면, 다시 웃을 수 있는 행복이 살그머니 함께할 것이다.

6. 명상의 치유 효과

순간을 관찰하는 훈련

현대사회의 물량화 경향은 과학기술의 발전과 함께 극으로 치닫고 있다. 분초를 다투는 경쟁 사회에서 현대인이 겪는 과중한 스트레스는 심신의 피로, 가정의 불안, 그리고 각종 사회 병리로 이어진다. 학교와 사회의 각종 폭력, 이혼과 자살의 급증이 그것을 반증한다.

정신과 진료실에 우울증과 스트레스장애 환자들이 증가하는 것도, 성형수술과 다이어트가 여성들에게 초미의 관심사가 된 것도, 전 세계적으로 갈등을 폭력적 방법으로 해결하려는 경향이 높아가는 것도 모두 외향적·물량적 가치에 경도되어 겪는 후유증들이다. 그러나 물질적인 가치에만 치우치게 되면, 균형을 잡으려는 반작용이 필연적으로 내면에서 일어나게 된다. 자기 성찰을 소홀히 한 만큼 불안이 커지고, 이제 그 불안을 감소시키려는 욕구가 내면에서 일어나게 된다.

명상은 자기성찰법이라고 말할 수 있다. 그동안 밖으로 주의를 집중해왔다면 이제 소홀히 해왔던 자기 자신에게로 주의를 돌려 자신을 바라볼 차례이다. 명상은 자기성찰이요, 자기와의 대화이며, 자신과의 대면이다. 시험과 승진, 성공과 행복에 취해 돌보지 않은 귀중한 자신을 만나고 그 만남을 통해 변화를 체험하는 것이다. 관점의 변화, 태도의 변화를 맞는 것이다.

서구에서 명상센터를 찾는 종교인들이 늘어나고, 목사와 법사를 겸하는 종교지도자들이 생겨나는 것은, 밖으로 구하는 신앙과 단순한 믿음만으로는 내면의 불안을 근본적으로 해결할 수 없기 때문이다. 명상은 마음의 밭에 고요와 평화와 기쁨을 기르는 마음 농사이다. 명상을 진정으로 체험한 이라면 생활 속에서 자칫 빨라지는 걸음의 속도를 늦출 수 있고 자칫 거칠어지는 감정을 다스려가게 된다.

명상은 순간순간 몸과 마음의 변화를 있는 그대로 관찰하는 훈련이다. 어떤 사념이나 욕망에 끌리지 않고 그 생각들을 지우려 하지도 않고 그냥 그대로 바라보게 한다. 마치 강 건너 불구경하듯이 자신의 내면에서 일어나는 변화를 객관적으로 관찰만 하고, 의미를 부여하거나 해석하거나 판단하지 않고 단지 그대로 지켜보는 것이 명상의 요체다.

요즘 비행기에는 자동항법장치라는 것이 장착되어 있어서, 악천후나 안개 속에서 조종사는 이 장치에 의지해 방향과 고도를 잡는다. 우리 마음속 생각도 자동항법장치로 조종되는 비행기와 같다. 대부분 우리 의지와 무관하게 흘러가는 구름처럼, 솟아오르는 물거품처럼 끊임없이 움직이고 떠오른다. 조용하게 가만히 있는 법이 없다. 명상은 이렇게 안개 속 비행기와 같은 불투명하고 불확실한 마음 상태를 깨어있는 상태, 별빛처럼 명료한 상태로 전환시킨다. 이는 자신이 원하지 않는 한, 생각의 흐름에 휩쓸리지 않는다는 것을 의미하고, 늘 비어있으면서도 언제 어느 때나 적극적인 명상적 사유를 할 수 있다는 것을 뜻한다. 이는 자동 조종되는 무자각 상태를 벗어나는 것이고, 피동적인 자동自動모드에서 능동적인 수동手動모드로 전환되는 것이다.

명상을 하면 마음이 가라앉으면서 모든 집착으로부터 자유로워지고 불안과 근심, 분노와 탐욕 등 감관적인 욕구 등으로부터 해방되어 마음의 평정을 얻게 된다. 수련이 보다 진전되면 '대상과 둘이 아닌' 상태를 체험하여 지극히 자애로워지고 기쁨과 행복감으로 가득 찬다. 스트레스 조절법으로 명상만큼 효과적인 것은 없다.

명상이 뇌에 미치는 변화

위스콘신 대학의 데이비슨 교수는 명상에 들어간 피험자의 전전두피질prefrontal cortex에서 오른쪽의 활성은 떨어지고 왼쪽은 활성화되는 현상을 발견했다. 오른쪽 전전두피질은 스트레스와 싸우는 작용을 하고 왼쪽은 만족감을 증가시키는 작용을 한다. 부정적 사고의 소유자는 오른쪽이 발달해 있는 반면, 낙관적 사고의 소유자는 왼쪽이 더 활성화되어 있어 열악한 상황 속에서도 더 열정적인 태도를 보이는 것으로 알려져 있다. 데이비슨 교수의 연구는 명상을 통해 뇌를 훈련시킬 경우 좌측 전전두피질이 활성화되어 스트레스를 줄일 수 있다는 사실을 말해준다.

명상에 들면 뇌파에도 변화가 온다. 마음의 평정을 가져오는 알파파와 세타파가 많이 나오는 것이 발견되는데, 의식의 변화가 곧 뇌의 전기적·화학적 변화를 유발하는 것이다. 뇌파는 파동이다. 심지어 무생물에서도 파동은 발생된다. 생체의 전자기적 파동과 우주 자연의 파동이 서로 조화되고 공조되지 못하면 건강에 적신호가 온다. 수많은 기공 수련론이나, 수맥을 따지는 풍수론 등을 미신으로만 치부하기 어려운 이유도 여기에 있다.

환자는 치료자를 통하여 자신을 보게 되고 마음의 문제를 자각하게 된다. 치료자는 거울이다. 명상은 거울이 잘 보이도록 만든다. 더 나아가 본래 때 묻지않은 자기를 직접 만나게 한다. 자기를 직접 만나므로 갈등이 없다. 혹시 부작용이 있다면 명상을 연금술 같은 것으로 이해해서 예언력이나 투시력을 기대했을 때이다. 그러한 자신의 욕심을 못 보았기 때문이다.

명상의 의학적 효능

꾸준한 명상은 스트레스 호르몬 감소, 면역력 증가, 뇌파의 안정을 가져와 스트레스성 질환과 생활 습관에서 오는 질환은 물론, 가벼운 불면이나 긴장성 두통, 알코올중독과 같은 충동조절장애나 강박적 불안 등 정신적 질환에 효과가 있다. 예방 효과도 뛰어나다. 명상은 동양의 예지 어린 정신치료법인 셈이다.

실제로 명상은 정신치료에서 큰 효과를 발휘하고 있다. 정신치료에 명상수행의 원리를 도입하는 경우 대개 3단계의 과정으로 진행된다. 현실을 있는 그대로 수용하는 단계, 현실을 있는 그대로 동요 없이 관찰하는 단계. 그리고 그것을 편견이나 질책 또는 왜곡 없이, 있는 그대로 해석하는 단계이다. 여기서 가장 중요한 것은 '있는 그대로'이다.

있는 그대로의 수용·관찰·해석을 위해서는 '알아차림'이라는 선행 단계가 필요하다. 명상수행에서 가장 중시하는 이 알아차림은 지적인 작용이 아니다. 알아차림은 현상과 인식 주체가 접촉하는 그 순간 즉, 생각이나 이해, 판단이 일어나기 직전에 벌어지는 심리 과정이다. 이 알아차림이야말로 가장 핵심이라고 볼 수 있다. 일반인들은 이 알아차림이 미미해서 마치 안개 속을 걷는 것처럼 거의 반자동적으로 사유 인식체계가 작동하고 있다. 그러나 명상 수행자들은 온전히 깨어서 현재의 순간에 일어나고 있는 심리 과정을 매 순간 놓치지 않고 자각한다.

명상은 생각하는 게 아니라 직접 체험하는 것이다. 지금 이 순간 일어나고 있는 마음과 몸을 있는 그대로 느끼고 알아차리는 것이다. 단지 그것뿐이다. 몸과 마음의 일어나고 머물고 사라지는 모든 과정을 바라보고 단지 알아차리는 것이다. 망상이 일어나도 그것을 없애려 하거나 반응하지 말고 망상이 일어나는 사실을 그냥 알아차리는 것이다.

명상을 통해 자신의 모든 행동과 심리 상태를 집중하여 성찰하면 마침내 의식의 차원을 넘어 미세의식으로 들어가 주관과 객관이 사라지는 삼매의 상태에 이르게 된다. 이런 상태에서는 꿈을 꿔도 꿈에 함몰되지 않고 꿈과 분리되어 조용히 관찰만 하게 되는데, 이것을 관찰몽이라 한다. 꿈의 내용에 동요되거나 영향 받지 않고 조용히 관찰하며 내면적인 평온함을 유지하는 것으로서, 관찰만 점점 넓어져 꿈의 감각적인 느낌들이 사라지고 광대무변함을 느끼게 된다. 그 광대무변함은 의식의 빛과 같다 했다. 명상수행자들이 불수의적인 내장기관을 조절하고 수면까지 관찰하고 통제한다는 사실은 앞으로 서양 정신의학이 나아가야 할 방향을 보여주는 것이 아닐까.

명상치료 사례

병원과 상담연구소에서 심리치료 받는 환자들에게 집중명상과 통찰명상을 적용하였다. 그 가운데 긍정적 결과를 보인 사례를 들어 보면 다음과 같다.

사례 1_ 자살만 생각합니다

26세 여대 휴학생으로 주요우울증 진단을 받은 환자이다. 그녀는 3년 전부터 세 군데 정신과에서 항울제 약물치료 등을 받았으나 실패하고 본원에 의뢰된 경우이다.

자살만 생각하고 아무 의욕을 보이지 않던 환자는 새로운 항울제를 사용하면서 입원 4일째 명상프로그램에 참석했다. 좋은 경험을 한 이후 병실에서도 수시로 명상을 혼자 연습하면서 빠른 속도로 기분이 나아지고 의욕을 회복하여 한 달 만에 퇴원하게 되었다. 이는 새로운 항울제의 효과가 발현되기 이전의 증세 호전으로 명상이 만성 우울을 극적으로 역전시킨 예라고 볼 수 있다. 그녀가 퇴원 후 학교에 복학하고 잘 적응하면서 다니는 걸 확인 후 언제든지 방문하기로 하고 집 근처 병원에서 유지치료를 받기로 했다.

이 환자의 경우 고전적인 약물치료에 덧붙어 호흡명상을 시행한 경우로 우울한 정서를 밝게 하는 데 극적인 효과를 보인 경우이다. 다만 그동안 완고한 우울증 경력을 고려하여 항울제 치료를 유지하도록 했다.

사례 2_ 아무것도 하고 싶지 않아요

30세 남자로 명문대 4년 1학기 제적 후 매사에 의욕을 보이지 않고 할 일 없이 방황했다. 이러한 생활이 5년째 접어들자 더 이상 이를 보아주지 못한 부모가 간섭하고 잔소리하기 시작하였고 환자는 이에 대항하여 가출해 10~20일씩 찜질방과 PC방을 전전했다. 환자를 컴퓨터 중독이라고 생각한 부모에 의해 본원을 방문했다가 상담 후 본인 스스로 입원하였다. 그는 4년 전인 대학교 4학년 초반, 공부에 대한 의욕을 상실하고 학교를 결석하다 휴학하기를 반복했다. 이후 세 번에 걸쳐 복학했으나 학업 적응에 실패했다. 결국 전공이 맞지 않다고 합리화하고 학교를 포기한 그는 이젠 공무원 시험이나 일반 중소기업체 취직이나 할까 한다 하였다.

이 환자도 입원 초부터 명상프로그램에 참가하여 좋은 체험을 하였고, 1개월 명상프로그램 참석 후 훨씬 자신의 감정을 잘 떠올려 볼 수 있게 되었다. 대학교 4학년 올라가기 직전 겨울방학 중에 사귀던 여자 친구로부터 헤어지자는 통보를 받고 나서 당시는 자신도 같이 헤어진 것으로 믿어 그녀에 대한 미련이나 아픔 등을 못 느꼈다. 그때는 단지 4학년 전공 공부가 감당할 수 없고 어려워졌다 생각해 괴롭다고 느꼈으나 결국 그녀에 대한 상실감이 컸음을 통찰하게 되었다. 명상에 열심히 참석하고 병실에서도 틈틈이 한 후, 부모와 사사건건 부딪치고 부모님의 지적을 구속으로 느꼈던 일들이 사소하게 느껴지고 마음이 평화로워졌다고 보고하였다. 항울제를 점점 줄여 1개월 반 만에 퇴원하였고 퇴원 2개월 후 항울제 복용은 중단했다. 다만 명상은 매일 30~40분 유지하고 있다. 명상 치료 시작 5개월, 자퇴한 지 4년 만에 복학하여 잘 다니고 있다.

이 환자의 경우는 통찰명상을 통하여 자신이 억압하고 회피했던 마음의 상처를 있는 그대로 받아들이고 눌러 놓았던 감정들을 풀어주고 재경험을 함으로써 그동안 자신이 모르고 있던 무력감의 원인을 통찰하고 새롭게 삶을 출발하는 계기가 되었다. 심리치료의 기간을 단축하였고 약물의 도움도 최소화하여 스스로 우울증을 극복하고 치료를 종결할 수 있었던 사례이다.

사례 3_ 망상과 환청이 심해요

32세 남자로 대학교 3학년 때 발병하였다. 이후 6년간 6회 입원을 반복하였다. 그의 병은 매번 약물 치료 중단 후 2~3개월 내에 피해망상과 환청 등이 심해지고 부모에게 폭력적으로 대하여 재입원한 망상형 조현병이다.

급성 증상이 어느 정도 소실된 후부터 명상프로그램에 참가하였으나 처음 참석했을 때 다리도 아프고 지루해서 회의를 느꼈다고 하였다. 그러나 두 번째 참석하였을 때 정신이 하나로 집중되는 느낌을 경험하고, 이것이 좋아 병에서 벗어나기 위해서라도 열심히 해보자는 마음이 생겼다고 하였다. 스스로 하루 한두 시간씩 명상을 하면서 처음엔 오히려 망상 등 생각들이 더욱 떠올랐으나 치료자의 지시에 따라 떠오르는 대로 내버려 두고 오직 호흡에만 집중하였다. 이후 마음이 넓어지고 차분해지고 깨끗해진 것 같다고 보고하였고, 그동안 엉뚱한 생각과 싸우고 그 생각을 없애려고 애를 썼는데 그냥 충분히 표현해보자는 마음이 들었다고 한다. 생각에 머물지 않고 호흡에 집중하면서 자신을 따뜻하게 대해주고 용기를 주게 된다 하였으며, 사람들 볼 때 정성을 다하게 된다고 보고하였다.

입원한 지 6개월 만에 통원치료로 전환하였다. 점점 좋은 느낌이 드는데 계단식으로 좋아지는 걸 체험했다 하였으며, 이것은 너무 놀라운 경험이라 보고하였다. 요즘은 대인관계도 원만해져서 직장도 바꾸지 않게 되었고 부모님과도 관계가 개선되었다고 했다. 매일 1~2시간 정도 명상을 한다고 하였으며 병을 받아들이기로 한 후 약 복용도 어김없이 하고 있다고 보고하였다.

이 환자의 경우는 특별한 사례이다. 조현병은 통상적으로 명상을 적용하면 악화되기 때문이다. 이 환자의 경우도 명상하고 나서 편안하고 고요한 느낌으로 열심히 명상을 하였지만 여러 망상들이 중간에 활발하게 일어났다. 그러나 치료자의 개입으로 망상이나 환상적 생각들을 두려워하거나 없애려 하지 않고 수용하는 태도가 익어가면서 점점 그러한 생각들을 담담하게 봄으로써 병을 극복할 수 있다는 자신감을 얻은 경우이다.

다음은 외래 환자 가운데 정신치료를 받고 있는 환자에게 통찰명
상을 적용한 사례들이다.

사례 1_ 자살 충동

마음이 병든 상황에서는 한번 죽고 싶다는 생각이 들면 계속 충동
이 일어난다. 녹음기처럼 되풀이 되는 생각의 메아리와 같다. 자살
충동을 하루에도 수백 번씩 겪으면, 죽어야만 그 충동에서 벗어날
수 있다고 여기게 된다. 이런 상황에서 극한 감정과 만나면 통제하
지 못하고 실제 죽음을 택하는 안타까운 일이 벌어진다.

자살 충동으로 병원을 찾은 중년 여성의 경우, 역시 하루에 수백
번씩 죽고 싶다는 생각이 든다고 했다. 그런 그녀에게 우선 자신이
언제 죽고 싶은 마음이 드는지를 알아차리도록 했다. 또 명상 시간
에는 지금까지 겪은 분노와 좌절감, 모욕과 모멸감 등의 고통을 준
기억을 모두 떠올리고 분명하게 바라보도록 했다.

가장 먼저 떠올린 것은 남편이 자신을 무시하고 소리치는 모습
이었다. 처음에는 그 기억을 떠올리면서 참을 수 없는 굴욕감으로
몹시 괴로워했다. 시간을 거슬러 과거의 아픈 기억도 모두 떠올리
고 타인의 눈으로 바라보도록 했다. 그녀는 어린 시절 모욕적인 말
로 상처를 준 아버지와 심한 체벌을 가했던 어머니의 모습을 떠올

렸다. 당시 그녀는 죽고 싶을 만큼 힘들었지만 그 부당함을 부모에게 표현하지 못했고 참으면서 견뎠다. 그러면서 부모에 대한 분노심을 키웠고, 그 상처 난 마음이 세상을 있는 그대로 보지 않고 인간관계도 어긋하게 만든 출발점이 되었다. 남편이 주는 하나의 자극을 백으로 받아들이며 확대해석하는 비뚤어진 마음이 되었던 것이다. 결국 처음 죽고 싶은 마음이 들었던 그 상처부터 치유해야만 지금의 고통과 상처도 제대로 아물 수 있는 셈이다.

그녀에게 부모가 상처를 준 당시를 떠올리고, 제3자의 눈으로 담담히 지켜보게 했다. 그녀는 당시의 기억을 객관적으로 떠올리면서 차츰 어렵게 살았던 부모의 입장을 보게 되었다. 어린 시절부터 가난한 환경에서 내내 힘들게 살았던 부모의 상황을 이해하게 된 것이다. 가슴 밑바닥에 묻혀 있던 분노의 감정이 뜨거운 눈물과 함께 용서와 사랑으로 바뀌었다. 그러자 오랜 마음의 상처는 치유되었다.

남편에 대한 분노 역시 그 상처의 기억을 지켜보면서 치유해나갔다. 상처를 준 당시의 상황을 담담히 마음으로 떠올리고 그 아픔을 객관적으로 지켜보면서 감정을 정화해갔다. 그러자 남편의 입장과 자신의 왜곡된 상황 해석도 제대로 볼 수 있었다. 타인의 눈으로 아픈 기억을 바라보면 그 일이 마음의 상처로 남을 만큼 심각한 문제가 아니라는 것도 깨닫게 된다. 그러면 부정적인 생각이나 자살 충동은 저절로 밀려나게 된다.

그녀는 상담과 명상을 계속하면서 자신이 얼마나 소중한 존재이고, 지금까지 살아오면서 얼마나 많은 어려움을 극복해왔는지도 깨달았다. 자신에 대한 사랑과 자긍심을 조금씩 회복하면서 지금의 어려움도 이겨내겠다는 용기를 갖게 되었다. 비로소 '죽음'이 아니라 당당하게 '삶'을 선택해서 어떤 역경도 극복할 수 있다는 사실을 제대로 자각한 것이다. 마음의 병과 자살 충동에서 완전히 벗어난 그녀는 삶의 시련을 이겨내면서 힘차게 살아가고 있다.

그녀처럼 삶의 역경 속에서 죽고 싶은 마음이 든다면, 그 어떤 부정적 감정도 피하지 말고 그저 바라보는 마음공부를 하자. 자기 마음의 동요를 한 걸음 물러서서 지켜보면 고통에 휘둘리지 않고, 어두운 감정에서도 서서히 놓여나게 된다. 고통이 곧 내가 아니고, 고통스런 감정도 지나간다는 것을 자각하기 때문이다. 또 마음의 상처로 남은 아픈 기억을 모두 하나씩 떠올려서 담담히 바라보고 당시의 아픔을 정화해가다 보면 평온한 마음을 되찾을 수 있다. 외면한 채 묻어둔 마음의 상처는 곪아서 더 큰 상처가 될 뿐이다. 상처가 된 고통의 기억과 마주하고 그것을 충분히 경험해주어야 한다. 그래야만 그 고통이 삶을 무너뜨릴 만한 일이 아니라는 것을 깨닫게 되고, 거기서 온전히 놓여날 수 있다. 이 경우는 명상 중에 심리치료의 연상 기법을 이용하여 숙고하게 하여 심리치료 효과를 극대화한 사례이다.

사례 2_ 아무도 만나고 싶지 않아요

"저… 그게…" 병원으로 찾아온 한 여대생이 머뭇거리며 말을 제대로 하지 못했다. 사람들과 어울리지 못하는 대인기피증으로 휴학까지 한 학생이었다. 그런 상황에서 처음 만난 의사 앞에서 말을 주저하는 건 흔한 일이다. 나는 편안한 마음으로 천천히 얘기하라고 했고, 그 학생은 조금씩 말문을 열었다. 그녀는 스스로를 잘하는 게 아무것도 없고, 사람들이 싫어할 수밖에 없는 못난 존재라고 여기고 있었다. 그래서 부모도 친구도 모두 자기를 미워한다고 믿었고, 사람들과 만나는 것이 점점 두려워졌다고 했다. 결국 모든 사람들을 피하면서 살고 있었다.

그 학생은 성형수술로 외모를 모두 고치고 싶어 했다. 그렇게 해서라도 자신의 못마땅한 부분을 바꾸고 싶다는 말이었다. 그러나 실제 그녀는 빼어난 미모는 아니지만 반듯한 이목구비를 가진 매력적인 외모의 소유자였다. 그런데도 자존감이 매우 낮았기에 자신의 모든 면을 나쁘게 보고 있었다. 그녀는 엄격한 부모 밑에서 제대로 사랑받지 못하고 자라면서 자신에 대한 사랑을 배우지 못한 경우였다. 사회지도층에 속하는 부모는 자식이 기대치에 미치지 못하자 늘 꾸중만 했다. 칭찬받은 기억은 없고 꾸지람만 듣고 자라면서 그녀는 자존감을 키우지 못했다. 자신은 못났고, 그 무엇도 잘할 수 없다는 자기 비하와 부정의 마음만 자랐던 것이다.

자기를 부정한다는 것은 결국 자신의 삶을 송두리째 부정하는 것과 같다. 자신을 비난하고 미워하면서 타인과 세상을 사랑할 수는 없다. 자신을 제대로 사랑하는 사람이 타인도 온전히 사랑할 수 있다. 자기 사랑은 건강한 심신과 행복을 만드는 밑거름이기 때문이다. 그녀에게 가장 필요한 것은 자신이 얼마나 소중한 존재인지를 깨닫는 것이었다. 우선 상담을 통해 부정적인 자아상을 바로 잡고, 명상을 통해 '있는 그대로'의 자신을 받아들이도록 했다. 그녀는 마음을 열고 치유에 집중했다.

명상시간에는 자신의 내면에서 끊임없이 올라오는 '나는 못났어, 늘 이 모양이야. 바보야, 머저리야, 안 돼'라는 재잘거림이 들린다고 했다. 그런 자기 부정의 말들이 모두 부모로부터 심어졌다는 것을 차츰 깨닫게 되었다. 마음의 상처가 된 기억을 떠올리고 바라볼 때는, 부모를 향한 적개심과 그동안 참았던 감정이 북받쳐 대성통곡을 하며 울기도 했다. 한참을 울고 난 후에야 부모도 평범한 사람임을 알게 되었다. 꾸중과 질책으로 아이를 가르친 것은 부모 역시 그 부모로부터 물려받은 삶의 방식이었다. 그것을 이해하자 그들을 용서할 수 있게 되었고 연민과 사랑의 감정이 싹텄다. 그녀는 비로소 원망하던 부모를 사랑할 수 있게 되었고, 무엇보다 자신을 진심으로 사랑할 수 있게 되었다. 그러자 대인기피증도 사라졌고, 성형수술에 집착하던 생각에서도 자유로워졌다고 했다.

자신에 대한 사랑을 회복한 그녀는 외모부터 달라졌다. 혈색이 눈에 띄게 좋아졌고, 인상도 마치 다른 사람처럼 부드럽고 밝아졌다. 그리고 부모와의 관계도 좋아졌고, 복학해서 친구들과도 잘 어울리면서 학교생활을 했다. 평생 남자친구를 사귀어본 적이 없는 그녀가 멋진 남자친구까지 생겨서 새로 태어난 듯 즐겁게 살고 있다. 행복해하는 그녀의 모습은 주치의인 내게도 행복감을 올려주었다.

'내가 나를 어떻게 생각하느냐'가 곧 내 운명이 된다. 나를 사랑받을 수 없는 존재라고 생각하면 사랑받지 못하는 삶을 살고, 사랑스러운 존재라고 생각하면 사랑을 받으며 산다. 나를 가치 없다고 생각하면 가치 없는 삶을 살고, 유능하다고 생각하면 유능한 삶을 살고, 건강하다고 생각하면 건강한 삶을 살게 된다.

사례 3_ 병에 걸린 것 같아 불안해요

다른 정신과를 다니던 42세 남자 회사원은 건강에 대한 과도한 염려와 강박적 불안이 주요 문제였다. 건강에 대한 강박적 불안과 함께 최근 발기부전, 열등감, 우울감 등이 심해져서 약물치료를 받고 있었는데, 약물치료보다 심리치료를 원하여 치료자에게 의뢰된 경우이다.

대학 시절 아버지의 중병을 경험한 후 건강 염려증이 시작되었다 한다. 장염에 걸려도 대장암이 아닌지, 위염이 생기면 위암은 아닌지 검사 결과가 나올 때까지 불안하고 초조해 했다. 상담 초반, 그는 부모에 대한 부정적인 감정을 전혀 느끼지 못하고 강박적 불안만 호소하였다. 치료자를 지나치게 의존하고 존경하였는데 아마 아버지에 대한 태도가 그러하였을 것으로 보였다. 회사에서 인정받아 중책을 맡기까지 하면서 경제적으로 안정되었으나 이유 없는 짜증과 암에 대한 공포와 발기부전은 늘 그를 괴롭히는 문제였다. 주 1회 정기적인 심리치료를 받으면서 이 두려움은 반항심과 적개심 때문에 일어난다는 것을 점차 알게 되었다. 자신을 지나치게 다룬 어머니에 대한 반항심과 적개심이, '불쌍한 우리 어머니'라는 의식에 의해 자각될 수 없도록 억압되어 조금도 느낄 수 없었다는 점을 깨닫게 되었다. 걷잡을 수 없는 어머니에 대한 분노가 표출되면서 죄책감에 사로잡히기도 하다가 어머니와 자신을 방치한 아버지에 대한 분노가 드러나기 시작하였다.

이 무렵 명상을 권유하여 상담과 병행하기 시작하였다. 명상 중에 관찰하는 힘이 커지면서 강박적 불안을 지켜보는 시간을 확보하였고 병원을 찾아 검사로 확인하지 않으면 안 되는 행동을 중지하게 되었다. 건강에 대해 불안한 생각이 나면 검사하려는 마음을 바라보고 호흡과 함께 머무르면 최악의 결과를 상상한 것이 실제와는 다르게 왜곡된 것임을 알아차리자 불안한 생각이 사라지는 것을 분명히 보게 된 것이다.

분노가 참을 수 없는 죄의식을 일으킨 결과 두려움으로 표현되었음도 통찰하게 되었고, 결국 그의 강박적인 건강염려증이나 발기 부전 등은 어머니에 대한 죄책감과 자신에 대한 징벌의 의미임도 통찰하게 되었다. 마음의 안정과 함께, 부인과 성생활도 자연스럽게 관계를 가지게 되었다. 가끔 치솟는 분노의 감정은 관찰하기 전 폭발하기도 하였으나 전과 달리 바로 자각하고 제어할 수 있게 되었다. 있는 그대로 지켜보고 인위적으로 없애려 하거나 회피하지 않는 태도가 점점 익숙해지면서, 꿈도 초기에는 주로 쫓기고 싸우는 내용으로 전쟁, 살해 위협 등 공격성과 관련되었는데 최근에는 항상 관찰하고 지켜보는 꿈들로 바뀌었다. 사막에서 아름다운 석양을 바라보는 꿈을 꾸고는 불안이나 두려움에 빠지지 않고 메마른 정서에 윤기가 돌게 된다고 자신이 꾼 꿈을 해석하기도 했다.

치료 종료가 가까워질 무렵, 환자는 말했다. "큰 체험을 했습니다. 지금껏 막연히 알았던 것을 직접 체험하여 분명히 알게 되었어요. 불안이 오면 전에는 불안에 푹 빠져 버렸는데 '불안함' '불안함' 하고 이름 붙이자 여유가 생기는 체험을 했습니다. 그동안 불안을 없애기 위해 다른 생각으로 대치하여 불안을 없애고 또 다른 불안이 오면 또 다른 생각으로 대치하여 없애려는 과정을 반복하였는데 이것이 오히려 불안에 얽매이게 했다는 걸 깨달았어요."

이 환자는 의식에서 그동안 철저하게 억압되어 자각하지 못했던 부모에 대한 감정을 심리치료를 통하여 인식한 후 걷잡을 수 없는 부모에 대한 적대감을 조절하기 어려워하다가 명상을 통해 완화시킨 경우이다. 이것도 집중명상보다는 통찰명상으로 일어나는 감정을 있는 그대로 관찰하는 마음의 공간을 어느 정도 확보하면서 자신의 문제를 한층 깊게 통찰할 수 있었다.

그를 괴롭혀왔던 부모에 대한 감정양식은 치료자에게 전이되었고, 여러 꿈들에서 그를 괴롭혀온 것이 무엇인지 분명하게 드러나면서 아동기 때부터 지금까지 계속되어 온 부모의 억압적 태도와는 달리 그를 성인으로 존중하는 치료자의 태도에 의해 재교육되는 훈습working through과정을 밟으면서 통찰명상으로 자신의 모든 현실을 있는 그대로 바라보고 수용하는 태도가 점점 증가한 사례이다.

7. 마음의 평화

어둠에 잠긴 삶은 절제를 모른다

어둠을 밝히는 것은 빛이다. 빛은 여러 가지 성격을 동시에 지니고 있는데, 한여름 작열하는 태양처럼 젊음의 패기와 열정을 보여주는가 하면, 가을의 햇살처럼 장년의 원숙함을 과시하기도 한다. 또한 겨울의 빛과 같이 형용키 어려운 날카로움을 뽐내는가 하면, 따사로운 봄볕마냥 생성의 힘을 자랑하기도 한다.

빛이란 또 무엇인가? 모르던 것을 알게 하고, 옳지 않은 것을 바로 잡아주는 것이 빛이다. 빛은 편협하지 않다. 나와 너, 이 종교 저 종교, 아군과 적군을 구별하지 않고 평등하게 비춘다. 가난한 이나 부유한 이를 분별하지 않고 모두 밝히고 감싼다. 빛은 나만의 것이 아니다. 모든 생명의 어머니인 빛은 장마에 생겨난 곰팡이를 없애 주기도 하지만 우울하고 위축된 마음들이 활짝 펴지도록 도와준다. 또한 우리를 권력과 폭력, 물욕의 늪에서 빠져나오도록 인도하기도 한다.

우리가 종교를 찾는 이유도 이러한 빛의 세계에 있고자 하기 때문이다. 그러나 진정 빛의 세계에 있고자 한다면 지금 온전히 깨어 있어야 한다. 지금 이 순간 깨어있지 못하면 무의식의 충동성에 매몰되어 어둠에 휩싸이게 된다. 종교의 핵심은 욕망의 절제에 있고, 이는 곧 겸양이며 존중이다. 욕망의 절제를 모르는 종교인은 바른 종교인이라고 볼 수 없다.

교육도 마찬가지다. 독선과 이기심을 키워주는 교육이라면 그것은 바른 교육이 아니다. 정치 또한 예외일 수 없어서 국가와 사회를 이끄는 지도층일수록 절제심이 더욱 요구된다. 지식인과 관료들이 주로 감염되어 있는 일류의식과 엘리트의식은 사회적 노이로제에 해당된다. 결국 사회 구성원 하나하나가 마음을 다스리지 못하면 교육도, 종교도, 정치도, 한갓 요란한 구호에 그치고 만다.

욕망을 잘 다스리기 위해서는 밖을 보는 대신 내면을 보아야 한다. 남의 단점을 날카롭게 살피고 판단하는 외향적 삶으로는 욕망을 다스릴 수 없다. 자신을 항상 살펴서 욕망이 있음을 자각하고 욕망이 일어나는 것을 알아차리는 것이 절제의 묘방이다. 《중용》의 '신기독愼其獨'도 그런 뜻이다. 홀로 있을 때 스스로 몸과 마음가짐을 신중히 하는 것이 곧 절제 방식이다.

자라나는 청소년들에게도 욕구를 지연시키고 자제할 수 있도록 가르쳐야 한다. 그러자면 먼저 교육 현장과 종교계에서 물량주의가 사라져야 할 것이다. 욕망이 지진처럼 요동치고 해일처럼 넘실대는 현대에서 평화와 행복의 섬을 발견하기는 쉽지 않다. 웰빙 열풍이 부는 것도 대형 교회나 사찰이 부족해서가 아닐 것이다. 그만큼 현대인의 삶이 행복하지 못하다는 반증이다.

나를 앞세우지 않고 상대를 배려하고 전체를 생각하는 삶, 항상 자신을 살펴 욕망과 충동을 제어하는 삶, 자기 합리화를 경계하는 삶, 다툼보다 대화로 합의를 이끌어내는 삶을 산다면 그것이 바로 빛 가운데 사는 삶일 것이다. 성숙한 인간, 살기 좋은 사회의 필요조건은 바로 빛과 같은 삶이다.

행복은 마음 쓰기에 달렸다

우리는 대체로 성공은 곧 행복이라는 생각을 갖고 있다. 그런데 학교에서, 직장에서, 재테크에서 나름대로 성공한 사람들을 보면 꼭 행복한 모습만은 아니다. 그것은 만족을 할 때만 행복감을 느낄 수 있기 때문이다. 포만 중추가 고장 나면 아무리 먹어도 배가 고프기 마련이다.

행복은 멀리 있지 않다. 마음 쓰기에 달렸다. 모든 것을 놓아버리는 순간, 허기진 배를 채웠을 때의 포만감과는 다른, 내면으로부터 피어오르는 만족감이 찾아온다. 그것은 고요한 희열이라 표현할 수 있을 것이다. 반면 마약이나 술, 성적 쾌락과 재물, 권력과 인기 등으로부터 얻는 들뜬 희열은 그것이 사라지는 순간 불행으로 전환되

므로 일시적이고 중독성을 지닌다. 그러나 내면에서 번져나는 희열
은 뜨겁지는 않지만 지속적이다. 밖에서 공급되는 즐거움이 아니고
자신이 내면에서 얻은 기쁨이기 때문에 또한 영속적이고 주체적이
다. 그것은 모든 걸 놓아버릴 때 안도감과 함께 찾아온다.

그것은 진실로 자신과 대면하기 시작했다는 증거이기도 하다.
고요한 즐거움, 이것은 감각기관과 무관한 것으로서 완전하고 갈
망이 없는 행복, 평화롭고 평온한 의식 상태를 의미한다. 행복은 누
구에게 빌거나 이미 있는 것을 끄집어내는 게 아니다. 행복은 자신
이 만들어 내는 것이다. 개개인이 마음가짐을 어떻게 갖느냐에 따
라 사회와 인류의 행과 불행이 결정된다.

자신의 이익만 추구하는 사람은 이해가 대립되면 어김없이 전투
태세를 갖추고 상대를 물어뜯기 바쁘다. 그러나 세계와 이웃에 대
하여 열린 마음의 소유자는 조그만 불행에 휩쓸리지 않으며, 남의
불행에도 안타까워하고 조건 없이 도우려 한다. 열린 마음은 상대
의 성공이든 불행이든 함께 공감하는 마음이다. 열린 마음의 소유
자가 많은 사회는 그야말로 열린 사회여서, 서로 대립하지 않으며
평화로운 공존이 가능하다. 마치 우리 몸의 세포들이 유기적으로
조화되어 균형을 이루어 함께 사는 것처럼 말이다.

마음을 열 것인가, 자기에게 가두어 놓을 것인가는 전적으로 자
신에게 달려있다. 이렇듯 마음의 위력은 대단하다. 마음이 품고 있
는 가능성 또한 실로 다양하다. 인간 정신의 창조성은 무한해서 누

구든 역사를 바꿀만한 역동적 변화를 창조해낼 수 있다. 만족을 모르는 허기진 마음을 치유하는 것은 감사의 마음이다. 사소한 것에도 감사할 수 있다면 온전히 열린 마음이라 하겠다.

마음의 목욕, 명상

명상은 마음의 목욕법이다. 웰빙의 열쇠는 정신적 건강과 신체적 건강의 조화에 있다. 그러나 진정한 웰빙은 정신적 수준에서 이루어지며, 개개인의 정신이 건강해야 가정과 사회 전체가 웰빙 모드로 전환될 수 있다. 정신의 웰빙은 신체적 웰빙이 충족되면 저절로 이루어지는 것으로 생각하지만, 마음의 웰빙은 거저 이루어지지도 않고 물질적 풍요로 얻어지는 것도 아니다. 마음도 몸과 같아서 목욕을 게을리 하면 혼탁해지고 더러워진다. 몸을 씻고, 옷을 빨듯이, 마음도 세탁을 해야 한다. 그러자면 마음 건강을 도모하기 위한 구체적 프로그램을 짜서 실천해야 한다.

 '내 마음은 타고 나서 어쩔 수 없다. 바꿀 수 없다'고 고집하고 변화의 노력을 기울이지 않는다면 현재보다 더 나은 삶은 기대할 수 없다. 스스로 고정된 틀에 가두고 안주하면 그것이 바로 성향이 되고 고집이 된다. 그러나 그 틀을 깨고 항상 열린 마음으로 살아간다면 그 마음은 물과 같고 허공과 같다 할 것이다. 물과 허공은 어떠한 그릇에도 담기고 무엇이든 수용하지 않는가. 마음이 사람에 따라 각기 다른 모양을 취하는 것도 마음이 한없이 변할 수 있다는 증거다. 타고난 팔자나 운명에 의해 이미 결정된다면 굳이 노력할 필요도 없다. 마음밭이 아름다운 정원이 되느냐 거친 자갈밭이 되느냐는 밭을 경작하는 사람에게 달려있다.

가만히 들여다보면, 우리는 자신의 욕망과 화와 두려움의 노예로 살고 있음을 알 수 있다. 격한 감정의 노예가 되고 희생양이 되어 살고 있음을 아는 것만으로도 해결의 실마리는 풀린다. 감정을 다스리고자 여러 가지 시도를 해 봐도 별 효과가 없었다면 지금부터 마음을 다해 호흡을 관찰해보자.

격한 감정은 우리 내면에서 생겨나고, 매 순간 항상 깨어있을 수 있는 힘 또한 내면에서 나온다. 감정을 다스리는 방법을 몰라 자살을 택하는 사람들이 많다. 감정에 휩쓸리면 나도 상하고 상대방도 상처를 입는다. 그러나 감정을 다스리는 방법은 결코 어려운 것이 아니다. '감정은 그저 감정일 뿐이야.' '화라는 것은 잠시 찾아와서 머물다가 곧 사라지는 거야.' 이러한 알아차림만으로도 감정을 쉽게 풀 수 있다. 감정이 격하게 일어날 때 알아차림을 하기 위해선 평소에 알아차리는 연습을 해두어야 한다. 틈틈이 생각날 때마다 들숨과 날숨에 호흡을 알아차려 보자. 분명히 호흡을 보는 연습을 1분씩만 해보자. 특히 마음이 흔들릴 때마다 해보자. 배가 풍랑을 만나면 항구에 닻을 내리고 정박한다. 닻 역할을 해주는 것이 바로 호흡 명상이다. 그렇게 격한 감정을 흘려보내고 나면 우리는 행복해진다. 감정을 다스리는 방법을 터득하게 되면 기쁨이 더욱 커진다. '나도 할 수 있다'는 자신감도 생기고, 더욱 명상적인 삶을 누리게 된다. 천리 길도 한걸음부터 시작하듯이 명상도 호흡 명상부터 시작해보자. 머지않아 행복에 다다를 수 있다. 물은 고이면 썩는다. 고이지 않게 물꼬를 터주어 잘 관리해야 하듯이 마음도 흘러가게 잘 관리해야 된다.

나를 허물 때 얻는 축복

너와 내가 하나임에도 불구하고 우리는 오로지 '나'에게만 집착한다. 그 강한 자의식으로 인해 모든 고통이 생겨난다. 나와 너를 분리하고, 나는 옳고 너는 그르다고 판단한다. 나만을 위하는 이기심이 생기고, 내가 받아들여지지 않으면 다툰다. 남보다 더 앞서고 싶은 욕심이 생기고, 남의 행복을 보면 질투한다. 에고ego, 즉 자아의 집착으로 인해 세상의 모든 대립과 갈등이 시작된다. 삶의 고통과 정신적 고뇌의 뿌리는 에고가 나와 세상을 분리시켜 내가 별개로 존재한다는 신념에서 비롯된다.

　나에 대한 집착이 고통의 뿌리라면 해결책은 유일하다. 나를 비우는 것이다. 존재하지도 않는 '실체적 나'에 대한 헛된 집착에서 벗어나는 것이, 고통의 근원적인 치유법이자 행복을 깨우는 길이다. 그래서 붓다는 삶의 고뇌로부터 해방되기 위해 '무아無我'를, 예수는 욕심을 버린 '가난한 마음'을 강조했다. 나를 허물고 마음을 비울 때 해탈에 이르고, 천국에 이른다는 가르침이다.

나를 허물면 모두가 하나라는 것을 깨닫게 된다. 이 연결감은 희열을 동반하고 세상과의 단절감이 사라지고 이기적 욕망으로부터 자유로워진다. 나를 비우는 순간 자연스럽게 이기심이 사라지고, 이기심이 사라지면 욕심이 사라지고, 욕심이 사라지면 고통이 사라진다. 이기적 욕심을 내려놓은 사람은 삶의 온갖 고통으로부터 해방될 수 있다.

나를 허물면 열린 마음으로 세상 만물을 '있는 그대로' 받아들일 수 있다. 남이 '또 하나의 나'라는 것을 깨달으면서 진정한 공감이 이루어진다. 참된 공감은 남의 기쁨과 슬픔을 온전히 함께하는 것이며, 남의 칭찬은 물론 비난과 분노까지도 있는 그대로 받아들이는 것이다. 심리치료에서 상담자가 내담자의 온갖 부정적 감정에도 휩쓸리지 않고 중립적 공감을 할 수 있는 기반이기도 하다.

삶이 고통스럽다면 자신의 마음을 들여다보자. 나는 과연 나를 비우고 있는지 '나'라는 벽을 쌓고 있는지를 물어야 한다. 나를 비우는 것이 삶의 고통을 치유하고 행복을 깨우는 가장 근원적인 답이다. 나를 내려놓으면 신기하게도 참나가 드러난다. 그것은 기쁨과 행복감, 흔들리지 않는 평정심, 조건 없는 사랑으로 가득 찬 또 다른 내면 세계이다. '나'라는 벽을 쌓을수록 불행하였음을 자각시키는 것도 명상의 주요 효과라 하겠다.

이 행성에 태어난 진정한 의미

모든 살아있는 존재들은 고통을 거부하고 행복을 원한다. 그들이 고통에서 벗어나도록, 용서하는 마음을 훈련하는 것이 바로 용서명상이다. 용서하는 마음은 사랑의 다른 형태이다. 나에 대한 연민과 남에 대한 연민은 별개의 것이 아니다. 자신에 대해선 모질면서 남에게는 관대한 사람들을 간혹 보는데, 그것은 아마 거짓된 관대함일 수 있다. 죄책감에 사로잡히면 용서하기 어려운 마음이 된다. 또한 분노가 있는 한 용서가 이루어질 수 없다. 용서는 고통받는 이에 대한 지극한 연민에서 비롯된다.

살아오면서 누군가로부터 상처받은 일들을 떠올려본다. 그 당시 느꼈던 아픈 감정들을 충분히 느끼고 어루만진 후에 상대방의 행위를 용서한다. 상대방이 나에게 모욕과 상처를 주었지만, 그가 행복해질 수 있도록 용서한다. 내가 용서하지 않으면 상대방이 고통을 받을 것이기 때문이다.

살아오면서 누군가에게 고통을 안겨준 일들을 떠올려본다. 나도 알게 모르게 남에게 상처를 주었으므로 내가 행복하려면 용서를 받아야 한다. 용서는 나와 상대방이 동시에 고통에서 벗어나는 길이다.

용서명상은 우선 자신을 용서하고 타인을 용서하는 명상이다. 이 두 과정이 모두 원만히 이루어지려면 스스로 자신에게 고통을 가하지는 않았는지, 자기를 학대하거나 욕하지는 않았는지 살펴보아야 한다. 자기 안에 있는 불만스러운 면들을 오히려 따뜻한 마음으로 감싸주고 사랑으로 어루만져야 한다. 자기 연민이다. 부족하고 못난 자기를 수용하고 연민하게 되면 자신을 용서할 수 있게 된다. 스스로 용서하지 못하면 남도 용서할 수 없음은 자명하다. 자기 연민과 자기 사랑이 확립되면 비로소 용서가 완성되었다 할 수 있다.

용서를 한다는 것은 자신과 남의 좋은 면을 잘 본다는 뜻이기도 하다. 상대방의 부족한 점은 연민으로 대하고 좋은 점은 부각시켜 칭찬한다면 상대의 결점에 대한 미움은 힘을 잃게 된다. 어둠이 빛에 의해 물러나듯이, 좋은 면을 보고 좋아하고 기뻐하고 칭찬하는 마음이 곧 사랑이다. 이처럼 용서를 하면 원한과 증오가 사라지고 사랑으로 바뀐다. 처벌하고 응징하는 복수의 칼은 미움과 고통을 증폭할 뿐이다. 분노를 표출하면 잠시 분노가 사그라진듯하지만 그것은 어디까지나 순간의 쾌감으로 그친다. 또한 미움은 상대적이어서 반드시 되돌아오게 되어 더 큰 고통에 휩싸이게 됨을 우리는 경험으로 잘 알고 있다.

거듭거듭 관계에서 상처받는 이유는 용서를 아직 터득하지 못하여 진정한 사랑을 배우라는 무의식의 메시지이자, 진정한 내면의 지혜가 깨우쳐주고자 하는 가르침이다. 아마도 우리가 이 행성에 태어난 가장 큰 목적은 용서와 사랑을 배우기 위해서일 것이다.

치유하지 못할 아픔은 없습니다

지금도 우리는 IMF 경제위기 못지않게 어려운 시기를 통과하고 있고, 많은 사람들이 불면의 나날을 보내고 죽음의 고통을 겪고 있습니다. 멀끔한 청소년들이 고등 교육을 마치고도 삶을 비관하고 있는 안타까운 현실입니다. 그러나 아픔과 고통은 우리를 절망케만 하지 않고 깨우치고 성장시킵니다.

삶에 대한 회의로 방황하던 청소년 시절 자살을 시도한 적이 있고, 외환위기 와중에 건축한 병원은 순식간에 빚더미에 앉아 피를 말리는 날들이 있었습니다. 결국 당시의 고통은 정신의학과 마음 공부로 눈을 돌리게 하여 정신과 의사와 명상 안내자가 되는 바탕이 되었습니다.

죽음을 생각할 만큼 삶이 힘들었기 때문에 내면으로 눈을 돌려 마침내 시련과 고통이 주는 삶의 가르침을 깨닫고 불행을 털어낼 수 있었지요. 그리고 명상으로 어떤 고통 속에서도 고요한 마음으로 고통을 이겨낼 '무한한 나'와 만날 수 있었습니다. 그 어떤 고통도 이겨내는 무한한 잠재력이 우리 모두에게 있음을 체험적으로 깨달았습니다.

고통은 진정한 스승입니다. 자신과 타인의 삶을 제대로 보게 하고, 자신의 상처를 깊이 이해하고 어루만지면 타인의 아픔도 보다 깊이 이해하고 공감할 수 있지요. 젊은 시절 고통스런 방황을 치유한 사람으로서, 매일 마음이 아픈 이들과 만나는 정신과 의사로서, 그리고 삶이 힘든 사람들에게 마음공부의 길로 이끄는 명상 안내자로서 제가 얻은 경험과 지혜를 담았습니다. 세상에 치유하지 못할 아픔은 없습니다. 이겨내지 못할 시련도 없습니다. 행복하게 만들 힘이 바로 우리 '자신'에게 있기 때문입니다.

마음공부는 고통을 치유하고, 아픔을 털어내어 삶의 고통으로부터 자유로워지는 법을 알려줍니다. 언제 어디서나 행복을 깨우는 삶의 기술입니다. 결국 나와 남, 세상을 제대로 사랑하는 법을 배우는 훈련이지요.

이 책은 단순한 정신의학 개론서를 넘어 삶의 어려움을 스스로 해결 가능하도록 돕는 마음 치유서가 되고, 종교적 영성과 깨달음의 세계로 나아가고자 하는 분들에게도 도움이 되었으면 합니다. 내면 세계의 무한 잠재력을 이끌어내어 자유롭게 쓸 권리가 우리에게 있습니다. 또한 우리에겐 삶을 변화시킬 힘이 있습니다.

마음의 상처로 삶이 아픈 이들, 가족과 인간관계의 갈등으로 불행한 이들, 계속되는 시련으로 생을 포기하고 싶은 이들, 그리고 행복을 찾아 헤매는 모든 이들이 고통에서 벗어나 진정한 치유와 행복의 길로 접어들기를 소망합니다.

늘 지켜보는 가운데 평화롭기를.

심경 연구소에서

운강 최훈동 두 손 모음

참고문헌

· 《정신의학 이야기》 최훈동 저, 2001, 한울
· 《만화 노자도덕경》 최훈동 저, 이남고 그림, 2011, 주니어김영사
· 《나를 넘어선 나》 최훈동 이송미 저, 2013, 미디어윌
· 《마음챙김 명상과 자기치유》 존 카밧진 저, 장현갑 역, 2005, 학지사
· 《노자와 융》 이부영 저, 2012, 한길사
· 《명상의 정신의학》 안도 오사무 저, 김재성 역, 2009, 민족사
· 《분석심리학》 이부영 저, 1978, 일조각
· 《상담자를 위한 선심리치료》 Svagito R. Liebermeister 저, 박선영 외 공역, 2011, 시그마프레스
· 《위빠사나명상》 헤네폴라 구나라타나 저, 손혜숙 역, 2007, 아름드리미디어
· 《위빠사나》 정준영 저, 2010, 민족사
· 《자아초월 정신치료》 Seymour Boorstein 편저, 정성덕 외 공역, 2006, 중앙문화사
· 《헤드스페이스》 앤디 퍼디컴 저, 윤상운 역, 2012, 불광
· 《상상과 치유》 진 악터버그 저, 신세민 역, 2005, 상담과 치유
· 《마음의 기적》 디팩 초프라 저, 도솔 역, 2005, 황금부엉이
· 《피그말리온 효과》 로버트 로젠탈 외 저, 심재관 역, 2003, 이끌리오
· 《긍정심리학》 마틴 셀리그만 저, 김인자 역, 2006, 물푸레
· 《빅터 프랭클의 심리의 발견》 빅터 프랭클 저, 강윤영 역, 2008, 청아출판사
· 《양자세계 여행자를 위한 안내서》 케네스 W 포드 저, 김명남 역, 2008, 바다출판사
· 《용서치유》 로버트D. 엔라이트 저, 채규만 역, 2004, 학지사
· 《감옥으로부터의 사색》 신영복 저, 1998, 돌베개
· 《지금 여기에서 달아나지 않는 연습》 페마 초드론 저, 구승준 역, 2011, 한문화
· 《그리고 모든 것이 변했다》 아니타 무르자니 저, 황근하 역, 2012, 샨티
· 《왜 사람들은 자살하는가》 토머스 조이너 저, 김재성 역, 2012, 황소자리
· 《하버드대 52주 행복연습》 탈 벤 샤하르 저, 서윤정 역, 2010, 위즈덤하우스
· 《불교의 무아사상의 정신치료적 의의》 신경정신의학 제44권, 754 · 762, 2005
· 《정신의학》 이정균 · 김용식, 2001, 일조각
· 《An outline of psychoanalysis》 S23 1940 Hogarth press
· 《A path With Heart : A Guide Through the perils and promises of Spiritual Life》 Jack Kornfield, 1993, A Bantam Book
· 《A Practical guide to Acceptance and Commitment Therapy》 Steven C. Hayes and Kirk D. Strosahl, 2004, Springer
· 《Awakening into oneness · The power of blessing in the evolution of consciousness》 Arjuna Ardagh, 2007, Indus source books
· 《Psychotherapy without the Self 》 Mark Epstein, 2008, Yale University Press
· 《Insight Meditation》 Joseph Goldstein, 1994, Shambhala Publications
· 《Mindfulness and acceptance》 Steven C. Hayes et al, 2004, Guilford press
· 《Psychoanalysis and Buddhism》 Jeremy D. Safran, 2003, Wisdom publications
· 《Psychodynamically based psychotherapy》 Leon J. Saul, 1972, Science House NY
· 《Synaptic Self》 Joseph LeDoux, 2002, Viking Penguin
· 《The Experience of Insight》 Joseph Goldstein, 1987, Shambhala
· 《The heart of buddhist meditation》 Nyanaponika Thera, 1965, Weiser
· 《The mind in conflict》 Charles Brenner, M.D., 1983, International universities press